窗外的
未来学校运动

17位上海教师的美国教育信息化探寻之路

李永智　主编

上海教育出版社
SHANGHAI EDUCATIONAL
PUBLISHING HOUSE

编 委 会

目　　录

序　言

探索面向未来的学校教育信息化创新发展

当今世界,信息革命席卷全球,信息技术日新月异、一日千里的发展,对世界文明产生了最为深远的影响,对人类生产生活方式产生了最为深刻的改变,如何推进面向未来的学校教育信息化创新发展,成为上海市率先实现教育现代化与引领全国基础教育发展需要思考的重要课题。2018 年 10 月,上海市教育委员会印发了《上海市教育信息化 2.0 行动计划(2018—2022)》,标志着上海教育信息化变革跨入从"量变"到"质变"的关键阶段,实现从技术驱动向育人为本转变,从碎片化建设向系统推进转变,从脉冲式应用向常态化应用转变。

为推进上海教育信息化走向 2.0,促进上海教育信息化服务于上海市基础教育的率先发展与创新发展,把握教育信息化的国际视野,促进上海教育信息化迎接未来信息时代的挑战,寻求上海教育率先实现现代化,大力推进具有中国特色与世界先进水平的现代教育发展路径,上海市教育委员会从 2018 年起决定每年选派上海市教育系统致力于推进未来学校教育信息化建设的骨干,组成专题研修班赴国外进行考察学习,从中汲取有价值的学校教育信息化元素整合到上海教育信息化创新发展中,从而推动上海教育信息化的国际视野与创新发展。

2018 年 9 月,从上海市各区域教育单位与上海市教育委员会直属单位选派的 17 人组成的首个"上海市教育信息化国际视野与创新发展"专题研修班成行。我在 2018 年 9 月 9 日举行的行前培训会上,进一步明确了此次考察的责任与使命是了解国际上基础教育信息化技术和教学平台系统的运用、数据共享和智慧课堂技术平台的建设,明确上海实现教育现代化进程中教育信息化环境的优化方向;分析未来教育的创新方法和信息化运用的基本经验,关注国际上未来学校建设在学习空间、学习方式、课程体系、教育技术和组织管理方面的协同创新,思考上海市学校进一步着眼于未来人才规划与教育发展战略,开展多种途径的未来学校探索与实践。

在 2018 年 9 月 22 日至 11 月 20 日,由上海市电化教育馆馆长张治同志领衔的首个"上海市教育信息化国际视野与创新发展"专题研修班 17 人在美国第三大城市芝加哥与高科技之都旧金山(硅谷地区)进行了为期两个月的考察,取得了预期的考察成果,不仅举行了市级层面的考察成果报告会,而且通过两年的努力,形成了一本高质量的教育信息化国际视野与创新发展的研究书稿。

此书稿探讨了未来学校教育信息化创新发展的七个方面的话题。第一方面是对美国未来学校与教育改造运动的探寻。让我们感受到鲜活的未来学校的脉动,明晰上海发展具有世界先进水平与中国特色的学校教育信息化方向。第二方面是技术驱动的学习变革。通过分析未来混合式学习、在线学习、移动学习、基于大数据的学习、技术支持下的个性化学习、人工智能、虚拟现实等,构成一幅波澜壮阔的数字化教育图景。第三方面是思考教育信息化给学校课堂带来的深度精彩。在现代技术支撑下,教师注重学生个性发展、注重学习者个体兴趣、注重学生未来发展。第四方面是关注社区资源开发,形成良好的教育生态环境。在孩子们成长的社区里,图书馆、博物馆、艺术馆、体育馆、公园、郊野河道,乃至高校、企业、科研机构,都应向孩子们提供教育支持。第五方面是学校学习空间的重塑。"互联网+"时代,大数据、虚拟现实等新技术快速进入学校,面向未来学习的思想、内容、方法等都发生了变化,在技术的支持下,应重构学习空间。第六方面是推进学校教育的现代治理。借助现代信息技术,学校应注重教育治理文化氛围的营造、形成教育治理协同意识、推动教育评价方式的变革等。第七方面是对未来学校运动的几个案例剖析,为上海市推进未来学校发展提供创新思考。

对于首个"上海市教育信息化国际视野与创新发展"专题研修班的海外学习,我一直关注他们的学习全过程,从他们的学习展示交流与学习成果的辐射视角,我认为上海市教育信息化的国际视野与创新发展,要成为上海乃至全国未来学校教育信息化推动的重要力量,要关注以下几个方面的突破:

1. 进一步强化教育信息化 2.0 的落实,认识并定义未来学校的发展趋势,明确推进工作的着力点。上海教育正在进行教育信息化 2.0 的落实,正在按照国家的要求推进教育信息化标杆校的建设。今后在上海教育信息化标杆校的建设中,要对未来学校的发展趋势有所关注和认识,并寻求教育信息化的技术支撑。

2. 推进面向未来的研究型、创新型学校建构与提高对创新项目的大力支持。上海教育面向未来的发展,需要培育一批具有探究精神且基于学生个性化学习的研究型、创新型学校与创新项目。思考学生的个性化学习与信息化平台建设的结合,发展技术支持人的个性化学习,尤其是要重视对学生的学习行为数据的挖掘,从而更好地服务学校与学生的个性化发展。

3. 形成学校教育信息化与大学、企业、科研院校之间有效的互动机制。要努力通过多样的驱动方式促进学校教育信息化发展与大学、企业、科研机构形成互动推进关系，尤其注重对学生设计思维与计算思维的培育，要像重视数学和语言一样重视计算思维，明确通过多元互动推进计算思维培育的基础性地位。

4. 加快培育与未来学校建设、教育信息化运用相匹配的师资队伍。决定教育质量的是教育而不是技术，技术是辅助教师工作的，技术可以让平庸的教师无所适从，技术也可以让出色的教师如虎添翼。改变教育、适应未来，必须从改变教师开始。未来的教师要重视数据科学，学会对数据的理解和分析。这应成为未来教师和管理者的基本功。教师的信息素养应与教学理念同步提升，技术的提升应该在应用中解决，建构和创造是素养提升的核心手段。

5. 思考课堂教学信息化的配套技术与资源，探索教与学的变革。推进教学方式的转变，需重视基于项目的学习或基于问题的学习。注重问题导向，注重团队合作，注重实践参与，以项目学习提升学生问题解决的综合能力，把社会责任、交流合作能力和批判性思维、创造力相融合。不再拘泥于传统的教学模式，加快探索新型课堂，这是未来学校成功的标志。

6. 努力营造让教育走向现代化的教育信息生态环境建设与特色文化。这种环境建设需要推进开放式学习，重新设计学习空间。变革学习方式要首先从变革空间开始。要加快图书馆、实验室和校外学习空间的转型，特别是创客空间的集约化建设。确保每个社区有一个公共创客空间，确保每一所学校的图书馆都能变成创新中心。面对智能时代的挑战，人最不能被 AI 替代的是创造力和同理心，需要回归人性来开展学习设计，培养未来的领导者。一定要重视设计思维和同理心培育，这是我国推进教育信息化、营造特色文化思考的重要课题。

我们希望上海教育信息化的国际视野与创新发展，成为上海市推进教育信息化的学校自觉行动，促进中小学互联网、云计算、大数据等信息化技术和网络化教学手段的运用、数据共享和智慧课堂技术平台的建设；结合中国国情与上海特点，明晰上海市未来学校发展的基本方向与需要解决的问题，提升上海市在全国范围内发展未来学校和打造智慧教育的软实力和综合竞争力。

李永智

2020 年 7 月

第一章

美国未来学校与教育
改造运动探寻

【本章导引】

　　未来已来,未来学校是什么样的? 如何定义未来学校的发展趋势? 如何更进一步以创新理念不断发展与实践教育? 信息技术的发展,改变了千百年来的教育形式,也为我们走向未来学校开启了序幕。2018 年 10 月上海市教育委员会印发的《上海市教育信息化 2.0 行动计划(2018—2022)》,标志着教育信息化跨入从"量变"到"质变"的关键阶段,需要从技术驱动向育人为本转变,从碎片化建设向系统推进转变,从脉冲式应用向常态化应用转变。赴美考察者带着疑问,走进美国公立学校、走进学区、走进高校,探寻其已经发生的过去和即将到来的未来。《中国教育现代化 2035》与《上海教育现代化 2035》,对我国学校的智慧校园建设以及教育信息化提出了诸多面向未来的愿景。透过本章的一系列文章,我们能感受到未来学校的脉动,也能从美国教育改造运动中发现一些有利于我国未来教育的发展思考,推进我国发展具有世界先进水平与中国特色优质教育的进程。

换个坐标看教育

带着使命,"教育信息化国际视野与教育创新"考察团于 2018 年 9 月至 11 月经历了 60 天的海外学习,力图全方位透视美国的教育创新体系和教育技术发展现状与未来趋势。考察团参观了位于伊利诺伊州大芝加哥地区和加利福尼亚州旧金山湾区的数十所学校和 8 个学区,并考察了各类图书馆、非营利组织、教育信息化服务企业和英特尔等大型高科技公司。考察团在多米尼克大学、西北大学、斯坦福大学、加州大学伯克利分校、密涅瓦大学等高校听课或与相关研究人员交流研讨。考察团一行 17 人从教育治理体系、技术支持的教育变革、教师专业发展、课程创新和教学实施、教育的社区关系、学校技术服务生态体系、创客运动和 STEM 教育的实施、教育信息化应用系统和未来学校的办学模式等视角,力图全方位地考察美国教育和美国学校变革。同时,代表团针对热点问题展开深度研究,通过文献学习、深度访谈与调查以及沙龙研讨等学习形式,为上海市教育变革和未来学校建设汲取理念、技术、信息和勇气。

(一) 美国基础教育现状和未来学校运动现状带给我们的五点深刻印象

经过 60 天的考察,我们对美国基础教育现状和未来学校运动现状有以下五点深刻印象。

1. 美国基础教育学校形态的多样性

用多样性来描述美国基础教育的学校形态是最合适的。首先,美国有传统的公立学校和私立学校,其次,公立学校也有特许学校、磁石学校、数理学校、天才学校等多种类型学校,私立学校除了传统的私立学校、教会学校、艺术学校外,还有很多近年来涌现的创新型学校。在数字时代的变革背景和面向未来的教育理念指引下,不管是传统的私立学校还是各类公办学校都在积极变革,以适应未来人才培养的需要。给我们留下深刻印象的有伊利诺伊州数学与科学学院 IMSA、苹果认证学校 High Point Elementary School,以及一所位于旧金山的被认为课程难度最大的私立高中 Basis Independent School;在旧金山,我们还深度考察了被认为最具创新的几所未来学校:斯坦福在线高中、Design School、Imagination Lab School、Brightworks School 等,完全颠覆了传统认知对学校教育的看法。除了走访到的学校,我们通过大学教授的讲座和文献开展研究,风起云涌的美国未来学校运动,正在不断创造新形态的学校类型,这些学校形态风格迥异、运行逻辑五花八门、技术支撑丰富多彩、组织形式也非常多样。他们都以创新的课程服务,培养面向未来的学生,每一所学校背后都藏着极为动人的成长故事。我们惊诧于这些学校形态的创新,办学主体有互联网公司的技术大咖,有充满叛逆思想的艺术家,有充满童趣的"大玩家",也有对现有学校培养模式不满足的大学教授。如 AltSchool 的创始人就是原来在 Google 公司负责技术的工程师,他觉得现在的这些教学内容无法满足未来社会需要,要通过技术改造传统的教育,满足个性化学习需求;Design School 的创办者是斯坦福大学的一批年轻的学者,他们认为要把设计思想贯穿在人的教育经历中,通过设计思维重构教育体系;斯坦福在线高中的发起人认为要通过技术优化学校服务,培养更加卓越的人才,一周中学生有四天在任何地方通过网络学习,周五到学校开展个性化指导和交流展示;伊利诺伊州数学与科学学院 IMSA 秉承的逻辑是认为人的差异性很大,要把那些天才儿童按照反常规的教育方式来培养,这些孩子在高中就能开展高质量的项目研究,需要让他们走得更快,他们每周三把学生放出学校,让他们到知名的大学、科研机构和企业学习,与相关领域的科学家一起工作,通过这种方式来培养未来的顶级人才;Brightworks School 的创始人是 Adobe 公司的技术大咖,他觉得应该让孩子主动规划学习才是更好的教育,他按照三个环节 Exploration—Expression—Exposition 来组织课程,引导学生持续不断地做项目,他认为教育就是要与孩子的天性合作,他从夏令营的举办中感悟到主动学习带给学生的巨大潜力,决定把夏令营搬到学校,把学校办成永远不散伙的夏令营,整个校园就是一个超大的工坊,孩子在 K—12 阶段完成 39 个主题项目设计,相关的学科内容都因为项目设计和实践组织起来,不用教材、不强调知识的结合,注重问题解决能力和创造思维培养;Basis Independent School 则注重学习质量的提升,通过高强度的学习训练和个性化的课程服务,得到口碑,获得美国家长的认可;密涅瓦大学是由一批对大学教育不满足的学者创办,他们注重实践,以雇主的需求作为自己的办学宗旨,把工作能力和快速融入作为学校教育的目标,在实际场景中开展大学教育,所以学校干脆就没有校园,他们以世界为教室,学校遍布世界的七个国家和地区,常规的授课完全是在网上完成。

形态各异的学校都在美国这片土地上涌现,这反映出美国社会对教育创新的宽容度。美国的文化是鼓励创新、宽容创新、愿意尝试创新,这种创新文化根植在美国文化的基因里,虽然最终会发现有一批学校并不是有效的模式,但社会会有很多的容错机制把这些实验学校的学生纳入正常的体系,从而保障将教育创新的不良后果降到最低。只要你能学和愿意学,时间永远不晚。大学对各类学校的毕业生都很接纳。正是这种宽容精神和容错机制,推动了学校的形态和组织变革。

2. 课程服务的丰富性

通过走访数十所学校,我们发现美国学校课程服务能力非常强,学校普遍注重过程、注重体验、注重实践、注重创新、注重参与,这是课程服务的核心理念。批判性思维和创造性思维体现在每一门课程中。课程显性的教育内容后都有一个形而上的愿景,那就是通过课程培养学生的批判性思维、创新能力、问题解决能力、团队合作等。课程教学普遍注重采取游戏化、项目化的实践性的形式。如数学教育采取蚂蚁游戏的方式,伊利诺伊州 230 学区的 Amos Alonzo Stagg High School 通过学习历史来教授语文课。总体来看,学校课程丰富,课程组织形式多样,课程的融合性强,注重综合主题的学习,教学过程普遍采取基于问题的学习、基于项目的学习等方式,提升了学生参与的深度和兴趣。

3. 个性化学习的普遍性

美国学校对个性化学习的重视也令人印象深刻。在美国,特殊教育的比例高达 20%,也就是学区愿意为每一个孩子的成长做出独特的方案,并尊重每个学生的差异。学习干预机构是学校的标配,一个学校的核心技术人员,包括心理诊断师、课程设计师和学习顾问,他们的个性诊断可以提前到出生,对有个别需要的学生提供一对一的针对性辅导。尊重个性、包容个性、服务个性化发展、推崇自我驱动的学习,成为很多学校的基本准则。企业也为个性化学习提供了很好的保障。如谷歌、苹果公司等,开发了大量的个性化学习资源,从简单的项目设计到复杂的智能编程,都可以找到免费的学习资源。

4. 教育资源的协同性

"教育孩子需要一个村庄"——在美国的社区里,教堂、图书馆、公园、高校、企业、科研机构、博物馆、艺术馆、郊野河道,都充满教育气息,对孩子非常友好。科学家愿意百忙之中无偿指导孩子稍显稚嫩的课题,公园为了孩子创造了充满童趣的体验课程,社区图书馆有专门的区域供双休日的辅导和志愿者开设各种讲座。资源的丰富性高,协同性好。例如图书馆愿意把你想看的书送到你家里,很多企业都推出针对学生的实习岗位供大家申请,教堂每周都组织针对学生的教育活动等。这些资源相互链接,协同为孩子的教育和成长撑起一片天空。美国学校注重与技术公司的合作,更多的学区政府愿意把企业作为战略伙伴,他们与企业一起共同发展教育技术,但不强调对技术和产品的拥有。技术公司不断优化服务,从硬件到平台、从云到端、从资源到数据,公司的创新能力和服务水平非常高,技术公司、学校和社区形成了良好的学校生态系统,他们协同进化,促进教学服务体系的不断优化。

5. 学习空间的综合性

美国的学生学习空间绝不局限在教室内,他们普遍重视在野外和窗外的学习。有的学校专门开辟小菜园供学生活动,有的以公园、博物馆、科技馆甚至法院作为学习的场所。同时,学校内的图书馆基本都完成了华丽转身,从一般的书库转变成为创新中心,实现信息获取、图书阅读、创客体验、专题讲座、互动沙龙等功能,从而成为学校最具活力、最富创新的新型学习空间。中学生普遍采取走班制,各种专题教室各具特色,学生习惯自己管理自己的学习活动和私人空间。此外,学校还注重网络空间的建设,很多学生从三年级开始就通过网络空间了解自己的学习状况,得到专项的资源服务。通过这种方式,很多学生的信息素养得到提升。

(二) 带给我们的启示

新技术背景下的美国学校变革和技术支撑的未来学校运动,带给我们很多有益的启示,我认为以下几点特别重要。

1. 个性化学习越早越好

集体学习固然非常重要,但是个性化学习是根本。美国学校注重让学生学习方式更多样,而不是学习更多内容。个性化学习造就了多样的学习经历和学习方式,这是美国未来创新的基础,这一点同样对中国至关重要。每个人的发展都是个性化的,传统的教育模式难以支撑大规模的个性化学习服务,要发展技术支持人的个性化学习,尤其是要重视学生的学习行为数据的挖掘,从而更好地服务个性化发展。

2. 必须改变教师

要改变教师,从而影响更多的教师转变。要通过实践提升教师的信息素养,并通过教师培训和培训者的培训,呈辐射状提升一代教师的信息素养。美国虽然有非常完善的技术支持,但是他们仍然认为决定教育质量的是教育而不是技术,技术是辅助教师工作的,技术可以让平庸的教师无所适从,技术也可以让出色的教师如虎添翼。改变教育,适应未来,必须从改变教师开始。未来的教师要重视数据科学,对数据的理解和分析,应成为未来教师和管理者的基本功。教师的信息素养应与教学理念同步提升,技术的提升应该在应用中解决、建构和创造。信息素养、计算思维、数据意识和社会责任,是信息素养的核心,要提升全民的计算思维素养,必须从教师开始。

3. 要像重视数学和语言一样重视计算思维

构建模型,提升全民的计算思维,在美国下一代科学标准(NESS)和美国国际教育技术学会(ISTE)所制定的 K—12 阶段计算思维课程框架中,都明确提出了计算思维的基础性地位,ISTE 提出了计算机科学课程标准,为不同的学习者制定了对应的标准,包括针对教师、管理者、计算机科学教师、学生和教练的不同标准,值得我们很好借鉴。

4. 开放式学习的评价很难,但是墨守成规同样危险

由于开放式学习需要使用较多的技术,学习本身的评价很难,更多教师还是回归传统的教学。他们觉得这样更为安全,然而面对技术革命和时代变迁,传统的教学能否培养适应未来的学生? 回归传统让我们觉得安全,但是在技术专家和学者看来,不变革同样很危险。

5. 重新设计学习空间

学习空间会约束学习方式,变革学习方式首先要从变革学习空间开始。要加快图书馆、实验室和校外学习空间的转型,特别是创客空间的集约化建设,这对我国的中小学变革特别关键。确保每个社区有一个公共创客空间,确保每一所学校的图书馆都能变成创新中心,不断开发校外、窗外的学习空间,把我们的教育架构在新的技术平台和理念上,将是未来一段时间内我们对未来学校建设的一个紧迫主题。

6. 注重创造思维和同理心教育

面对智能时代的挑战,人最不能被 AI 替代的是创造力和同理心。这一点是 AltSchool 的创始人和其他很多美国校长都提出过的观点。创造力是解决问题的手段,同理心是解决问题的方向。我们要回归人性来开展学习设计,才能培养未来的领导者。

7. 要加快教育教学方式的转变

美国课堂教学模式的主流是基于项目的学习或基于问题的学习,演讲式教学比较少。注重问题导向、注重团队合作、注重实践参与,以项目学习提升学生解决问题的综合能力,把培养学生的社会责任、交流合作能力和培养学生的批判性思维能力、创造力相融合,不再拘泥于传统的教学模式,加快探索新型课堂,这是未来学校成功的标志。

（撰文:上海市电化教育馆　张治）

信息技术为学生的未来做准备

　　赴美之前,我们在手机上看到一篇文章,题目是:美国基础教育何以撑起世界一流高校。这个题目引发了我们的思考:为什么美国学校可以如此多样化,它的基石是什么? 支撑点是什么? 如果学校是一棵大树,大树生长所需的阳光雨露等养分来自哪里呢?

　　(一) 快速发展的美国未来学校运动

　　通过对美国十几所学校全方位的参观、学习和交流,我们发现中美的课堂差异很大,而在过去的二十年里,美国基础教育发生的最大变化就是教育变革与未来社会人才需求紧密联系。伊利诺伊州 93 学区的负责人比尔·谢尔德向我们介绍说:"由于治国策略在变、社会经济在变、学生在变,我们的教育也要变。教育不仅要着眼于眼前,更要为二十年甚至三十年后的世界做好准备,让学生毕业后更能适应时代的深刻变化,更能迎接时代的挑战。"

　　在这次的考察学习中,我们所参观的学校都在通过信息技术的强大力量践行着上述理念。综观美国课堂,信息技术与课堂的融合度相当高,课堂的深度、广度、精度都在快速发展。

　　比如 2010 年,美国颁布了《中小学共同核心标准》,2016 年美国颁布了《新一代 K—12 科学教育标准》,都展现了当今美国对于科学教育的新愿景。在上述标准以及两个法案的影响下,美国教育掀起了一场轰轰烈烈的未来学校运动,传统学校纷纷转型,新型学校如雨后春笋般纷纷成立。比如 AltSchool 的学校使命是"为每个孩子打造专属的教育模式",通过五个环节进行个性化教学并周而复始。Design School 是一所有情怀的学校,学校使命是"探险家和设计师的摇篮",学校的标识也用 6 个符号代表设计思维中启迪、系统、经验、产品、技术、数据这 6 个维度。而 Brightworks School 是一所有故事的学校,学校将所有知识渗透到项目,每个项目通过探索、表达、展示三个环节组织学习,帮助孩子们理解学习是一个终身的过程。在 93 学区的 Elsie C.Johnson 小学的一节三年级的数学课堂上,整个班级大约 20 个学生,分组围坐,每组 4 人左右。老师在电子白板上写明了必做题(Must Do)、选做题(Can Do)和拓展题(Extention)。在老师一声令下之后,孩子们立即起身、各就各位去做自己该做的任务。课堂中,老师穿梭在不同小组中,作为辅导者、合作者、引导者来融入各组的学习进程。老师根据各组的进度,及时调整学习内容的轮换,来协助学生完成学习目标。我们所见的美国课堂教学,无论小学、初中还是高中,分组学习都是一种常态。

（二）七大要素形成多元开放的美国基础教育实践形态

为什么美国会出现多元化的办学模式,美国基础教育实践形态到底是如何架构的呢?我们发现美国教育的两个特点形成了多元化的美国基础教育实践形态。这两点为:教育目标高度统一;实施手段高度自由。如果把美国教育实践形态比作一棵树,那么树根表示总目标——通过促进卓越教育和确保平等获取来促进学生的成就和全球竞争力的准备;树干表示分目标——关注交流、关注合作、关注批判性思维、关注创造力;树枝表示教学手段;树叶表示各类学校。为了进一步寻找答案,我们去了博物馆、大学、费米实验室、社区图书馆、法院等构成社会的基本单位,发现了影响美国学校教育的七大要素。

其一,管理机制保障多元化教育体系形成。美国的教育管理实行各州分权制。地方学区（相当于教育局）有自主的教育权限,包括雇佣教师、设置课程、选购教科书。

其二,容错机制允许多样化教育发展。未来学校的成立,必然会带来新思想、新理念,在美国,总有一些家长会理解和支持新型学校,这些学校才有机会边办学边实验。

其三,社会氛围。教育的推动力不在政府而在社会,学校不仅仅是学校的,而是社区、社会共有的。图书馆、博物馆,甚至费米实验室这样“高大上”的研究机构全都关注学校教育,帮助培训教师,指导学生实验,给师生提供非常具体的帮助。美国费米国家实验室专门成立了相应的教育联络办公室以及教育科学中心、教师资源中心,长期且主动地为中小学教师、学生服务,切实承担推进中小学科技教育的社会责任。其开展的教育项目,非常注重将教师科学方面的培训与学生科技方面的学习结合起来,以增强教师的科技教育能力,促进中小学科技教育质量的提升。目前,已有近10万人参与到该实验室开展的教育项目当中。

其四,信息技术改变了课堂模式。美国的课堂模式有混合式、游戏式、在线课堂、翻转课堂,这些新模式已经替代了传统的课堂教学模式,并且真实落地。如今,学习空间已经成为美国中小学的基础学习环境和流行的服务模式。伊利诺伊州93学区的斯特拉特福德中学学校的图书馆已不再是传统意义上只有单纯的借阅图书和藏书功能的场所,而被改建成了创新中心。学生可以根据实际需求,自由移动桌椅,实现空间变换,自由地享受美好的沟通、交流、合作、创新过程。

其五,信息技术也改变了教育生态。考察过程中我们发现,教师常常手拿一个平板电脑,熟练地使用谷歌教室中的 20 多个软件,所有这些软件的数据全部被打通,为教师的教学和学生的学习带来了极大的便利。

其六,学业评估实现个性化、精细化。在美国,学业评估主要有三个作用:将学生特定学习阶段的情况推送给学生;对学生今后的学习给予指导性建议;为教师教学提供建议。比如,学生每做完一道题,评估系统根据结果自动为学生调整题目。如果做对了,会为他推送难度更高的题目;做错了,则推送难度更低的题目。

其七,高校评估影响教育生态。美国的教育评价体系多元,录取的灵活性高。高校录取时不仅关注 SAT 成绩,更关注高中学习过程中学生学了什么,学到什么程度,参加了哪些社团活动,在团队中起到了什么样的作用。

(三) 中国未来学校应该有更大的突破

蔡元培先生说过:"欲知明日之社会,需看今日之学校。"学校需要培养适应未来社会需求的人才。美国未来学校运动带来了学校革新与思维方式的突破,对于我们来说借鉴美国基础教育,应逐步提高高校对综合评价录取的参考力度,降低对单一分数的关注;提高社会宽容度,建立容错机制,鼓励学校创新实践,让有特点的孩子能找到适合的学校;鼓励科研机构、大学、企业乃至社会力量参与到未来学校的发展与建设;打通基础教育与高等教育的生长数据,完善对学生和学校的评价体系。

(撰文:上海交通大学附属中学 徐捷、上海市上海中学 刘茂祥、上海市实验学校 王昌国、上海市复旦中学 韩静)

多元有序的教育治理推进教育协同

所谓教育治理,就是政府、各类教育机构和社会各方对教育事务的相互协调和治理,使各方利益得到调和并采取联合的持续的行动过程。教育治理和教育管理是两个概念,很容易混淆。教育管理是单向性的,主体是政府,具有一定的强制性,是自上而下的概念。而教育治理具有互动性,是政府和社会组织自下而上共同参与和合作。教育治理主要包含文化氛围、协作融合、技术支持和评价改革四个部分。教育治理中的协作意识无疑对于推进未来教育的协同教育是非常重要的。在美国的教育发展过程中,通过协作中的社会场馆建设、社区的纽带作用、社会的责任感,达成和而不同、协作共生,是其重要的特点。

(一)公共社会场馆是协同教育的重要载体

博物馆、艺术馆、图书馆等社会场馆,承载着社会教育功能,这在美国已成为一种社会共识,所以各地在立法和政策上给予了它们多重的支持。这些社会场馆全年对孩子开放,学校的教师可经过预约免费带领学生到这些场馆参观学习,把知识课堂延伸进博物馆,便利地进行历史文化艺术的现场讲解与教学。这些场馆还结合自身资源经常安排和实施各类教育,学生可以免费参加。各类社会场馆都很重视对儿童的教育。美国各种类型的博物馆、艺术馆和图书馆无不将儿童视为重要的服务对象,争相推出各种适合儿童的活动,可以说是真正做到"从娃娃抓起"。在这里,孩子们可以用自己的手亲自体验和感受,触觉拉近了他们与科学、历史、自然的距离,激发了他们的兴趣,让他们得到全方位的感知和认识。芝加哥儿童博物馆的 Tinkering 实验室里有不同的齿轮、滚珠、滑槽和其他松动部件,孩子们可以选择锤子、电钻、螺丝刀、锯子等,动手制作各种手工艺品,工作人员会在他们需要时提供帮助。社会场馆大多会针对青少年设立教育项目。美国的许多博物馆、艺术馆、图书馆配合展览内容设计了大量适合青少年特点的教育项目,教师可以带着学生在展厅直接授课,学生可以通过玩游戏、知识竞赛等形式系统生动地学到许多知识。芝加哥图书馆对空间进行了重新设计和划分,根据不同功能划分为自由阅读空间、动手创意空间、沟通会议空间、个人独享空间、休闲畅想空间等。在涂鸦区,学生看完书可以通过涂鸦的方式表达对一本图书的理解;在展示区,学生可以举行小组讨论、演讲比赛、才艺展示、乐器表演等。很多图书馆还是媒体中心,提供很多科创课程和STEM课程供学生学习和体验。针对一些临时的展览,场馆还会聘请专门的讲师现场授课。

(二)社区是协同教育的纽带

校内"小社区"助推学生的个性化教育。"小社区"是指美国的学校把班级视为一个学习型社区,学生是社区的主要成员,大家集思广益、共同策划,在教室文化氛围、环境布置、学习互助、社会交往等方面共同学习。这个社区根据每个学生的学习需求、个人自发的兴趣和愿望,根据每个学生的学习速度、接受能力、学习水平,将学生又分成不同的学习社区,为每个学生提供定制的学习目标、学习路径、教学内容、教学方法、学习体验和学习环境,以促使每个学生在学习上获取最大的成功。

校外"大社区"指的是学生所居住的社区,包括居住地及其附属的设施、场馆,如社区文体中心、教堂、社区图书馆等。社区教育可以间接提高社区成员的生活质量,促进所有社区成员的发展,提高他们的文化、修养等各方面的素质。我们在Park Village 社区,跟随社区自治委员会主席参观了社区文体中心。该中心面向本市居民提供各类体育锻炼设施,中心实行会员制,会员可以到该中心的室内外场馆开展体育锻炼,困难的家庭可以提出申请,在社区委员会审核通过后免费参与各种体育活动。这可以弥补美国学校校内运动场所匮乏、课间学生休息时间过短导致的体质不均衡的短板问题,形成家庭式自主加强体质锻炼的模式。社区公共图书馆是美国学校教育的延伸,每周末图书馆专门根据本社区的学生、家长的需求设计各种主题活动。图书馆还专门为小学生提供下午3点后的校外阅读、看护和学习辅导。据调查,92%的人把社区公共图书馆看成是重要的协同教育资源,这显示出社区图书馆在美国社区协同教育中所发挥的重要作用。

(三)高校科研机构、企业和民间组织的高度社会责任感

教育只靠学校和社区及公共场馆的协同还是偏弱的,在科技发达的今天,美国高校、科研机构发挥科技特长,聚焦具有社会责任感的企业和民间组织,常年坚持组织面向中小学生的社会公益活动,提高学生的创新实践能力。如STEM教育作为美国的一个重要教育战略,由政府牵线协同资源。国会、教育部以及各州的教育立法和行政部门统筹颁布法令,不同背景的官方机构、非营利机构、大学、行业协会,以及专门的STEM教育组织,如STEM教育联盟、项目引路、变革方程等,均积极参加STEM战略的制订和实施。这些种类丰富、数量众多的社会组织构成了美国开展STEM教育的中坚力量,也使美国的科技人才培养有了坚实的组织保障。

美国的高校、科研机构、企业和民间组织具有以下特点：

1. 高校、科研机构的协同意识强。学科学习不仅需要基础的学科知识，更需要学生进行实验和动手实践。一些高校、科研机构和社会组织也积极参与到协同教育中，创设相关模拟实验室或提供相关的设备。

2. 企业和民间组织具有自发性社会责任感。美国的许多企业和民间组织在商业上获得成功的同时，愿意主动承担协同教育的社会责任。比如，IT巨头Adobe公司成立了专门培养多媒体软件设计与开发人才的基金会；爱荷华州立STEM咨询委员会与微软公司联合创办微软IT学院项目，聚焦学生数字化应用能力的提高；谷歌公司开发的Google Classroom，为学生提供一站式学习、管理、评价工具服务。

由此看来，我们未来教育的发展需要构建类似Google Classroom这样一个开放融合的平台，打破"数据烟囱"，实现各类数据的互联互通，让教师有更多的自主学习时间。通过立法增强企业、社会机构、组织的社会责任感，形成共同协作发展的机制和氛围。变革评价方式，侧重学生的学习成长过程，避免唯分数论，要看得见学生的成长历程。

（撰文：上海市电化教育馆　张治、上海市闵行区教育局　康永平、上海市青浦区教育局　姚为民、原上海师范大学第三附属实验学校　赵钺、上海市复兴高级中学　奚骏）

主动学习推动美国课堂变革

有了信息技术的支持,美国学校里的学习已经突破了传统教学模式的限制。这次在美国考察学校,我们发现所访问的不同类型的公办学校里,有很多教室里的教学场景是这样的:不管学生年龄大小,人手一台笔记本电脑或者平板电脑用于学习,学生三五成群以学习小组的形式聚在一起,而老师则在一旁作个别辅导。可见,有了信息技术的支持,学习已突破了传统教学模式的限制,改变了学习方式。我们仔细询问了当地的校长和老师,他们告诉我们,美国课堂上的这些变化是近五年才出现的,而目前,这种基于信息化的线上线下相结合的混合式学习方式已成为常态。那么,为什么美国的中小学课堂近五年会发生如此大的变化,驱动其发展的秘密是什么呢?

(一) 常态化应用的教育信息化,渗透到了学习细节中

我们观察并研究了美国 23 所普通中小学的课堂后,发现美国的课程教学呈现如下特质:(1)育人为本,从小注重规则教育,培养学生的信息素养;(2)信息化建设系统性强,有基于标准的顶层设计,服务于教学全过程;(3)教育信息化呈常态化应用,渗透到了学习、生活的细节中。一是课程目标聚焦于 21 世纪人才培养的要求,4C 能力贯穿于教学各环节。2010 年,美国新颁布了英语和数学《国家课程标准》,其对学习内容缩小了广度,扩大了深度,更注重培养学生的思维品质,而不再强调对面广而层次浅的知识的学习。提高标准要求,概念理解和过程熟练并重,提倡运用数学模拟解决实际问题。在众多课程中,美国中小学一以贯之的是坚持英语、数学、社会科学和科学这四门核心课程的学习,这些课程标准高、课时多、有深度。网上丰富的课程资源为教师开展教学提供了唾手可得的大量教学资源,信息化也让课程教学的核心要求如批判性思维等 4C 能力得以有效落实。比如在作业环节,教师充分利用教学综合管理系统的在线文档编辑软件,鼓励学生合作学习、共同研讨,这样的作业没有标准答案,重在培养学生的批判性思维能力。而大量的重复性训练则由学生在线上学习并自主完成。又如 STEM 教育,则能结合社会需求,强化学生的编程学习,在项目研究中心完成学习任务。

二是课程实施采取了多样化的方式,鼓励实施线上线下相结合的混合式教学。

我们发现有些课程实施方式并不是最新的,但其内涵有了新的发展,重在培养学生的好奇心和计算思维、设计思维等思维方式,使学习更具有合作性、交流性,也为学生的个性化学习创造了条件。比如划分学习小组、实施个性化学习,课程学习有按周期循环的环节:评估当前知识与技能——设立学习目标——设定学习路径与设计学习计划——用小组学习或数字技术帮助学生学习并随时评估——鼓励学生反思以及进行新一轮学习。教师根据教学平台采集的学生数据,把学生分入不同水平的学习小组进行学习,最大限度地满足学生学习的需要,为学生制订个性化学习目标并有效落实。这里我们可以看到,在班级授课制情况下,没有信息技术的强大支持和学习数据的大量采集、及时分析,教师是很难对学生进行个性化的数据汇总,进而帮助学生完成个性化学习目标的。

三是以评价为导向,将形成性评价和终结性评价相结合。当前美国课堂上普遍采用混合式评价方式,将形成性评价和终结性评价相结合对学生表现进行综合评价。形成性评价依托 Google Classroom 记载学生的学习过程,作为平时成绩的记录。教师在 Google Classroom 上对学生的每次作业进行评分,评分自动记录在 Google Classroom 学生电子档案里。这些数据可以实时传送到教学管理评价软件,作为学生学业成绩的重要参考,并生成报表,学生的学业表现情况一目了然,教师、学生、家长可以同步预览。

四是注重资源协同,社会资源主动对接学校教育。在这方面首先有丰富的软件支持。美国通过非政府组织对市场上浩如烟海的教育软件进行筛选、推荐,通过学区加强了学校教育软件的培训与推广,这些举措为开展基于信息化的教学提供了强大的支持。如在 High Point Elementary School,我们统计了一位使用平板电脑进行学习的小学生最常使用的软件,发现数量竟达到 15 个左右,而学区提供给学校老师的教学常用软件也有 20 多个。通过优质的在线学习资源支持,学生学习早已打破了教室的限制,移动互联网为教室里的学习提供了丰富的在线资源,为学生拓展了学习空间。学习资源系统包括在线教科书和其他课程资源,由于有了谷歌教室的技术平台支持,教师可以非常方便地对这些教学资源进行整合并进行作业布置等。这些都为开展混合式教学提供了保障。再加上多元的社会服务支持,社区图书馆主动对接学校教学,同步获取当地学校各年级的教学要求,为学生的课外学习提供了直接的对口帮助,图书管理员成为教学辅助人员,其他公共场馆为学生的研究性学习提供专业指导。

（二）主动的学习不仅仅限于课堂,更在于窗外

赛场变了,我们变了吗？主动的学习不仅仅限于课堂,更在于窗外。结合上海

的学校实际,我们在面向未来的学校发展时,美国中小学课程与教学改革的一些探索经验还是可以给我们不少思考和启示。

第一,要关注课程实施新方式的探索。明确课堂上学生的主体地位,探索课堂面授与线上学习相结合的混合式教学在国内课堂上落地的方式。通过实施混合式教学法,可以给学生更多的个性化学习,从而鼓励每个学生成为知识的创造者,更重要的是让师生有更多的交流。

第二,要加强课程资源的开发。树立大课程意识,以科教结合、文教结合、体教结合、商教结合等形式,形成为学生家长提供服务的教育共同体,并以信息技术手段加强与学校的联系,丰富学校的课程资源。

第三,要关注教师信息素养的提升。信息素养不仅仅是教师会用电脑、会上网,课堂教学信息化也不仅仅是指上课用PPT,而是指教师要有对新技术、新应用的敏感性,在教学中积极探索应用信息技术。它带来的好处是显而易见的,如可以让学生实时了解自己的学习情况;可以让学生更好地投入到自己的学习中;可以让学生更负责地使用新技术。最后,要加强对教育技术应用的指导。要充分认识到教育技术对课堂教学的影响,我们可以参考美国学区的做法,对目前现有的软件产品进行研究与挖掘,通过设立类似教育技术教研员的方式,把优秀软件介绍给学校和教师,提高各学科教学软件的应用水平,减轻教师工作量,驱动学生学习的主动性。

(撰文:上海市黄浦区教育学院 邢至晖、同济大学附属七一中学 周筠、上海对外经贸大学附属松江实验学校 陈伟平、上海市宝山区行知外国语学校 朱萍、上海市崇明区教育学院 黄宁宁)

成为数字时代的未来学习设计师

2016 年，OECD 开展的对教师教学和职业发展情况的调查显示，上海学生的高成就与教师的高素养相关，然而要求学生用信息技术完成作业或学习任务的不到国际均值的一半。美国 Tableau 技术推广官 Mac Bryla 在 2018 年度数据峰会上指出："21 世纪，数据素养将成为最为重要的技能之一，我们坚信这种新的技能将改变世界。"面向未来，数据素养也理应成为中美教师专业发展共同的新视点。在美国的 60 天，我们强烈地感受到：如果我们只专注于整合技术，而不是创造与我们想要培养的学生类型相一致的强大学习体验，我们将继续使用更昂贵的工具使教育与未来社会的步调相一致。技术可以实现强大的学习，但是没有任何东西可以替代基于独特背景、优势和兴趣设计真实学习体验的教师。那么美国教师是如何提升信息交流技术能力的？

（一）教育技术教练帮助教师成为创新者

在美国学习期间，我们对中美教师标准进行比较研究，发现中美教师在针对对象、体系结构、能力维度、标准评估等四方面存在不同，而其中美国的教育技术教练引起了我们的关注。

教育技术教练同时也是教学技术专家。他们的主要任务是通过确定教学需要，进行目标设定，在活动中对教师进行指导，引导他们基于教学实践进行设计，进一步关注他们在课堂中的实施，最后形成有效的反思，从而进一步确定下一阶段需要解决的教学需要。教育技术教练也培养数字化负责人，培养基于探究的问题解决技巧，建设数字化学习的文化，帮助教师成为创新者。

所以，教育技术教练必须成为终身学习者，具有很高的综合素养与能力，他们深入整合技术的内容和教学共识，并精通现有的和新兴的教育技术；教育技术教练必须成为有远见的领导者，具有强大的解决问题的能力、研究和计划的能力，协助规划区域的战略计划，支持整个教学环境的转型变革，并管理学校和教室的变革进程；教育技术教练必须成为课程与教学的专家，具有多年实际教学的经验，能指导教师开展分层教学、组织个性化学习、实施基于数据的评估。此外，教育技术教练还必须具备培训教学人员，与学生、家长和企业建立和保持有效工作关系的能力。

以伊利诺伊州为例,教育技术教练归属于每个学区的教学技术部。例如在135 学区,教学技术部共有成员 10 名,其中教育技术教练 3 名,他们服务于 5300 名从幼儿园至 8 年级的学生。美国的教育技术教练可以通过网上申请,学区考核录用。据美国相关部门统计与预测,教育技术教练的平均年薪为 62270 美元,工作前景非常好。

（二）数据素养促进教师成为个体学习计划的设计师

美国教育部规划评价和政策制定办公室于 2011 年 2 月发布了数据素养的三大领域,即发现数据、评估数据、使用数据,以及具体的五种技能,即数据定位、数据理解、数据解释、数据决策和提出问题。围绕三大领域五种技能,美国教师通过参加基于数据场景的主题式培训班以及根据教学实践中的数据场景,进行对话、讨论、访谈等实战培训,不断提升数据素养,让数据助力教学决策,让学习真实发生。

首先,数据使用本身不是目的,而是一种改进教学的手段。具有良好数据素养的教师,能更好地设计学习内容,更好地设计学习方式,更好地融洽与利益关联者的关系,构建丰富多元的学习资源,帮助学生找到最佳的学习发展途径。而借助数据驱动技术能更加科学地评价学生的学习水平,尊重差异,满足不同学习需求,基于数据实现分层教学、个性化学习,提升学习效率,需要教师具备数据素养,成为学习活动的设计师。尊重学生的不同学习需求,运用技术支持个性化学习,需要教师具有计算思维,成为个体学习计划的设计师。

其次,通过加强多学科的融合,解决复杂的具体问题,完成学习过程,鼓励学生识别事实、生成假设、反思推理、利用各类学习平台和资源,在不断变化和相互联系的社会情境中思考探究、解决问题,这些都需要教师具有社会责任感,成为学习情境的设计师。在美国也出现了斯坦福在线高中这样的纯网络授课学校。未来,个性化学习将从占比 50% 提升到 100%,学生决定课程,项目化学习将从占比 20% 提升到 50%。当教师像设计师一样,以更大的灵活性满足所服务的学生的需求,共同构建学习经历,就会激发出更多的问题解决者和创新者。学生也不会没有目标,他们理解学习目的、自我驱动、使用综合知识,达到理想的学习目标,去做更有价值的事情。

（三）我们的教师如何成为学习设计师

要在无数教室中实现这些转变,仅仅为学校提供技术或创造性学习空间是不够的,尤其是要学习理解并使用数据来驱动自身的教学,通过人机协同,支持学生个性化学习,实现他们的学习目标。这对于我们有三点启示。

启示一:加强国内各师范大学教育技术系学生的专业培养

建议师范大学教育技术系在课程设置上作出相应的调整,增加"课程评估和开发""课堂学习支持/开发""数据研究/解读和数字化领导力"等课程,建议学生在大四学期内完成聚焦"基于技术整合的学习设计"主题的校本实习,并鼓励获取相关 IT 证书。通过这些课程以及补充培训,教育技术系的学生将成为未来的教育技术教练。

启示二:加快教研员与信息技术人员的专业升级

基于现象的教学、基于项目的学习等学习方式的兴起,对进行单科课程与教学研究的教研,以及提供技术服务支持为主的信息技术人员带来了新的机遇与挑战。但不是仅仅依靠学习新技能就能实现专业升级的,必须重塑角色,从教研员和技术人员中培养、选拔一批教育技术教练,他们是复合型的专家,是整合技术的教育设计专家、学习发展专家。

启示三:加速学校信息技术学科教师的专业提升

专业提升包括教育者的知识、技能和心态,积极参与计算机科学和计算机科学教育相关的专业发展和终身学习,参与提供专业成长机会和资源的计算机科学和计算机科学教育协会、组织和团体。

目前,美国有 19 个州已经将数据素养关键技能纳入教师资格认证标准。美国教师也把提升自身的数据素养作为教师专业发展的新挑战,正在课堂和在线学习中设计并促进有效教学和学习环境的建立,利用技术来深化内容学习,选择各种真实世界的计算问题,采用项目学习的方式,开展积极和基于真实问题的学习,并为利用创造性和创新性思维解决问题提供机会,让学生学会使用多种形式的媒体来分享结果。从而发展学生利用批判性思维、计算思维来解决问题的技能,帮助学生建立数字化学习技能,成为数字公民。面对不确定的未来,我们需要持续推进上海在教师专业发展上的有效举措,及时补短板,重塑教师角色,依托全社会(包括社区、企业、机构、图书馆、实验室等)来支持不满足于应用已有的知识和经验来解决新问题的教师,帮助他们努力超越或利用已有的知识和经验来发现新的问题解决方法,努力在效率和创新之间寻找平衡,成为数字时代的学习设计师。

(撰文:上海市嘉定区教育学院　花洁、上海市奉贤区红庙小学　何春秀、上海市金山区罗星中学　彭素花)

激活美国未来学校创新的三个基因

为抢占面向未来时代的人才竞争制高点,全球教育变革正在如火如荼地进行,学校教育将迈入一个面向未来的全新时代。有关"未来学校"的探讨,自美国 2003 年创建第一所以"未来"命名的学校以来,在欧洲、亚洲等国受到了广泛的关注,并进行了诸多学校改革的实践。未来学校是一种着眼于未来的人才培养规划和教育发展战略,不断突破现有教育教学形式,整合或融入现代教育技术、数字技术乃至智能技术等技术手段,进行育人实践创新的学校。在美国教育考察期间,笔者看到了冲击传统学校教育观念认知的"未来意义的现代学校创新形态",如学生通过线上学习完成高中教育的斯坦福在线高中、致力于数理英才培养的美国伊利诺伊州数学与科学学院、为每位学生制定个人学习项目并进行学习软件平台服务的 AltSchool,以及学校像一座小工厂、东敲西打式的 Brightworks School 等。在面向未来学校发展的创新行动上,美国的多元化教育运行体系、鼓励学校教育多样化发展的容错机制、支持学校个性化发展的社会文化氛围是激活美国未来学校创新的三大基因。

(一) 政府体制支持下的多元化教育运行体系

美国的教育管理,实行各州分权制,美国教育部对各州教育不具有直接管辖权。地方的公立学校,主要由学区进行管理,所在社区的房产税等税款征收后按一定比例拨给学校作为办学经费,学区与其他地方政府属于同级并行的合作伙伴关系,地方政府不能管理学区。地方学区有自主的教育权限,包括雇佣教师、设置课程、选购教科书等。由于公立学校由学区管理,不同的学区教育经费来源有很大差异,学区的教育自由度也很大,加上各州对所属教育管理也有很大自主权,这样就使得公立学校的运行多元化。美国的学区制度,实行州教育部门—区域学监办公室—地方学区三级管理,地方学区管理系统一般由总学监(通常所说的学区长)、运营总监与学术总监(一般为副学区长)管理,各学区由所在社区居民选举的学区委员会(有的称社区委员会)聘请学区长与副学区长进行行政管理。

基于这样的学区管理机制,美国不同州、不同学区的学校教育有很大差异与区别,一个学区内的学校资源培育与运行方式则是基本相同的。这就使得美国公立学校的运行体系是多样化的,如美国伊利诺伊州 93 学区将 K—2 年级设置为一所学校,3—5 年级设置为一个学校,6—8 年级设置为一个学校;伊利诺伊州 135 学区只设立高中等。美国的公立学校实行学区管理方式,占美国所有中小学的 90%;私立学校的成立主要由教育需求市场决定,可以由企业、行业、教会主办,也可以由个人联合方式申请创办,私立中小学在美国占比不到 10%。对于私立学校,政府一般不加干预,美国私立学校往往是由学校董事会进行管理,办学形式也多种多样。如位于旧金山的 AltSchool 为 K—8 年级的私立学校,在教学时将两个年级的学生放在同一班级教学;Brightworks School 为 K—12 年级私立学校,采用小学、初中、高中阶段混龄、混班、混年级学习;芝加哥大学实验学校为从 3 岁学龄前儿童开始一直到 12 年级的私立学校,实行 15 年一贯制学习。当然,美国政府体制支持下的多元化教育运行体系,导致不同地区、不同类型学校之间的差异性极大,不利于基础教育的均衡发展。我国基础教育管理应树立自己的文化自信,在推进教育优质均衡以及我国教育体制改革的前提下,可以在部分区域进行试点,探索运行多元化教育,促进学校教育的多样化、个性化发展。

(二) 鼓励学校教育多样化发展的容错机制形成

美国教育敢于创新,是因为美国社会鼓励冒险与探索。从 17 世纪、18 世纪欧洲殖民者移民北美开始,他们就一直在冒险与探索,他们知道只有冒险与探索才能创新,任何新的事物产生,就要敢于试错,在试错中不断推陈出新。美国是一个由多种族移民组成的联邦,因此需要鼓励学校教育的多样化发展来满足多样的民众教育需求。无论是社区、学校还是企业机构,都鼓励孩子大胆探索,认识到在错误中汲取经验的重要性。整个社会的容错机制形成,这样学校教育的多样化发展就有了更为广泛的发展空间。在未来学校运动中产生了诸多新的学校,这些学校有些办得成功,有些在磕磕绊绊中前行,有的面临倒闭,但他们的确在行动中创设出了冲击传统教育的新做法。这种鼓励在尝试中试错、容错的机制,推进美国未来学校的新形态建设一直引领学校教育创新的潮流,有些新型学校可能长期存在,有些可能经营不下去,但这些新型学校的诸多思想,包括根据学生的阶段学习需求进行个性化学习设计的一些思想会在诸多学校运用并推进不同类型创新人才的早期培育。

AltSchool 是由谷歌前高管创立的实验学校,学校倡导每一个孩子都应该有自己的学习单,并通过软件平台将孩子学习的过程资料存储、分析与运用。每一个班级里授课教师有两位,一位主要承担教学任务,一位主要承担学习过程中的技术平台服务与改进,学校在技术平台开发与运用中始终坚信教师指导的价值。在 2018

年之前全美开办了 7 所 AltSchool 分校,由于招生人数比较少,维护成本高,现在只剩旧金山与纽约各两所。对于学校的关闭,家长与社会认为这是探索过程中的必然,就将学生转到其他学校就读。其中一所关闭的 AltSchool 的学生家长认为这所学校集聚的教师很优秀,认为学校在信息化平台支持下,为每一个学生制定了个性化的课程学习计划,每天采集、跟踪、评价每一位学生的发展这种理念,对提升学生自主学习与自我管理能力很有帮助,就联合了几位家长的力量通过多方融资将原来学校的师资留下来,整合自己的一些办学理念,创办了 Imagination Lab School。这所学校也成为具有试验性、实践性的新型学校,学校没有班级的概念,学生按照学业水平分成不同的学习等级,学生的成长综合信息可以在平台上即时汇总,方便老师对每个孩子给予具体的指导。在这里,学生开展基于项目的学习,强调学生要有社会责任感。这所学校认为学生的学习能力和驱动力培养最重要,因为孩子面对的是不可知的未来。然而,在观察者看来这所学校只有三间教室,并不像一所正规的学校,可这样的学校却现实存在而且在不断发展,这就是美国社会对学校改革的宽容,允许试错。

在美国,这样的新形态未来学校有很多,如芝加哥在线学校、佛罗里达在线学校,家长与社会都给其以包容,鼓励学校的创造性,尊重学生的不同学习需要,提供不同的教学方法。美国伊利诺伊州数学与科学学院招收的是经过选拔、在数理方面比较优秀的学生,如果学生在学习过程中跟不上学校安排的学习进度,就可能被淘汰与劝退,这样的做法在中国家长看来不可理解,美国的学校与家长则认为孩子不适合就离开,是很正常的事情。芝加哥最大的公立学校系统 CPS 负责对辖区的公立学校进行评测以及对新申请开设的公立学校进行孵化,在 2017 年就有两所公立学校在评测中不合格被关闭,学生就转到其他学校就读。每一所学校的评测结果都在网站上公开,运作透明,这样家长与社区对于学校的关闭也就能接受。美国的学校形态可以不断出新,得益于美国鼓励学校教育多样化发展的容错机制已经形成。美国孩子的家长(尤其是非亚裔的家长)没有高焦虑,他们鼓励创新,拥护试错文化。我国基础教育改革的容错机制还在探索之中,需要在社会建立诚信体系的前提下推进未来学校教育的创新探索,鼓励一些地区、学校进行创新改革试点,建立容错机制,促进未来学校的创新发展。

(三) 支持学校个性化发展的社会文化氛围建立

美国在教育发展与推进上实际上属于一种"弱政府、大社会"的状态,教育改革与创新的推进力量,不仅仅是来自政府,更重要的是来自社会。整个美国社会已经建立支持学校个性化发展、创新性发展的社会文化氛围,无论是社会研究机构还是企业单位,无论是大学还是社区,都参与支持学校教育的发展与创新。许多影响教育发展的报告并不是由政府部门起草制定,而是由社会相关部门、研究机构制定并积极推动的,因而不同的州执行力度不一样,社会的力量在推动教育变革中起着十分重要的作用。

美国作为移民国家,种族的多样化决定了学校发展的个性化,加上美国的教育实行分权治理,因此学校的发展得到了社区、大学、企业、科研机构等多方支持,研究美国教育就需要思考学校与社区、大学、企业、研究机构等的互动关系。他们在中小学发展过程中,非常注重加强与社区、大学、企业、非营利组织、研究机构的联系与互动。为此,了解学校与社区、大学、企业、研究机构等的互动关系链,可以明晰美国学校发展注重多元关系互动,理解美国学校个性化发展的社会文化氛围。如美国伊利诺伊州非营利创新组织 LEAP(Learning Exponentially Advancing Potential),通过向学校推广有利于学生个性化发展的软件应用,起到推动公立学校发展与培训公立学校教师的作用;ThinkCERCA 教育平台公司,通过开发指导学生阅读与写作的软件,推进学校运用信息技术软件,促进学校的个性化发展。还有大量的软件公司开发了诸多产品支持学校建设,促进学校的个性化发展与学生的个性化学习。芝加哥儿童博物馆、芝加哥公共图书馆等公共机构大力支持学校教育并提供教育资源的开放服务。

美国的科研机构非常注重对中小学生的科普教育以及对科技教师的培训,接受学生到科研机构进行短期学习体验与探究实验。如美国费米国家实验室,就明确了这一研究机构开展科普教育与科技教师培训的责任,其开发了30多个中小学教育项目,致力于提高公立和私立学校学生进入大学前的科学教育质量,鼓励年轻人从事科学和工程领域的职业,促进更广泛的公众科技方面的意识和对科学的理解。斯坦福大学内的教育机构 Design School,关注学校教育与企业发展的关系,推动 K—12 的教育改革设计以及设计思维走入中小学课堂。加州大学伯克利分校创新创业孵化中心,注重学校教育与企业发展的相辅相成,在大学开展项目教学、创业指导,对中小学的项目教育、创业教育具有引领价值。美国高校的校企合作催化学校教育变革,不仅仅影响高等教育,也正在影响中学教育的变革。他们鼓励企业技术人才进入学校,指导学生进行 STEM 学习;鼓励有潜质的学生进入企业进行探究活动,能够为未来人才的培育更好地推进技术变革提供动力。

美国未来学校的创新,正是源自上述三个基因的激活,持续推进了美国未来学校的发展运动,带给学校革新与思维方式的突破,这给我国教育改革与创新提供了诸多启迪。我国的国情与美国不一样,但可以从中找到一些融合国际视野与兼顾我国实情的教育改革思考。一方面,我国政府主导的教育改革具有更大的执行力,可以允许部分有基础的学校开展面向未来的教育创新项目试点,鼓励新型未来学校形态的产生。给新型学校提供相应的政策支持空间,在坚守语文、历史、地理、政治等核心课程实施并体现我国教育主权、社会主义核心价值观等教育内容的方向明晰的同时,给予具有研究型、创新型学校发展基础的学校一定的自主改革权,大学对这类学校招生选拔具有针对性举措以及营造一定的容错探索机制。另一方面,通过政府引导,鼓励科研机构、大学、企业乃至社会力量参与到未来学校发展与建设中,以区域试点的方式,提升区域教育的宏观统筹能力,把有影响力的技术公司、科研机构等引入到未来学校改革与创新中,促进我国面向未来学校发展形态的多样化,在促进学生个性化学习与创新性发展上创设更多的社会支持空间。

（撰文：上海市上海中学　刘茂祥）

未来学校如何建设

（一）对于未来学校的理解

2016 年 11 月 16 日,Joshua New 在他的《在美国建立一个数据驱动的教育系统》报告中指出:如果教育系统能够成功地利用所有的构建模块来实现数据驱动教育的目标,那么它看起来将与今天的教育大不相同。学生可以针对他们个人的优缺点和兴趣爱好制定个性化的、动态的课程计划,而不是不同能力水平的同学进行完全相同的课程计划。教师可以把大部分时间花在提供教学材料和确保学生完成课程计划上,而不是把宝贵的课堂时间浪费在行政任务、繁复的总结评估或帮助某些学生跟上进度。学校管理者可以更明智地决定如何分配资源,确保学生得到公平对待,可以采取措施解决差异,更好地管理教师。在家里,家长可以很容易地访问孩子的数据来监控他们的表现,更多地参与教育过程,并获得各种额外的教育资源,家长可以利用这些数据更好地补充教育。研究人员和教育技术开发人员可以很容易地获得大量的教育数据,从而对教育发展有新的见解,开发和改进有用的产品和服务,并帮助学校提高其绩效。最后,各级决策者也将拥有丰富的教育数据,通过这些数据,他们可以对教育政策做出明智的决定。

胡佛研究所的 Koret 特别工作组在《美国教育 2030》中指出:到 2020 年,在线课程将成为丰富的交互式多媒体体验;最好的老师将给全国的孩子们上课;动画和视频可以帮助解释教科书和讲座无法解释的概念;学生可以"异步工作",只使用技术,或者"同步工作",从网上得到老师的直接帮助。

（二）如何建设未来学校

1. 学校教育理念的转变

（1）满足学生的需求

未来学校的教育,是为了满足学生需求的教育。未来学校教育更多地关注学生的需求和差异。教育不再是统一的规划,而是更多地基于学生的个性需求。学校将对不同的学生进行细致的分析,采集相关的数据,确认学生的发展需求,并且与家庭达成共识,从而制订学生发展的教育计划。学校教育不再只是为了社会需要,而同样要满足学生的需要。学什么,怎么学,学到怎样的程度,都是根据不同学生的需求来决定的。

（2）培养学生的能力

未来学校的教育,不再过度地关注知识的学习和运用,而是更多地关注对学生能力的培养。课堂教学不再是教师的舞台,而是学生学习的平台。学校更多地关注学生的阅读、问题意识、假设推理、实验验证、数据分析、总结判断等能力。所以,课堂的活动设计,也需要针对这些能力的培养。

（3）重视教育的过程

未来学校的教育,不再过度强调学习的结果,而是更多地关注学习的过程。统一的教学资料、教学进度、教学要求、教学检测将被逐渐淡化。教师给予不同学生选择的机会、实践体验的机会、交流合作的机会、探索研究的机会。教育重视的是学习的过程,重视的是学生是否参与学习活动,是否获得学习感受,是否实现个体发展。在教育的过程中,学生得到锻炼和实践,素养得到提升和发展。

2. 教师教学方式的转变

（1）分层教学或走班教学

在未来学校,分层教学将成为主要的教学方式。教师根据学生能力测试、学习基础、学生表现、个人意愿等因素开展分层教学。一个班级分成若干个小组,相同层级的学生组合在一个小组里,按照近似的学习进度和学习节奏进行教学。也许有的学校会采取走班教学的形式,同年级的学生按照分层标准重新组合,每天学生到对应层级的教室上课。相应的走班教学通常以学期或者学年进行调整。针对教学中遇到的特殊学生,学校将会采取特殊干预的方式。

（2）特殊干预

需要特殊干预的学生往往是两类。一类是超常学生,一般的班级教学无法满足他们的学习需求,学校会安排专门的教师,进行高级课程的教学,允许他们向更高层级发展,实现学习上的突破;另一类是学习困难学生,往往是因为智力特殊、接受能力特殊、心理特殊、行为特殊等,他们无法跟上一般班级的教学,需要教师降低难度、放慢节奏、减少任务,指导他们以缓慢的学习节奏进行学习。通过特殊干预,这些学生都能得到帮助和指导,都能适应针对他们设计的学习生活。特殊干预能够促进这些学生的学习和发展。

（3）探究活动

在未来学校,教师引导下的探究活动将更加普遍和常见。为了适应时代发展的需求,培养学生的问题意识、批判思维、实践能力、创新精神,教师必须组织各种类型的探究活动。在基本课程中,教师需要增加相关的探究活动,引导学生进行探究学习;在综合课程中,教师要研究开发有关的探究项目,组织学生进行探究;在拓展活动中,同样需要教师组织开展各种探究活动,引导学生经历探究问题的过程。通过探究活动,培养学生发现问题、提出假设、实验验证、收集数据、分析数据、总结概括等能力。

3. 学生学习方式的转变

（1）个性化学习

在未来学校的课堂里,个性化学习将是每个学生的选择。因为学生学习基础、学习能力、学习目标、学习习惯、学习行为的差异,学生无法以整齐统一的节奏进行学习。在分层教学或走班教学的支撑下,个性化学习将成为现实。同时信息技术的广泛应用,使得个性化学习具有了更多的便利条件。学生借助设备和网络可以进行材料阅读、搜索信息、观看视频、解答问题、上传信息等操作,每个学生都可以按照自己的进度学习,而无须跟随他人的节奏。个性化学习能够让学生找到自己,能够有效地提升课堂学习的效率。

（2）合作式学习

在未来学校的课堂里,合作式学习将成为课堂活动的主要方式。借助分层教学或走班教学的支撑,学生有了更多的合作基础。相近的学习水平、相似的学习进度、相同的学习节奏,使得学生的合作具有扎实的基础。在项目式学习中,往往更多地需要学生的合作:①学生要开展问题的讨论,发挥集体的智慧,找出问题的线索;②学生要分工开展实验活动,分别承担记录、操作、观察、总结等任务;③学生要分析讨论实验的数据,找出其中的规律,发现关键的原因;④学生要交流不同小组的实验结果,听取他人的报告,获取有益的信息,验证发现的规律,形成科学的结论。在学习的过程中,学生学会合作、分享、支持与碰撞。

（3）体验式学习

在未来学校的课堂里,学生将更多地获得体验式学习的机会。传统的教师讲授知识、注重知识积累和建构的方式逐步减少,关注学生学习过程的体验式学习将越来越普遍。学生将更加愿意参与实践体验活动,亲身感受事物的特征,获得更加深刻的理解和认识。同时借助虚拟现实和增强现实等技术手段,学生可以感受各种现象和场景,能够更加直观地学习知识,通过观察虚拟世界,促进学生的学习和认知。基于体验的学习,能够让学生更加深刻、更加直观,能够帮助学生应用相关的知识,而不是传统学习中单方面地识记和理解知识。

4. 学校课程体系的转变

（1）基本课程

在未来学校,基本课程将得到清晰地梳理。传统的课程可以实现整合和归并。学生的学习不是为了获取更多的知识,而是为了培养适应未来社会的能力。在中小学,将集中呈现为语言阅读、数学、外语、科学、社会等基本课程。太多的课程分类将变得不再必要,学生的学习任务也能得到减少。通过基本课程的学习,可以使学生获得必要的文化素养、知识建构、能力培养。

（2）综合课程

在未来学校,综合课程将得到加强。综合课程需要得到进一步的开发,特别是STEM 课程,更是因为融合了科学、技术、工程、数学等学科,成为学生学习的必要课程。传统的过于细化的学科分类,将得到明显的改变。推动学科的整合,实现各种知识的综合应用,成为未来教育的主要任务。课程的界限被打破,课程的融合成为现实。

（3）拓展活动

在未来学校,拓展活动将得到充分推广。基于学校资源、教师专长、地区的支撑,各种拓展活动得到开发和应用。围绕着艺术、体育、科学、人文、计算机等学科,将涌现各种拓展活动。不同爱好和特长的学生,获得了自由选择的机会,可以进行深入的学习和实践,可以促进学生的能力发展。不同专长的老师,组织开展相关的活动,通过趣味盎然的活动,培养学生的实践能力、激发学生的批判思维、锻炼学生的专业技能、提升学生的人文素养。拓展活动成为学校学习的主要内容,也成为学生实践发展的必然途径。

5. 课堂教学技术的转变

（1）视频资源

在未来学校的课堂里,会使用大量的视频资源。教师运用 PPT 进行知识讲解的比例将越来越低,学生可以点击登录各类专业网站,随时观看各种视频资源。学生可以获取高水平、高质量的视频资源,有效地促进学习。借助视频资源,学校的课堂发生了变化,突破了原有的时空,可以联系真实的世界、过去的世界。学生的学习范畴得到了拓展,学习不再局限于教材的范围,而是与真实生活和真实世界联系。技术在课堂里发挥着越来越重要的作用。

（2）教学平台

在未来学校的课堂里,大量的教学平台将进入课堂。学生通过登录教学平台,开展小组学习和个性化学习。每个学生不再是按照统一进度进行学习,而是根据自己的学习能力和学习习惯进行学习,教学平台使得个性化学习成为现实。同时,区域范围的教学平台的应用,减轻了教师课前准备、编写教学计划的负担,实现了教师的整体教学能力的提升。在运用教学平台学习的过程中,学生对于技术越来越熟悉,也越来越适应平台的应用。教学平台,不仅改变了教师的教学,也改变了学生的学习。

（3）应用系统

在未来学校的课堂里,大量的应用系统将进入课堂。学生训练系统的使用,使得课堂练习变得更加快捷简便,并且可以实现差异化训练,不同的学生得到不同难度的训练内容,而且可以不断挑战学生的能力。同时因为训练平台的使用,可以实现及时的反馈,后台自动批改学生的答卷,告知学生做答是否正确,推动学生进行订正。同时,通过后台数据的采集,可以获取不同学生的学习情况,反馈学生在课堂训练中的真实数据,可以让教师发现学生的问题,制定后续改进计划,加强对于不同学生的帮助和指导。应用系统将改变课堂教学的状态。

6.家校合作系统的转变

（1）家长参与

未来学校,家长的教育参与将更加全面和深入。由于对教育的重视和学生发展的关心,家长会更加愿意参与学校教育。学校要发挥家长委员会的作用,听取家长的意见和要求,告知学校发展的计划和目标,开展各种家校开放活动,组织家长参与教育活动,让家长更多地了解学校教育、学生学习、拓展活动、社会实践等。学校要吸纳更多的家长参与志愿者活动,发挥家长的资源优势,借助家长的力量,开展各种实践体验活动,实现家校教育的协同配合、共同推进。

（2）家校互动

家长要关心学生的学习生活,通过信息应用平台及时了解学生的学习情况、及时与教师沟通交流、及时掌握学生学习进展。家长要做好家庭教育工作,加强学生在家的学习监督,加强与学生的思想交流,带领学生参与各类社会实践活动,积极推进学生的社会适应和情感培养。家长要支持学校工作,配合教师开展教育活动,制定学生发展目标,落实学生培养计划,加强家庭教育指导,促进学生的发展和成长。

（3）教育咨询

学校要积极推进教育咨询工作,要组织各种形式的专题教育活动,宣传学校的办学思想和教育理念,讲明学校的要求和家长的职责,分析不同年段学生发展的心理变化和行为表现,要充分发挥教育引导作用。教师要发挥专业作用,要做好每个学生的成长档案,及时记录学生的学习表现,形成学生学习的发展图表,加强学生思想道德教育,促进他们健康成长。家长要根据学生的行为和表现,分析学生的成长情况,及时与教师交流沟通,研究指导学生的有效措施,切实落实家庭教育职责。

　　未来学校的建设,应该是基于学生发展的需要,着眼于学生综合素养和实践能力的培养。未来学校的建设,首先是教育理念的转变,更好地适应时代发展的需求;其次是教学行为的改进,教师要有效地提升教育的效率;第三是学生自我的转变,能够掌握科学的学习方式,促进课堂学习的实践和提升;第四是学校课程的梳理和优化,通过三种不同类型的课程,提供学生学习和锻炼的机会;第五是信息技术的应用,要充分发挥资源的作用、教育平台的作用,丰富学生的学习途径;最后是家校合作的建立,形成教育的共同合力,用科学的教育和指导促进学生的发展。未来学校正在向我们走来,需要我们从现在开始进行逐步的转变,从而能够真正建设适应发展的未来学校。

（撰文：上海对外经贸大学附属松江实验学校　陈伟平）

浮光掠影看美国基础教育

（一）美国基础教育改革

美国第一次参加 PISA 考试，在全部 60 多个国家地区中位列第 38 位，因此启动了教育改革。2010 年美国颁布了新的国家课程标准。目前，全美有 43 个州采用了这个新的国家课程标准。

2018 年 9 月下旬，我随上海基础教育信息化和创新转型发展代表团对美国基础教育进行了为期两个月的考察，聆听了美国专家有关"新型课堂教学方式的变革""数字化教育技术的使用""未来学校的建设"等专题报告，实地察看了几所美国中小学在信息化未来学校建设的一些做法，所见所闻，触动很大。

1. 美国信息技术使用非常普遍

美国的教学设施建设可能是世界第一。从小学开始，学生就人手一台电脑，只要拎着一个"电子书包"（专用学习平板电脑）即可轻松上课，一般学校都采用 Google Classroom。Google Classroom 整合了几十个教育平台，学生借助电脑，使用各种软件开展学习，而且教育软件内资源极其丰富，利用高水平的信息化资源开展游戏化教学、基于项目的学习、基于问题解决的学习、STEM 教育、探究性学习等，极大地提高了学生学习的兴趣和教师的教学效率。

在学习中，学生能在系统上回答教师提出的问题，可以直接做好作业并提交，也可以和教师实时互动；教师、学生随时上网获取资源并进行远程协助和远程教研，学生的学习突破了教室空间的限制，学习场所可以从传统的教室拓展到家庭，学习的方式也更多地从较为单一的个人学习上升为团队协作，最后它将更多的先进技术引入课堂。

2. 强调创造性和独立性

在美国，即使是小学生，学校已经要求学生有独立思考和表达的能力。课堂作业常常是写文章和做演讲，学生必须自己找到素材、选择方法、组织语言、描述想法。比如，在参观 Orland High Point Elementary School 时，我们走进一堂"侦探活动"课程，教师模拟"犯罪现场"，布置学习任务。

第一步：小侦探们（学生）进入"犯罪现场"（某个精心布置的教室），教师通过一个短片,介绍了案情和受害人。

第二步:小侦探们通过扫二维码,获得了一个线索簿。线索簿是教师使用 Google Slide 制作的,并放到了 Google Classroom 平台。

第三步:根据线索簿的提示,小侦探们开始了侦查。同时可以利用手中的 iPad 搜索信息,取得关键的证物。

第四步:小侦探们相互合作,整合线索,探讨案情。

第五步:在 iPad 上完成报告。这一步是破案的时刻,要求线索清晰、物证分明和推理严密。

破了案,侦探们当然也要自我介绍吹嘘一番,除了写出推理过程,小侦探们还要撰写自己的简介。

在新型课堂,教师不再直接控制学生,而是通过交流来引导学生去做什么。教学强调创造性和独立性,哪些内容要多讲点,哪些内容要少讲点,教师都能听从学生的意见。

当今信息时代,要保持高竞争力,需要学生有好的阅读能力,有好的信息获取能力,所以美国学校强调"非文学性文本"的阅读,以培养学生的批判性思维。

3. 个性化学习体现包容性、创造性

在个性化学习场景中,教室可由教师按个人喜好进行布置,学校注重对特殊学生的教育,对学生进行分层教学。单是针对智优生的选拔,在初中就有多种考试:数学水平测试、英语水平测试、认知能力测试、爱荷华测试(相当于学术成就测试)、创造性测试。一个学区里会把各校测试结果显示"天才"的学生汇总在一起,到一个新的学校另外编班集中学习,这个"天才班"的学习程度没有上限。

(二) 美国未来学校

未来的学校学什么呢? 就是要让孩子全面发展。美国教育认为人的核心能力是:创新、批判、沟通、合作。未来的学校强调培养人的核心素养。如果把核心素养换回到学习里面,就是学会面对复杂情境下的解决问题的能力,以及面对高速发展的信息社会的能力。

未来教室将会有以下几个特点:

第一,学习的内容是跨学科的,是整合的。未来教室注重学科之间的联系,特别是数学、科技、艺术之间的融合,如:STEM——科学、技术、工程和数学;STEAM——科学、技术、工程、艺术和数学;STREAM——科学、技术、阅读、工程、艺术和数学。利用多学科的融合,指导学生的多方位探索和思考。学生通过体验式学习,解决问题,学会与他人合作,学习的过程是一个发展的创造性的过程。

第二,学习的方法是以项目为主的基于问题的学习。为学生创造更丰富、更具有实操性、更接近真实世界的体验。创客文化在基础教育中得到应用,学生通过体验、实践和创造进行学习,以更具体和更具创造性的方式展示新获得的技能。

第三,根据自身需求确定学习进度,开展高度的个性化学习。随着教育技术的发展,课堂将更多地使用不同程度的在线学习、虚拟现实和增强现实的学习。课内学校和课外学习、正式学习与非正式学习、显性学习和隐性学习相互融合。

第四,数字化测量技术的使用。对学习者信息资料进行收集、分析和报告,学校通过数据分析来优化教育环境、改善学生学习情况。

第五,有效的学习空间应具备移动、灵活、多样化和相互连接的特点,学习的环境是探究的、互助的、团队的。重在节约能源,提升学习舒适度,从而大大改善学生学习效率。

第六,教师的角色是辅助的,重视提升教师的创新理念和数字化专业能力。

总之,美国教育的目标就是要培养有创新能力、会独立思考、会运用现代科技的合格公民。

对中国基础教育改革的启示:

第一,现代社会需要的是有活力、全面发展的人,以及具有怀疑精神、批判精神、冒险精神和创新意识的人。谈到当今的美国教育,虽然我们不能断言其教育培养的人才就是理想中的现代人,但他们教育中的合理成分,值得我们学习。因此,他们的实践,能为我们的教育改革和发展提供有益的借鉴。

第二,注重信息技术的普及使用,教育资源的信息化整合。信息时代对传统教学模式形成挑战。互联网为学生学习提供了宽广的渠道,应加快信息技术在基础教育中的广泛使用。由相关职能部门牵头,组织专业机构为学校信息技术教育提供专业可靠、内容丰富的平台,提供更多的学习素材和学习资料。同时加大对教师信息化专业能力的培训,为学校利用教育技术开展学习提供帮助。

（撰文:同济大学附属七一中学　周筠）

美国未来学校解密

（一）美国未来学校印象

1. 高度一致的价值认可

美国的教育管理权是下放到州、学区、学校。学区相当于我们的教育局，由当地居民选举产生，一般兼职无薪酬，但有财政权、人事权、课程权、宣传权等。在每个州，学区都是高度自治的。即使这样，美国人对教育价值的认可高度一致，令我们自叹不如，体现在以下几个方面：

（1）以学区优劣衡量地区的好坏。说哪个区域层次较好，标准就是看学区、学校好不好。对教育的重视度全民高度一致。

（2）培养目标高度一致。重点突出批判性思维、发现及解决问题能力的培养。几乎所有的人都有共识：美国要培养的人，是具有批判性思维、合作能力和创新意识，善于解决问题、有社会责任的未来社会公民。

2. 多样化的学校形态

去之前只知道美国学校有公立学校、私立学校之分，其实远不止这么简单。公立学校中，又包括普通公立、特许学校、磁石学校、数理学校、天才学校等。私立学校种类更多，特别近年来涌现了许多创新型学校。但不管是哪类学校，都在积极变革，以适应未来人才培养的需要。以下是几所印象深刻的学校：

（1）伊利诺伊州数学与科学学院 IMSA。该学校从高一学生中招生，学校认为人的差异性很大，要把那些"天才儿童"按照反常规的教育方式来培养。每周三是研究日，这一天会让全校学生走出学校，让他们到知名的大学、科研机构和企业等去实习，与科学家一起工作，参与真实的项目研究，通过这种方式来培养未来的顶级人才。

（2）旧金山 AltSchool。该学校创始人是谷歌公司负责技术的工程师，他觉得目前的学校教育无法满足未来社会对人才的需要，要通过技术改造传统的教育方式，满足个性化学习。学校有两拨团队，一是技术研发团队，专门开发学习平台，为每位学生制定个人学习单；二是教师团队，学生每天到校后，第一件事是打开自己的个性学习单，与教师同伴在讨论实践中学习。

（3）Brightworks School。创始人是 Adobe 公司的技术大咖,他认为教育要符合孩子的天性。他从夏令营的办营中感悟到主动学习带给学生的巨大潜力,决定办一所永不散伙的夏令营式学校。学校设在一间废弃的工厂车间里,整个校园就是一个没有围墙的超大工坊,一二年级混龄,三四年级混龄上课。学校没有教室,学生围成一圈就是一个班级。学校不用教材、不专门教授知识。学校采用典型的项目化学习,每个孩子在 K—12 阶段完成 39 个主题项目设计,在探索中把相关的学科内容融合进去,注重问题解决能力和创造性思维培养。

（4）斯坦福在线高中。斯坦福在线高中是没有实体校园的。发起人认为要通过技术优化学校服务,培养更加卓越的人才,一周中学生有 4 天在任何地方通过网络学习,周五到学校开展个性化指导和交流展示。

（5）密涅瓦大学。这所学校是一批对大学教育不满足的学者创办的,以雇主的需求作为自己的办学宗旨。学校没有校园,以世界为教室,学生一学期去一个国家或地区,共 7 个学期,学习方式主要是在线学习,学习场所利用当地社会资源。比如图书馆就利用当地图书馆,运动场所就利用当地体育场等。

这些学校形态创新、办学主体多样、运行逻辑五花八门,技术支持占主体地位,完全颠覆了我们对学校教育的看法,让我们看到风起云涌的美国未来学校运动,正在不断创造技术支持下的新形态学校类型,也反映了美国社会对教育创新的宽容和鼓励。

3. 丰富的课程设置

美国学校课程多元融合,批判性、创造性思维体现在每一门课程中。学校普遍注重过程、注重体验、注重实践、注重创新、注重参与。主要体现在:

（1）有大量的选修课供学生选择。必须修满相应的学分才具有毕业的资格。

（2）同一位学生可以学习不同年级的课程。从小学二年级开始实行部分学科走班制。中学时,根据自己的能力选择高于或低于自己年级的课程。我们在一所小学看到,有个四年级孩子数学特别有天赋,于是他的数学课就到附近中学学习,其他课程在本校完成。这种选择的灵活性,对学习能力差和学习能力强的学生,都能更好地实现因材施教。

（3）"俱乐部"成为学生自主发展的个性项目。美国学校下午正式课程一般在 3:00 结束,之后提供各种自愿参加的学生社团、俱乐部等活动。

（4）为资优生量身定制发展计划。美国学校每门学科都有天才班,常见的情况是,某位学生一部分课程在天才班上课,另一部分课程在普通班上课。学校特别重视因材施教,创造条件使学生的潜能得到最大程度的激发。

（5）AP 课程与大学课程对接。AP 即美国大学的先修课程,学生完成高中毕业课程和考试后,就有机会选择 AP 课程。大学认可 AP 课程学分,从而减少学生大学期间的学习任务和费用。基础教育与高等教育学习数据打通是中美显著的不同。

（6）磁石项目为学生提供发展的方向。磁石项目是指那些有独特的设施和专业知识的特色课程,例如汽车维修、建筑设计等。如果一个学校的磁石项目较多,就被命名为磁石学校(类似职业学校)。

4. 普遍的个性化学习

普遍的个性化学习体现在四个方面。一是技术支持下的个性化学习,这是本次访问印象最深刻的地方之一。不管是哪种学校,目之所及的是无处不在的技术融合、对数据的倚重和对学生个性化学习的设计指导。学生人手都有由政府提供的 iPad 或手提电脑等移动终端。运用平台收集、诊断、分析各种学生学习数据并支持教学决策是美国教师的常态,根据数据反映的学生的优势与不足分层编班、编学习小组,进行走班教学、小组学习、线上线下混合式教学、项目化学习,真正做到为不同学生提供不同的个性化教学。例如我们观摩的一节小学四年级数学课,教师首先讲了本节课的教学要求和分组安排,接着学生分别进入四个学习模块进行学习,然后,以 10 分钟为一个单位进行小组轮换,每个孩子都有自己的学习目标。二是落实教育公平。两任美国总统先后提出"不让一个孩子掉队"法案,"每个孩子都成功"法案。三是体现在对特殊教育的高度重视,特殊教育的比例高达 20%,对有个别需要的学生由专任教师进行一对一或一对二、一对三的针对性辅导。四是体现在企业为个性化学习提供了很好的保障,如很多学校使用的 Google Classroom 免费软件。

5. 协同的教育资源

美国的图书馆、公园、高校、企业、科研机构、博物馆等都充满教育气息,与国内最不同的就是这些机构主动与学校对接、相互连接。美国费米国家实验室是世界排名第二的研究机构,专门设置了一个教育部门,为学校开设体验项目和教师培训;法院、图书馆、博物馆等每年都向学校发布课程目录,设专门部门,招募志愿者免费提供课程服务。

6. 多元的学习空间

因为美国中小学实行走班制,大部分教师都有自己的专用教室,就有了教师对教室的个性化设计,体现以学生为中心和相应的学科特点。

（1）窗内。灵活的座位更好地支持学生个性化学习。以小组为单位的桌椅样式各异,甚至专门为多动症孩子提供摇摆椅和健身球,教室一角的教师办公桌、地上的一张地毯是教室的标配。不同的学习小组在讨论桌旁、在地毯上、在角落里开展学习,满足学生个性化需求。墙壁上挂满了含学校校训、规范要求、学习方法、思维方式等的海报。STEM 教室、创客空间、编程教室、媒体中心等专用教室灵活多样,支持各种主题式学习。

（2）窗外。美国普遍重视窗外的学习。很多学校专门开辟小菜园供学生活动,大多数以公园、博物馆、科技馆甚至法院作为学习的场所。学校图书馆基本都完成了华丽变身,成了创新中心,集阅读、创客、演讲、沙龙、研讨等功能为一体,成为学校最具活力、最富创新的新型学习空间。学校还注重网络空间的建设,很多学生从三年级开始就通过网络空间了解自己的学习状况,得到专项的资源服务。

7. 过程性的评价体系

美国中小学经常进行标准化考试,分为校级层面、学区层面、州层面。学区统一的考试一般一年三次,使用 MAP 等测试工具进行标准化考试。教师对学生的成绩认定包括课堂表现、作业情况、单元测验、期末考试等,真正体现了过程性评价和终结性评价相结合的理念。申请美国大学的条件是:SAT 或 ACT 分数、高中 GPA分数、非学术经历、个人陈述论文以及教师的推荐信。

8. 规范要求的量化指导

如 High Point Elementary School 提出"Responsible（责任）, Kind（善良）, Respectful（尊重）, Safe（安全）"的校训目标。四个核心词不仅在学校随处可见,而且学校将其内涵细化分解为对每一处场景、每个活动空间的具体行为要求,在教室、卫生间、走廊、操场、体育馆等场所一一列出,告诉学生在当下场景应该如何做到校训目标。比如将四个核心词在卫生间的细化、量化的具体要求是:善良和尊重,我要给别人一定的私人空间;责任,发现问题（如地板上有水、便池堵塞）即刻向老师汇报;安全,我要保持厕所的干净和干燥。几乎每所学校都是这种做法。

对比我们的中小学生守则,按规定也都张贴在校园和走廊,但是相对比较笼统宽泛。比如《中小学生守则》第四条"珍爱生命、注意安全、锻炼身体、讲究卫生",没有不同场景具体可操作可执行的量化内容,缺乏具体实施的方式,导致部分学生执行起来经常不得要领。在美国,学校其他的一些学习方法、思维要求等都会具体地告诉学生应该怎么做,具体可操作是其最大的亮点。

（二）美国未来学校的启示

美国虽然有非常发达的技术支持,但是他们仍然强调决定教育质量的是教师而不是技术。因此,教师是改革的第一主力军,教育变革要从教师开始。未来教师专业发展应关注五个关键方面。

1. 提升数据素养

2016 年,OECD 开展的对教师教学和职业发展情况的调查显示,上海学生的高成就与教师的高素养相关。例如,广泛开展的教研活动,覆盖率 100% 的师徒带教。然而要求学生"用信息技术完成作业或学习任务"的不到国际均值的一半(我国15.2%,国际均值 38.0%)。

因此,对数据的理解、分析和使用能力应成为未来教师的基本功。机器能做人做不到的事,机器能做的事,人可以不做或少做。2011 年,美国教育部规划、评价和政策制定办公室确定了数据素养的三大领域五种技能,即发现数据、评估数据、使用数据三大领域,数据定位、数据理解、数据解释、数据决策和提出问题五大技能。美国已有 19 个州将教师数据素养关键技能纳入教师资格认证标准,成为教师专业发展新视点。每所学校都通过各种方式收集每个学生的原始数据,从而分析、诊断、设计、调整、优化教学方案,实现个性化教学。数字时代的教学改革,要发展技术数据支持的个性化学习。

2. 提升编程素养

人与计算机之间交流的过程叫编程。人类给计算机编程的过程,不正是大脑运行的过程吗?我们要完成稍复杂的一件事情,先完成什么,再完成什么,就是我们的大脑发出指令的编程过程。所以从广义来说,统筹安排就是最好的编程。

对于教师而言,课程的开发、建设、实施、评价,对教育教学活动的优化、重构,就是编程。未来教育,为学生提供个性化的课程学习,必将极大挑战教师的编程素养。学生认可的、喜欢的,才是真正成功的编程,变"命令你学"为"服务你学"。

这里,最重要的是加快教育方式的转变。美国课堂教学模式的主流是混合式教学、基于问题或项目的学习。如,High Point Elementary School 的"侦探主题"课程,教师设计了一个"破案"的活动任务。通过一个短片介绍案情后,小侦探们通过扫二维码,获得了一个用 Google Slide 制作的线索簿。学生带着线索簿进入悬疑侦探的场景中:一串脚印、喝过水的茶杯、地上遗留的钉子、破损的窗帘……学生以小组为单位从这些信息中研究线索、讨论案情、完成假设推理。最后学生在 iPad上形成侦探报告。这是典型的项目化学习案例。

在美国,以讲为主的演讲式教学基本看不见了。注重问题导向,注重团队合作,注重实践参与,以项目研究提升学生解决问题的综合能力,把社会责任、交流合作能力和批判性思维、创造力完美融合,这是我国的学校所欠缺的。我们要加快探索新型课堂,这是未来学校成功的标志。

3. 学会共享教育

我们现在的教育,似乎距离共享还有一定距离。绝大多数时间都只是一个教师"主宰"一个班级、一门学科,关起门来一个人说了算,无论学生爱不爱听,也只能听这个教师的课。有时难免引起学生的学习疲劳、教师的职业倦怠。如果说过去是限于技术和资源,今天,数字时代赋予我们创新的大气候,给予我们丰富的平台和资源,我们应主动共享可用资源。如,一位总是讲不透数学应用题的教师,可以使用其他教师的应用题微课资源来教学。

教师要学会共享教育。对于教师而言,一要成为内容的生产者,做一名"有料"的能分享之人;二要成为规则的缔结者,做一名"有品"的会共享之人。

4. 提高融合能力

未来教育,要基于"互联网+",基于技术,打破壁垒,实现优质的教育融合。

(1)学科融合。未来学习要走向学习主题化、教学团队化和时空立体化。如伊利诺伊州 230 学区的 Amos Alonzo Stagg High School 将历史课与英语文学课混上。

(2)空间融合。变革学习方式要首先从变革学习空间开始。面向未来,加快创客空间的集约化建设,促进图书馆变成创新中心,不断开发校外、窗外的学习空间。逐步引入可视化学习、泛在学习、线上学习,使用基于 AR、VR 技术的学习让学习变得越来越多维。

(3)资源融合。从现在直至未来,教育将不缺资源,社会、家长的资源都会更多地输送到学校。教师需要有效选择、组织、融合庞大的资源"为教学所用"。

5. 重视批判性思维和同理心的培养

走进美国 K--12 学校,最耳熟能详的是师生口中的"Common Core",即美国共同核心国家标准。批判性思维能力、分析问题的能力、解决问题的能力是三大核心素养,其中批判性思维能力位居第一。在美国,不论什么场所,人们都会很习惯地询问:"有问题吗?"对话、讲座或上课结束之前,铁定会留一定的时间给大家问问题。课堂是落实批判性思维能力的主渠道,各科老师在课上都鼓励学生学会表达自己的观点;在表达自己的观点时,要用事实和逻辑去支撑。所以,面对智能时代的挑战,人最不能被 AI 替代的是创造力和同理心。创造力是解决问题的手段,同理心是解决问题的方向。

（撰文:上海市罗星中学　彭素花）

第二章

技术驱动的学习变革

　　当今世界，信息革命席卷全球，信息技术日新月异、一日千里的发展，对世界文明产生了最为深远的影响，令人类生产生活方式产生了最为深刻的改变。英特尔公司前 CEO 安迪·格鲁夫所著《只有偏执狂才能生存》指出：每一个战略转折点都会表现出十倍速变化，而每一个十倍速变化都会导致战略转折点。而信息技术带来的影响，远超出十倍速的变化，数字化生存已经成为人们的生活方式，信息技术革命也引发了教育形态的深刻变革，信息技术与教育的深度融合，颠覆了传统的教育形式，对美国教育产生了最为深刻的影响。

　　在美国，我们走访了 K—12 的多所学校，在课堂、阅读、创客、社区等学习活动中，经常可以看到孩子们三五成群地围在一起，或讨论问题，或制作共同的作品；也可以看到孩子们沉浸在各自的学习世界中，或阅读，或用移动终端查阅，或完成挑战游戏，或完成一幅作品。技术驱动下，现实空间与虚拟空间的互联互通，极大地拓展了学习的空间，改变了"教"和"学"的方式，满足学生个性化学习需要的变革正在成为现实，教育数字化图景已经深入人心。

　　透过本章一组文章，我们能够看到美国知识生产和传播的方式已经发生了深刻变革，混合式学习、在线学习、移动学习、基于大数据的学习、技术支持下的个性化学习、人工智能、虚拟现实等以势不可挡的方式席卷全美，引发了美国教育全面而深刻的变革，构成了一幅波澜壮阔的数字化教育图景。

数字时代的混合式学习

在信息技术迅速地发展和推动下,知识生产和传播的方式已经发生了变化,从而引发了美国教育全面而深刻的变革。特别是线上与线下学习相结合的混合式学习以势不可挡的方式席卷全美。在美国中小学,混合式学习不是一种选择,而是一种广泛采用的学习方式,已经深入人心。

为什么混合式学习会在美国如此流行呢?

(一)环境支持:移动终端普及、无线网络覆盖

美国学生从幼儿园开始就人手一台 PAD 或笔记本电脑,这已经成为美国学生的标配。在美国的课堂上,学生可以没有课本、没有笔、没有作业本,但是,一定不能没有电脑,电脑已经成为美国中小学生最常见、最重要的学习工具。

在美国,已经实现无线网络在中小学校园全面覆盖。学生在校园里可以随时通过 WiFi 登陆无线网络,在线学习知识和完成各项学习任务。美国家庭也已基本接入互联网,对于个别家里没有网络的学生,学校鼓励他们在学校图书馆完成线上学习或线上作业。

在我们走访的美国学校中,很多学生都没有固定的课本,教师将教学的内容放在网上,学生学习的内容都是从网上下载,美国中小学早已进入电子课本时代。

以我们访问的伊利诺伊州 53 学区的 Brook Forest Elementary School 为例,学校从幼儿园(美国的小学一般都含有幼儿园,幼儿园只有一年,幼儿 5 岁入学)到小学二年级,每位学生拥有一台学校发的 iPad(iPad 不能带回家,只能在学校使用)。三年级到五年级,每位学生拥有一台笔记本电脑(可以带回家,使用电脑完成家庭作业)。

(二)内容支持:琳琅满目、丰富优质的在线教育资源

混合式学习的深入推进必然需要大量在线教育资源的支持。面对在线教育市场的巨大需求,美国众多的科技公司积极抢占教育市场、开拓疆土,面向不同需求,竞相建设各类在线教育资源。海量丰富而优质的教育资源,让人眼花缭乱、目不暇接。其中,基于 K—12 教育的数字资源更是琳琅满目、举不胜举。

美国中小学生借助门类丰富、功能强大的各种在线教育应用,在情境化、互动

性和娱乐性的学习体验中学习知识,已经成为了美国学生学习的常态。

例如:135 学区 Orland Junior High School,教师在上一节科学课时,直接打开 Discovery Education 网站播放了一段教学视频。鲜活的视频把学生带到生机勃勃的非洲大草原,画面上有湛蓝的天空、辽阔的草原、凶猛的狮子、奔跑的野牛、成群的斑马……这节课是关于动物大规模迁徙的,学生通过视频,看到浩浩荡荡的羚羊队伍追寻水草进行大规模的迁徙,一路上遇到狼群、鳄鱼等惊心动魄的故事。

接着,教师组织学生分成几个小组,阅读 Discovery Education 和大英百科全书 Britannica 网站上非洲动物迁徙的文章。完成阅读以后,教师让学生戴上 Google Cardboard(虚拟现实眼镜),观看 Nearpod(虚拟现实应用)中提供的非洲大草原的风貌。教师通过平板电脑控制虚拟现实画面,带领学生置身非洲大草原,探索非洲野生动物世界的奥秘。

然后,各小组讨论并共同完成 Discovery Education 中的题目。

这个学习片断教师使用了三个应用资源平台。一是 Discovery Education 平台,这是一个 K—12 数字化在线教育资源平台。该平台拥有丰富的多媒体资源,包括视频、照片、音频、动画、文本、虚拟实验室,可以实现互动功能,为学生提供丰富和引人入胜的学习体验。很多学校将 Discovery Education 平台的资源作为教学资源。二是大英百科全书 Britannica 平台,该平台涵盖了对重要学科知识的权威和详尽的介绍。三是 Nearpod 应用平台,为 K—12 教育提供虚拟现实课程。

这只是美国课堂教学的一个缩影。在美国,使用多个平台的资源已经成为课堂学习的常态。在美国 93 学区 Western Trails Elementary School,每个学生座位的右上角贴着一个记事贴,上面是学生最常用到的平台的登录账号和密码。涵盖了阅读(Epic)、数学(Math VS Zombies)、科学(Pebblego)、历史(World History)、地理(Google Earth)、绘画(Autodesk SketchBook)、天文(Star Walk)、演讲(TED)等,包涵各种学科知识资源,应有尽有。大名鼎鼎的可汗学院更是被很多教师经常使用。

海量的学习资源提供多样化内容支持,使学生混合式学习变得非常容易。同时,在线资源开发越来越重视趣味性和游戏性,把枯燥的知识变成游戏通关升级,通过各种反馈奖励,让学习变得生动有趣,激发学生的学习兴趣,增加学生学习的体验,丰富学习的经历。

(三) 工具支持:门类齐全、功能强大的学习管理与支持工具

混合式学习的推进需要有学习管理和支持工具,实现师生之间、生生之间的管理、协作、交流的无缝对接。美国市场上,学习管理和支持工具非常多。

Google Classroom 是最常用的学习管理软件,谷歌公司将旗下的众多应用工具

汇聚到该软件里。通过使用 Google classroom 软件教师能快捷地创建和组织教学任务、布置和检查家庭作业、对作业评分、发布教学内容、上传学习资源、与学生进行交流沟通;学生能够保存上课内容、随时交作业、管理日程、在线提问等;家长可以看到自己孩子作业完成的情况、教师的批改情况、孩子的得分情况。

例如:在斯特拉特福德中学的一节英语课上,教师事先将学习材料放在 Google Classroom 上的云空间。学生打开 Google Classroom,阅读教师上传的学习材料,根据学习材料上的要求,小组分工协作,有的进行资料的搜索和整理,有的打开 Google Docs 撰写文章,有的打开 Google Slide 制作演示文稿。因为 Google Docs、Google Slide 有多人协作功能,小组成员之间可以在线分工合作完成任务。完成作业以后,通过 Google Classroom 在线提交作业,小组轮流展示演示文稿。教师打开 Google Classroom,平台已经将每个学生完成的作业归到日历 Google Calendar 下,教师对学生的作业进行评分。作业和评分的结果,直接可以在线发送给家长。

Google Classroom 帮助教师有效地组织教学和管理作业,节省了大量时间,快捷地管理了课程,促进了教师之间的协作教学、师生之间地交流沟通、家校之间的互动。

美国教育市场有大量的学科工具平台。例如:Desmos 是一个数学工具平台,它将所有数学工具一网打尽,学生可以应用在线数据工具轻松地完成各种几何绘图、函数绘图。Chemist 是一个虚拟化学实验室软件,借助该平台提供的工具,学生可以轻松地完成各类化学实验。

（四）学习模式支持:灵活多样、因人而异的教学方式

美国中小学课堂教学方式灵活多样、不拘一格。课堂教学中,教师喜欢提纲挈领地讲解知识体系或抛出一些有启发性的问题,组织、启发、指导和帮助学生自主学习。学生在教师的指导和帮助下,通过网络主动地查阅资料、主动地获取知识。在美国课堂上,教师的"教"与学生的"学",都充分运用了数字化平台、工具与资源,混合式学习理念深深融入了课堂学习中。

教师根据教学内容的变化和学生的学习需求不断地调整教学方式,翻转课堂教学、个性化学习、小组轮换学习、探究式学习、基于项目的学习,各种模式灵活应用,教师经常在各种教学模式之间来回切换。

美国教育也非常推崇合作学习,大部分学校教室里有沙发、有地毯、有各种样式的桌椅,而且桌椅都是带轮子的。这种设计就是为了鼓励学生可以自由随意的组合、学习、讨论。学生经常几个人组成一个小组,利用网络共同查阅资料,协作完成任务。

（五）评价导向:在线作业、在线测试、过程性评价的特点

美国学生的大部分作业都是在网上完成的。美国学生文科类的作业多是开放型的,需要利用网络查阅大量资料。例如一个初中生的作业是:20 世纪,欧洲移民与亚洲移民对美国社会发展做出贡献的比较研究。理科类的作业往往也是在网上完成,例如数学作业,学生通过电脑上的数学应用软件,完成数学的各种运算,保留运算的过程和痕迹,通过 Google Classroom 等学习平台直接将作答发给教师。

美国中小学生的大部分标准化测试都需要学生在联网的电脑上完成。例如:美国中小学生参加的 MAP(Measures of Academic Progress)测试,就是基于网络的电脑自适应测试,所有测试题目都在网上完成。

美国中小学非常重视学生学习的过程性评价,将过程性评价作为学生学业评价的重要依据。例如:美国小学广泛使用的 Class Dojo,对每个学生的出勤和平时课堂学习的表现进行记录,学生表现良好就会得到各种奖励勋章。所有数据都会生成报表,课堂表现情况一目了然,教师、学生、家长可以同步预览。美国中学广泛使用 Schoology 在线系统,对学生参与学习活动的情况、课堂作业、家庭作业、平时检测、期末测试等信息进行记录,这些数据会作为学生学业成绩的重要参考,家长可以在线查看自己孩子的学习表现。

美国未来学校教育对我们的启示有三点。

启示一:混合式学习是未来教育信息化发展的必然趋势

美国以科技立国,非常重视用科技的力量推动国家的发展,借助信息技术的力量美国已经颠覆了传统教育。2017 年,新媒体联盟《地平线报告》指出:未来的 1—2 年时间内,混合式教学将成为美国教育的主要形式。现在,混合式教学已经成为了美国学校的一种常态。

在国内,基于信息技术的混合式学习还没有形成一种潮流。很多教师还是认为线上学习与线下学习是矛盾的,认为孩子自控能力比较弱,害怕孩子沉迷游戏、耽误学习,没有看到可以通过科学的设计让混合式教学在教育中发挥积极的作用。

未来的一代是数字时代的原住民。面对这种新的趋势,我们要看到混合式教学将是未来学习的重要形式,是未来教育发展的方向。混合式学习对未来人才的培养有着深远的影响。我们应加快信息化步伐,开展混合式教学的研究和探索。

启示二:加强在线教育资源与在线教育工具的建设

美国大量的在线资源和功能强大的教学工具对混合式学习的深入推进起到巨大的支持作用。反观国内的教育类资源,虽然这几年各类学习资源应用 App 如雨后春笋般冒了出来,但是有影响力、涵盖各类学科且内容丰富而优质的资源还不

多。美国教师经常使用 Google Classroom 帮助教师快速进行教学与课程管理,提高了效率、节省了时间。而像 Google Classroom 这样功能强大、界面友好、免费使用、操作简单的教育套装,国内还没有。

教育工具的不足严重制约了国内混合式教育的深入推进。这需要政府政策支持、社会力量广泛参与、学校积极探索,一起努力建设大量优质的资源和实用的工具。

启示三:深入探索基于信息化的教学模式的变革

混合式学习的深入推进,必然带来课程资源建设、教育管理模式、教学组织模式、教育评价模式的整体变革。这需要统筹设计,从宏观政策上积极鼓励形成从上到下良好的推进机制;在教学层面,需要教师能够转变思维方式、重构教学模式、转变教师角色、提升教学能力,积极学习与掌握新的教育理念与技术,主动参与数字化课堂模式的探索。

信息革命的浪潮正在风起云涌,以混合式教学改造学习方式、变革教育形态,是未来教育发展的趋势。目前,国内混合式学习还在初步探索阶段,通过混合式教学引导学生自主学习,还没有得到教育界广泛的认同。在混合式教学方面,我们还需要多研究、多投入,积极开展学习和探索。

（撰文:上海市崇明区教育学院　黄宁宁）

谷歌教室创设数字化教与学空间

近年来,伴随着信息化浪潮的冲击,美国中小学教育改革力度加大,对美国教育的基本理念和做法产生了深刻的影响,并在软硬件方面得到了支持和帮助。美国中小学教育呈现出如下特点:尊重学生的不同学习需要、线上线下的混合式学习、个别化学习成为常态;重视数字时代的价值观教育,培养学生数字时代公民的道德规范;鼓励形成性评价和过程性评价,加强利用信息化手段评测学生的学业表现,等等。

这些理念和做法的实现,离不开相应的信息技术和数字学习资源的支持。谷歌公司瞄准市场、抢占先机,积极布局全球教育市场,率先推出 Google Classroom,其强大的功能、简单易用的操作,正深刻改变着美国中小学生的学习习惯,给美国教育带来了巨大的影响。

以下从 Google Classroom 产生的背景、产品的组成、对教育的影响及原因分析方面作简要梳理。

(一) 产生的背景

1. 移动终端的普及

美国中小学生人手一台 PAD 或笔记本电脑,已经成为美国学生的标配。移动终端的普及,带来教育多方位的变革,混合式学习、个性化学习、在线学习已经成为常态,深入人心。

以我们访问的伊利诺伊州 53 学区的 Brook Forest Elementary School 为例,学校从幼儿园到小学二年级,每位学生拥有一台学校发的 iPad。三年级到五年级,每位学生拥有一台谷歌笔记本电脑。

2. 校园无线网络全面覆盖

美国中小学已经实现校园无线网络全面覆盖。学生在校园里可以随时通过 WiFi 在线学习知识和完成各项学习任务。

3. 教育应用软件丰富全面

面对教育市场的巨大需求,美国众多的科技公司纷纷在教育市场开拓疆土。各类教育软件和 App 数量多、门类全,涉及学籍管理、学习数据采集、成绩分析、家庭作业及家校互动等,应有尽有。为了帮助学校用好软件,很多学区成立了信息部门,专门筛选各种适合教育教学应用的 App,并且负责对教师进行培训和推广。

4. 孩子成为数字时代的原住民

美国的孩子从小伴着电脑长大,电脑已经像空气和水一样成为他们生活的一部分。通过采访发现,美国小学基本上不教电脑操作,因为这些操作,他们上小学前已经会了。美国小学的电脑课基本上教一些编程或者是设计类软件,学生的信息化素养普遍较高。

例如:在奥兰德公园初中,我们打开一位学生的笔记本电脑数了一下,常用的软件竟然有近 20 种。我们访问的一个小学五年级学生,平板上也有 10 多种应用。学生从小在这种信息化环境下长大,对信息技术的应用已经得心应手、游刃有余。这种信息化能力对未来孩子们的成长、创新能力的提升、职业发展等都将起到不可估量的作用。

5. 学生作业具有开放式的特点

美国学生的大部分作业都是在网上完成的。不同于中国学生大量操练型作业的特点,美国学生文科类的作业多是开放型的,需要利用网络查阅大量的资料;理科类作业,往往也是在网上完成,学生通过平板电脑上的数学应用软件,完成数学的各种运算,保留运算的过程和痕迹,通过邮件直接发给老师。

(二) 产品的组成

2014 年 5 月,搜索巨头谷歌推出了 Google Classroom,打入了学习管理系统领域,开始在教育市场大展拳脚,积极抢占全球教育市场,布局教育新生态,并且提供给全世界的教师和学生免费使用。

Google Classroom 一经推出,便风靡全美。因为它满足了学校课堂对教学工具"简单、易用"的要求。谷歌公司表示,Google Classroom 的宗旨是"教育工具要简单且易用"和"让老师有更多的时间来授课及给学生更多的时间学习"。

多所学校受访的教师纷纷表示:Google Classroom 帮助他们有效地组织教学和管理作业,节省了大量时间。他们可以非常方便地在线布置作业、查看作业、及时反馈、在线评分,促进了教师之间的协作教学、师生之间地交流沟通、家校之间的互动。

Google Classroom 为什么这么流行呢? 通过研究我们发现:Google Classroom,不只是教室功能,它更是一个教育综合应用系统。

1. 软件方面

（1） Google Classroom 汇聚了谷歌旗下的众多应用工具

谷歌公司将旗下的众多应用工具汇聚到 Google Classroom 应用里,包括:邮箱、文档、演示文稿、表格、云储存、在线通信、日历和任务管理等(Google Mail、Google Docs、Google Slide、Google Sheets 、Google Drive、Google Talk、Google Calendar、Google Tasks)。所以,Google Classroom 不只是一个软件,而是以谷歌公司众多应用为基础的系列套装。

谷歌教室:Google Classroom。教师能快捷地创建和组织教学任务、布置和检查家庭作业、批改作业、发布教学内容、上传学习资源、与学生进行沟通交流。学生能够保存上课内容、随时提交作业、管理日程、在线提问等。家长可以看到自己孩子作业完成的情况、教师的批改情况、孩子的得分情况。

谷歌在线办公系统:谷歌文档 Google Docs(类似 WORD)、演示文稿 Google Slide(类似 PPT)、表格 Google Sheets(类似 EXCEL)。学生在线调用各种软件,完成各项工作,数据时时保存在 Google Drive,还允许和同学实时协作。

谷歌云存储:Google Drive。谷歌在线云存储服务,用户可以获得 15GB 的免费存储空间。学生可以把作业资料时时保存在云空间。

谷歌邮箱:Google Mail。功能强大的免费网络邮件服务,可以永久保留重要的邮件、文件和图片。

谷歌在线通信工具:Google Talk。谷歌的即时通信工具,师生之间、学生之间可以很方便的交流。

谷歌日历:Google Calendar。免费在线的可共享日历服务。学生使用 Google Calendar,可以记录学习和生活中的重要时间,管理重要事项和活动,查看教师布置作业的时间。教师使用 Google Calendar,跟踪查看学生完成任务提交的时间。

谷歌任务管理:Google Tasks。快捷地管理和编辑各项任务,及时同步所有设备上的待办事项。

其他如 Google Maps(谷歌地图)、YouTube(视频网站)等众多的谷歌应用都集合在一起,所有信息流可以互相流转,为 Google Classroom 提供更多的支持和服务。

这些工具为师生提供了良好的交互体验。师生们用 Google Docs 撰写文稿、用 Google Slide 制作演示课件、用 Google Sheets 制作表格、用 Google Drive 在线存储、用 Google Mail 发送邮件、用 Google Calendar 查看管理任务、用 YouTube 观看视频及制作视频资源等,最后这些信息都能通过 Google Classroom 流转和管理。正是有了众多谷歌旗下的应用程序支持,师生们在使用 Google Classroom 平台完成任务时,才能井井有条、高效有序。

(2) Google Classroom 是一个开放的平台

Google Classroom 秉承一贯开放、多元的风格,支持第三方程序、应用和谷歌教室相兼容,许多第三方程序都可以通过 Google 邮箱作为账号直接登录。Google Classroom 和第三方应用的完美融合,给师生带来了更加良好的使用体验。

2. 硬件方面

谷歌 Chrome Book 是一款简洁的低成本网络笔记本电脑,电脑运行 Google 的 Chrome 操作系统,主要围绕网络在线应用运行,Chrome 浏览器是唯一的客户端。 Chrone Book 价格很便宜(每台约 150 美元左右),相比安装了本地软件的传统笔记本电脑,启动起来更快,非常适合学生使用。

谷歌 Chrome Book 最大的优势还是在"成本"和"易用性"上,Chrome Book 对谷歌系统套装软件支持良好,软件与硬件互相配合、相得益彰,使得谷歌在教育上大展拳脚,迅速占领了教育市场。

今天,美国学校的移动设备中有超过一半是 Chrome Book。不少美国小学的校长认为,谷歌的系列产品更适合学校使用。

(三) 对教育的影响

多明尼克大学的研究表明:现在 Google Classroom 的用户在持续增加,2015 年 Google Classroom 在美国的用户约达 4 千万,预计 2020 年会达到 1.1 亿。

芝加哥的学区是全美第三大公立学校教育系统,与谷歌已经建立了很好的合作关系。该学区公立学校大约 38.1 万名学生,师生全部在用 Google Classroom 产品。

看到谷歌教室积极布局全球市场,培养未来潜在客户的状况,苹果公司和微软公司也随即推出了"苹果教室"和"微软教室"。

微软教室:核心功能与 Google Classroom 相似,为班级提供作业和资源平台。学生在线完成作业,协同合作。教师在线批改作业、及时反馈、合作教学。

苹果教室:核心功能和 Google Classroom 完全不一样,主要是教师通过苹果教室控制学生设备,推送 App、浏览网页、共享作品,更像是一个 iPad 设备管理系统。

目前,三个公司的产品都是通过免费的策略积极抢占教育市场。Google Classroom 和微软教室均能兼容安卓、IOS 其他浏览器。而苹果教室只兼容 IOS,只能在 iPad 上使用。在兼容性上面,谷歌和微软要胜苹果一筹。但微软教室的用户体验比谷歌略差,Google Classroom 系列产品在教育市场上处于强势地位。

基于第三方发布的教育软件调查发现:谷歌的智能应用套件(G-Suite)和 Google Classroom 是最受欢迎的教育应用平台。在随机调查的人群中,68%的人使用 Google Classroom 套装,17%使用微软 Office 365 和微软教室套装,只有 1%使用苹果公司的 iWork 和苹果教室套装,还有部分被调查人群选择使用其他产品。

谷歌公司用低价笔记本电脑Chrome Book和Google Classroom应用程序的强大组合击败了苹果公司和微软公司,并引领美国及其他国家的中小学教育开展了一场深刻变革,改变了一代人的学习习惯。

(四)原因分析

Google Classroom之所以能风靡全美,席卷全球,主要有以下几点原因:

1. 产品免费,功能强大

Google Classroom本身是免费的,但其获得的隐性收益更大。谷歌将各种办公软件、电子邮件服务、云存储等应用和Google Classroom进行整合,几乎将师生所需的应用全部囊括。如今,美国年轻一代是用着谷歌的软件长大的,在很多以英语为第一语言的国家,也在使用Google Classroom,为谷歌公司培养了未来一代的用户。

2. 界面友好,操作简单

Google Classroom界面友好,特别简单、易用,师生不需要任何专业的培训,就容易操作。谷歌通过将旗下产品与Google Classroom进行整合,实现了各种数据互相流转,用户几乎感觉不到软件的切换过程。

3. 生逢其时,顺势而为

Google Classroom的发展正好与美国教育信息化的潮流步伐一致。2014年,谷歌推出Google Classroom,正是美国中小学生人手一台电脑或PAD等移动终端普及的时候,市场上急需一款中小学信息化学习管理系统。谷歌适时推出了Google Classroom,因其强大的功能,迅速占领市场。

4. 兼容并包,有效集成

Google Classroom对第三方应用程序的兼容,大大拓展了它的功能,满足了不同用户的需要。目前,美国市场上各类教育资源非常丰富,课程资源和教育管理软件纷纷与Google Classroom应用对接,使数据交换非常容易,促进了产品的良性发展。

(撰文:上海市黄浦区教育学院 邢至晖、上海市崇明区教育学院 黄宁宁)

数字时代的游戏化学习

混合式学习、个性化学习和游戏化学习已经成为美国中小学生日常的学习方式。连续几年的《地平线报告》都将游戏化学习应用作为改变未来教育的关键技术之一。2017 年,美国未来教育科技大会 FETC（Future of Education Technology Conference）更是将基于信息技术的游戏化学习作为大会的重要主题。

游戏化学习已经成为美国中小学生势不可挡的学习方式。美国中小学生借助门类丰富、功能强大的各种教育 App 应用,在情境化、互动性和娱乐性的学习体验中学习知识,已经成为了美国学生学习的常态。

在美国中小学最常见的有四类游戏化学习方式。

（一）以学习类应用为核心的人机互动学习

学生在教师的指导和引领下,使用游戏化学习软件进行自适应学习,这是游戏化学习的主要形式（见图 2-1）。

图 2-1　学生正在用学习软件进行自适应学习

美国 High Point Elementary School,三年级的小朋友在平板电脑上玩一款"穆斯数学（Moose Math）"App 游戏。教师告诉我们,日常教学中,他引导孩子们通过穆斯数学的冒险游戏学习数学。在穆斯数学里,小朋友们选择一个宠物作为自己在数学世界的向导,在一个个生动有趣的动画场景里,互动打怪、过关升级,完成学习的任务。在完成学习任务的过程中,穆斯数学 App 会给出及时反馈,每完成一项任务就会有分数,分数积累到一定程度,就会有各种各样的奖励或奖章。学生在一个游戏班级群里,可以看到自己的奖章在班级的排名。

　　小学四年级的班级里,学生在笔记本电脑上玩一款"数学与僵尸(Math VS Zombies)"游戏。教师告诉我们,她已讲授完内容,现在通过这款游戏来测试学生的掌握情况。在游戏里,学生作为一名训练有素的科学家,数学是拯救人类的武器,学生通过数学技巧治疗受感染的僵尸。学生通过这个游戏提高加减乘除的计算技巧。

　　学生不仅用游戏软件学习数学,还用游戏软件来学习英语、历史、科学、音乐、美术等学科。在学校每个学生的桌子右上角,都贴着一个标签条,上面有学生用到的学习软件的用户名和密码。四年级学生一共用到 14 个学习软件。

　　在我们采访的十几所学校里,这样的学习方式普遍流行,在美国,中小学生基于混合式学习、游戏化学习的方式已经是常态现象。受访的学生告诉我们,他们很喜欢在引人入胜、轻松愉悦的游戏情境里学习,他们乐此不疲。

　　目前,美国教育市场上大部分学习 App 都融入了游戏化元素。这类游戏化学习程序,从孩子爱玩的天性出发,通过设置巧妙的剧情,将学习的内容与游戏化任务融合,让学生在一种趣味性的情境中进行学习,完成各类挑战,给学生带来了良好的互动式学习体验,保持了学生的学习兴趣和专注度,备受学生的喜欢。

　　(二) 以互动类应用为辅助的师生互动学习

　　教师与学生通过各自的平板电脑进行实时互动,移动应用成为互动的桥梁。

　　在 Victor J. Andrew High School,教师正在用互动学习游戏平台 Kahoot,带领学生玩知识抢答的游戏(见图 2-2)。Kahoot 操作简单、功能强大,是在线互动实时问答平台,也可以说是一个在线测验平台,在美国课堂中非常流行。

图 2-2　教师正在用 Kahoot 组织互动教学

　　教师在 Kahoot 平台设置好题目,建立网上房间,学生用自己的平板电脑进入房间,题目就会显示在学生的平板电脑上,就可以准备抢答了。教师用自己平板电脑控制整个问答的过程,屏幕上会显示每道题学生的作答情况。整个过程中,都会伴随着紧张的背景音乐,更让答题过程显得刺激愉快。答题结束以后,所有学生的排名会显示在师生的平板电脑上。这种排名对学生有激励作用,我们看到学生在答题时都全神贯注、争先恐后,抢着点击平板电脑屏幕上的答题按键。每个学生的大脑都在飞速运转,大家你争我夺,争做第一,课堂时时爆发欢快的笑声。

这类应用还有很多,例如:Plickers 应用,每个学生有回答问题的二维码卡片,不同的卡片代表不同答案,教师只需用平板电脑扫描学生手里的二维码卡片,系统立刻统计出学生的答题情况;还有 Padlet 应用,学生只要在平板上编辑好信息发送,在网页端就可以看到大家的留言,留言就像纸条粘在白板上一样,以留言板的形式出现。

教师通过互动游戏,让学生在游戏竞赛的互动环境中,完成测试和学习,及时了解学生对知识点的掌握情况,可以对学生的学习进行调节和矫正。

(三) 以编程类应用为媒介的软硬件配合学习

美国非常重视编程教育,将编程能力作为与阅读、写作、数学一样的必备能力,大部分中小学都开设编程课程。编程能力已经逐渐成为美国学生数字时代的基本素养。在这种热潮中,美国的科技公司竞相研发多功能的用于编程教学的机器人,打通软件和硬件的壁垒,让师生通过平板电脑上的软件编程就可以控制机器人的动作行为。通过这种及时反馈,激发学生的学习热情。将编程教育与操作机器人结合起来的教学方式在美国中小学广为流行。

芝加哥大学实验学校,教师教七年级学生学习 Blockly 编程(谷歌开发的一款可视化的编程语言,通过图形代码块组合构建出应用程序)。她将 Blockly 编程学习与 Dash 机器人结合起来(见图 2 - 3)。Dash 机器人是美国 Wonder Workshop 公司于 2015 年推出的编程机器人产品,装备了红外线、速度和重力传感器,拥有交互功能。

图 2 - 3 用于学习 Blockly 编程的 Dash 机器人

学生在平板电脑上通过 Blockly 编程就可以控制 Dash 机器人的行为。学生通过设计 Blockly 编程指令,可以让 Dash 机器人唱歌、跳舞、与学生对话、控制行动的方向、投篮等,让学生自由发挥想象的空间。这种及时的强化反馈,给学生很强的成就感,让学生成为思考者和创新者,提升学生的创新能力和动手解决问题的能力,激发了学生的求知欲望和探索精神。

教师将编程学习与机器人结合起来的教学方式,让学习建立在兴趣之上,寓教于乐,循序渐进,提升学生的学习积极性和主动性,培养学生的编程思维,启迪智慧。一个受访的学生说:"我非常喜欢这种学习方式,感觉像哈利·波特在学习魔法,学好了编程,就拥有了魔法,可以控制机器人的一切动作。"

除了 Dash 机器人以外,还有很多机器人被用于编程教学,例如:用于学习 Blockly 编程语言的 Evo 机器人,用于学习 C++、Python 编程语言的 NAO 机器人。将编程教学与机器人相结合,学习与娱乐并行,孩子们爱不释手,爱上编程。

(四) 以体验类应用为支持的情境沉浸式学习

虚拟现实(VR)和增强现实(AR)一直被认为是最有潜力的市场领域,美国很多科技公司纷纷进军这一领域。美国 Digi-Capital 发布了《2018 年第一季度 AR/VR 发展报告》,报告称:到 2020 年,虚拟现实和增强现实市场总值将增长到 300 亿美元。虚拟现实和增强现实技术一直被认为是未来教育的前沿,最近连续几年的《地平线报告》都将虚拟现实和增强现实技术列为对未来教育有重大影响的技术。谷歌公司开发的黑科技——Google Cardboard(简易的虚拟现实眼镜,购买只需 12 美元),更是降低了眼镜成本,使基于虚拟现实的沉浸式学习,得以在很多学校开展(见图 2-4)。

图 2-4 教师用 Google Cardboard 组织学生学习

美国芝加哥 93 学区 Western Trails Elementary School,教师在课堂教学中,让学生戴上 Google Cardboard,观看 Google Expeditions(实境教学)中的场景。教师通过平板电脑控制虚拟现实画面,带领学生在虚拟的世界里探索世界的奥秘。Google Expeditions 是谷歌公司为教育量身订制的一款提供身临其境体验的应用 App,App 内提供了 800 多个虚拟实境 (VR) 和 100 多个增强现实 (AR)。

这种教学方式被广泛应用于英语、地理、历史、科学等学科的教学中。教师通过 Google Cardboard 带领学生在 Google Expeditions 知识的海洋里自由地遨游,在英语、地理、历史教学中,游览世界各地的人文景观:中国长城、白金汉宫、美国大峡谷、澳大利亚大堡礁、新西兰南岛、印度泰姬陵、罗马角斗场、希腊神庙等,大千世界,尽收眼底。在科学的教学中,教师带领学生观察各种生物,观看各种科学现象,如:去热带雨林看狮子奔跑、去海底看鲸鱼捕食、穿越远古看恐龙、观察各种动物解剖图、站在太空里眺望地球等。

除了谷歌公司,美国还有很多科技公司对虚拟现实和增强现实在教育中的应用做了大量的探索。例如:美国 Nearpod 公司开发的用于 K—12 教育的虚拟现实课程在美国中小学被广泛应用;美国 DAQRI 公司开发的 Elements 4D App 专门帮助学生学习化学课程,课程内容包括各种化学元素之间发生的化学反应。美国教育机构 Life Liqe 开发的虚拟教育课程,包括了化学、物理和地质学的教学内容。

这种身临其境的认知体验和接触,让原本抽象的知识变成立体可见,让学生主动参与到学习中,经历认知过程,激发了学生的灵感,让学生表现得更加优异。

美国游戏化学习带给我们的启示有如下三点。

启示一:游戏化学习是未来教育发展的必然趋势

美国教育部非常重视游戏化学习对儿童教育的促进作用。2015 年,美国教育部在纽约举办"游戏化学习峰会",邀请教育专家、学校师生、游戏开发科技公司等共同出席,通过牵线搭桥、穿针引线,让游戏开发科技公司与学校互相沟通,了解彼此的需求,帮助科技公司制作出更好的满足教育需求的游戏。美国各家科技公司纷纷抢占教育市场,顺应游戏化学习的需求,开发出各种游戏化学习 App。

我们采访的几个学校的孩子们都非常喜欢游戏化学习。游戏化学习激发他们天生的好奇心,让学习变成主动探索世界的过程,让他们更多的时间聚焦于学习,让他们在自由的环境下快乐地学习。

在国内,基于信息技术的游戏化学习还没有形成一种潮流。虽然,国内科技公司也开发了很多适合游戏化学习的 App。但是,学校教师真正去引导学生用教育类 App 学习的还不多。很多教师还是认为游戏与青少年学习是存在矛盾的,认为青少年自控能力比较弱,害怕孩子沉迷游戏、耽误学习,他们没有看到通过科学的设计可以让游戏在教育中发挥积极的作用。

未来的一代是数字时代的原住民,将游戏与学习相结合,寓教于乐,是信息技术与教育相结合发展的必要趋势和潮流。我们应顺应这种潮流,将游戏化学习转变成学生学习的内驱力,让学习变得更加立体、生动、有趣。

启示二:游戏化学习离不开教师的悉心引导和帮助

我们在美国采访的十几所学校,教师无一例外的都担当学生游戏化学习的引导者、辅助者、支持者的角色。只有在教师有力的引导和支持下,学生完成协作和互动,游戏化学习才能起到更好的效果。

受访的教师认为,要让游戏化学习发挥良好的作用,要做到三点。一是教师必须在众多的学习应用中找到一款适合学生学习的游戏化学习软件;二是教师必须对教学目的了如指掌;三是教师必须了解这款游戏本身和教学效果之间如何形成促进的因果关系。要做到这三点,教师不但要认真备课,还要了解游戏化学习软件。游戏化学习软件中教学内容众多,教师要能引导学生根据教学的目标进行循序渐进地学习,这无疑对教师提出了更高的要求。

启示三:区域教育部门应该为教师提供支持和培训

美国各类游戏化学习应用非常丰富,让人眼花缭乱,目不暇接。面对如此众多的资源,学校应该如何取舍呢?美国学校主要是通过两个途径来解决这个问题。

一是美国各学区委员会信息中心在美国学校信息化教学中起着重要的作用。各学区委员会信息中心向学区教师专门提供统一的教学软件和教具,供学区教师选择使用。各学区委员会信息中心负责筛选各类应用软件,与技术公司密切联系,向技术公司订制服务。同时,各学区委员会信息中心还负责学区教师的信息化培训工作,以帮助教师更好地掌握各类信息技术软件的应用。

二是教师可以向学校申请使用某个学习应用软件。教师如果认为某个软件适合学生学习,就可以向学校提出申请。学校经过论证以后,就可以拨款,购买服务。

游戏化学习为学生带来更好的学习体验和学习效率,改造学习方式,变革教育形态,是未来教育发展的趋势。目前,国内游戏化教育市场尚在初步发展阶段,学校通过引进游戏引导学生自主学习,还没有得到教育界广泛的认同。在游戏化学习方面,我们还需要多研究、多投入,如何运用游戏的机制去引导对学生的教育值得探索。

(撰文:上海市崇明区教育学院　黄宁宁)

美国学校如何解决教育信息化的供给问题

教师在教育教学中提高信息化应用水平,需要有适合的软件工具。教育软件种类多,功能各异,如何能基于教育各环节的基本要求,为教师主动提供和推送最新的教育软件呢? 如何才能培训到每位教师,发挥其应有的价值呢? 美国的做法是既有学区组织进行的软件筛选和培训,也有第三方机构开展的公益服务。

在芝加哥市中心有一幢规模仅次于五角大楼的美国第二大单体建筑——the MART,在大楼的 12 层坐落着一家非营利组织 LEAP(Learning Exponentially Advancing Potential),意思是在学习活动中寻找新工具软件提升学习潜力。

正如这个组织的名称所示,其工作就是在浩如烟海的软件市场上寻找、研究各类教育软件,从中筛选出适合中小学使用的软件,经过专题研究、专家论证、学校试用等阶段后,向学校推荐优秀软件,并组织开展教师培训。因此,这家机构很受学校欢迎。作为非营利组织,其经费主要来自社会捐助。

LEAP 的主要任务是通过定义和衡量最有效的教育工具,来促进教师的学习创新。其目的在于帮助教师找出最有效的工具和方法,开展个性化学习,让每一位学生达到他所设定的目标,从而帮助学校将理想的学习体验变为现实,让每个学生都能发挥无限潜能。

LEAP 对教育软件的筛选工作基本要素见图 2-5。

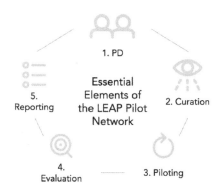

图 2-5　LEAP 对教育软件的筛选推荐工作基本要素示意图

　　LEAP 非常强调研究工作的重要性,根据美国教育改革的发展要求,LEAP 研究学生学习框架,强调教学要以学生为中心,关注学生的个性化,承认每个学生有不一样的需求;提倡教学也要以学生为主导,由传统的以教师为主,转变为以学生为主导,由学生决定每天要学多少。为此,LEAP 建立了一套运作流程,包括筛选—策划—试点—评测—报告等基本要素,根据研究结果,再与有关学区合作向学校推介。一般情况下,把优秀软件推荐给学校,会给学校一年半的试用期,在此期间 LEAP 会举办每月一次的教师培训,指导教师学会软件在教学上的应用。LEAP 对每个软件的实施效果进行跟踪,比如,他们发现数学软件对提升教学质量效果不大,而指导学生阅读的软件 CORE5,以及指导学生写议论文的软件 ThinkCERCA 却是成效明显,深受师生的欢迎。

　　对于课堂革命,LEAP 有自己的理解和认识,他们认为学习革命需要催化器。因此反复强调他们不是一家软件推荐公司,尽管一部分工作是评估软件,但更重要的是 LEAP 通过研究教学、研究学生,以国家课程标准为指导,开展个性化学习研究,组织教师培训,在公司和学校之间建立起了一座桥梁。LEAP 筛选推荐给学校的主要教育软件见图 2-6。

图 2-6　LEAP 筛选推荐给学校的主要教育软件

　　我国的教育软件开发也是如火如荼,美国的各类主流教育软件,其实在中国几乎都能找到功能相似的国产软件。这些软件如何走向学校,被广大教师所接受,在教育教学各环节如何发挥应有的价值? 其中需要公司方加强与学校的沟通,得到教育专家的支持。对于学校而言,一概把软件拒之门外,不利于教育信息化的推进,也不利于教育的深化发展。只有做好教育软件的供给侧结构性改革,通过引进先进的教育软件,并根据学校需求进行校本化改造,加强数据对接,才能大大降低学校教育信息化成本,提高教与学的效率。

因此,建议各地区教育学院可以参照 LEAP 的做法,结合学院的实际,重点抓好两件事。一是拓展学院信息技术部门的功能,关注对各类教育软件的研究,在此基础上建立各区软件应用信息的共享机制,分享优秀软件的应用经验,这必将给中小学教育信息化带来积极的影响;二是建立教育技术专职教研员队伍,主要职责在于研究学科教学需要什么样的软件,既关注课堂教学,又关注教育技术的进展,并面向各学科教师做好培训和推广优秀教育软件的工作。这样,才能把教育信息化的应用从过去的以校为主转变为有组织、有推广、有交流的合作应用,以服务学生的个性化学习需求,带动课程与教学的变革。

(撰文:上海市黄浦区教育学院　邢至晖)

Google Cardboard:虚拟现实带你在知识的海洋里遨游

美国芝加哥93学区 Western Trails Elementary School 一间教室里,学生正在把硬纸板做的盒子罩在眼睛上,每个人都兴高采烈、聚精会神地看着里面的东西。

如果我告诉你,这个盒子是 Google 开发的虚拟现实眼镜,你一定以为这是开玩笑。不错,这就是谷歌工程师制作出来的黑科技——Google Cardboard(简易的虚拟现实眼镜),教师正在用 Google Cardboard 组织教学(见图2-7)。

图2-7 教师用 Google Cardboard 组织教学

今天教学的内容是:奇特的海洋世界。

执教教师苏珊告诉我们:感谢 Google Cardboard 技术,我可以用 Google Expeditions 带领孩子们在海底世界畅游,这真是一件激动人心的事情。今天,我带领孩子们一起游览伯利兹堡礁,这是北半球及西半球最大的堡礁,美轮美奂、诡秘莫测,那里有原始状态下生机盎然的珊瑚,有千奇百怪的鱼儿。孩子们非常喜欢这种学习方式,每次组织 Google Cardboard 教学,孩子们都很兴奋。

我随机采访了两位学生,问问他们的学习感受。一位学生说:"海底世界五光十色、美丽神秘,珊瑚千姿百态、美不胜收,成群结队的鱼儿在我身边,我还看到了一条鲨鱼,我可以360度的看看海底世界,大自然真是太奇妙了,我喜欢用 Google Cardboard 来学习新的知识。"

另一位学生说:"每一次带上 Google Cardboard 眼镜,打开 Google Expeditions App,都会看到令人激动的事情。今天我看到了色彩斑斓的海底世界,珊瑚林立、各种各样的鱼儿,我还认识了印度海牛、绿海龟等动物,真是太神奇了。"

苏珊老师让我戴上 Google Cardboard 眼镜，体验一下 Google Expeditions 的效果。果然，形形色色、光怪陆离的海底世界展现在我眼前，可以 360 度全景式浏览，画面还配有说明的文字，仿佛一切都是触手可及，显示效果非常好。

苏珊老师还告诉我，老师喜欢让学生戴上 Google Cardboard 虚拟现实眼镜，观看 Google Expeditions 提供的实境教学应用。学生不用离开教室，学习地理时，可以置身亚马逊、大堡礁；研究大型哺乳动物时，可以参观南非的国家公园；学习历史时，可以游览白金汉宫、泰姬陵、罗马斗兽场。学生可以去以前去不了的地方。这种亲身体验的学习，激发了学生的灵感，让学生表现得更加优异。

我很困惑，即使使用 Google Cardboard 虚拟现实眼镜，但是哪里来那么多资源支持教学呢？通过调查了解到，他们在教学过程中主要使用两类资源。

一是谷歌开发的 Google Expeditions（实境教学）。它是一款提供身临其境体验的教育应用 App，专为教学使用量身设计，让教师和学生通过 800 多个虚拟实境（VR）和 100 多个增强现实（AR）来探索世界。学生不用离开教室，便能以虚拟方式探索美术馆或博物馆、遨游水底世界、造访外太空等。

Google Expeditions 允许教师在虚拟世界中为学生提供学习指导。教师通过平板电脑控制学生眼前的虚拟现实画面，为学生提供实境式学习途径，让他们能尽情地遨游在知识的海洋中。因此，这不是一种学生随机游走的体验，而是一种在教师引领下的导游探险。这使得探险与教学目标的关联变得更加明确。

二是 YouTube 网站上的 360 度全景视频。YouTube 网站专门开设了 360 度全景视频板块，让用户可以通过 Google Cardboard 眼镜观看。360 度全景视频是通过 360 度全景摄像机拍摄，将静态的全景图片转化为动态的视频图像，从而具有景深、动态图像、声音等包罗万象的元素，具有声画同步的功能。在拍摄角度方面，上下左右都是 360 度，用户能任意观看任何角度的动态视频，从而产生身临其境之感，见图 2 - 8。

图 2 - 8　孩子们用 Google Cardboard 体验 360 度全景视频

苏珊老师让我体验一下 YouTube 网站上的 360 度全景视频。我体验的是一个过山车项目,仿佛自己在过山车上风驰电掣,耳边是呼啸的风声和人们的惊叫声,我跟着过山车一会爬坡、一会俯冲,身临其境的浸润式体验,惊险刺激让人难忘。

我浏览了一下网站上的 360 度全景视频板块,这里有海量的全景视频,有很多可以用在教育上。在这里,你可以在海底遨游,和千奇百怪的鱼儿一起嬉戏;你可以在非洲草原漫步,看狮子、猎豹在奔跑跳跃;你可以在空中飞翔,伸手去触摸湛蓝的天空;你可以飘浮在空间站,遥望深蓝的地球。整个世界的画卷,都在你的指尖。360 度全景视频在教育上提供的沉浸感,会带来无与伦比的神奇感觉。

Google Cardboard 除了功能强大,还有一个非常大的优势——价格便宜。

谷歌公司的目标是让每个人都能以简单、有趣、廉价的方式体验虚拟现实技术。Google Cardboard 眼镜在美国已经售出了超过 1000 万台。谷歌公司为教育量身定做,开发的 Google Expeditions 应用程序的下载量已达到 1.6 亿次,包含了中小学科学教学的大部分知识点,很多学校都采用虚拟现实方式组织教学,带领学生去全世界探险。Google Expeditions 的目标是让任何年龄的学生和任何主题的教师都能找到与他们课堂相关的内容。

此外,谷歌还发布了工具套装 VR Toolkit,帮助开发者将自己的服务和应用与 Google Cardboard 相结合。因此,很多基于 Google Cardboard 的 App 如雨后春笋般冒了出来,这些 App 把益智游戏与教育相结合,实现了基于虚拟现实技术的情境化学习。

连续几年的《地平线报告》中,VR 技术被列为未来最具潜力的技术之一。虚拟现实在各行各业上都有极其广阔的应用前景,虚拟现实技术与教育有机地结合,能为孩子们创设学习情境、增强学习体验、跨越时空界限、感受心理沉浸,从而激发孩子们的学习兴趣,迸发出创新的火花。这将是教育技术发展的一个新的飞跃,将改变未来的学习方式,对未来的教育产生深远的影响。

然而,面对有巨大潜力的虚拟现实教育应用市场,国内发展显然慢了半拍。还没有看到哪家企业或机构聚焦教育虚拟现实应用,制作出类似 Google Expeditions 的应用程序。

信息技术日新月异、一日千里的发展,越来越需要教育机构与大型网络公司联手合作、优势互补,一起来完成教育软环境的设计和开发,特别是国内拥有雄厚技术力量的大型网络公司,更要担当起教育责任,在新技术的应用开发方面起到引领作用,进而形成全民关心教育的大环境。

(撰文:上海市崇明区教育学院　黄宁宁)

人工智能如何与教育相结合

近年来,人工智能(Artificial Intelligence,简称 AI)的飞速发展超出了人们的想象,尤其在图像识别、语音识别、机器翻译、人机交互、无人驾驶等领域,取得了突破性进展,引起世界各国的普遍重视。中美两国对人工智能在生活、工业、教育等方面的发展和应用都很关注。此次在美国学习访问期间,我们对美国在人工智能与教育的结合方面,也有了切身的体验和感受。

(一) 人工智能已深度融入美国教育

我们访问了伊利诺伊州数学与科学学院 IMSA。IMSA 是美国顶尖公立学校,是学校科技教育的领导者,被评为 2019 年美国排名第一的公立学校,并被"华尔街日报"评为全球 40 所著名公立和私立大学预科院校之一。IMSA 被 NBC、CNN、今日美国、纽约时报和华尔街日报多次报道。此外,IMSA 还举办了 2018 年国际学生科学博览会。每周三是学校规定的研究日,这一天,大部分学生不在校,而是去校外会见自己的导师,在导师的指导下开展研究活动。

我们访问了著名的英特尔公司,公司技术专家 Chris 向我们介绍了针对教育的人工智能基础框架和平台、模型及优化算法、云服务器平台、边缘计算、网络智能、大数据和高性能计算,以及将自然语言、机器视觉运用于课堂的案例。

事实上,大部分著名的科技公司已将人工智能融入其教育类产品中,其中包括谷歌、英特尔、IBM、亚马逊和微软等。"我们很少发布一款不包含某种 AI 算法的产品,我们正在教育产品中使用 AI。"谷歌教育 App 产品管理总监 Jonathan Rochelle 在最近的一次教育技术产业会议上表示。

(二) 人工智能与教育的结合点

1. 教师与人工智能合作

概括而言,人工智能与教育的结合点之一就是和教师成为合作伙伴。人工智能已经普遍应用于教育,不同的工具可以运用于教育的不同领域。随着人工智能教育解决方案不断成熟,人们希望人工智能可以帮助填补学习和教学方面的需求空白,让学校和教师比以往任何时候都更有效率。人工智能可以提高效率、个性化和简化管理任务,使教师有时间去从事进一步教学研究。通过这种最佳合作,人工智能在教育中的愿景是和教师共同努力,为学生带来最佳结果。由于今天的学生需要在未来工作中运用人工智能,所以让学生接触并学习人工智能也是很重要的。

我们访问了苹果认证学校 High Point Elementary School,该小学在很多课上使用了教育工具类 App:Seesaw。据了解该软件目前被超过 100 个国家的 20 万个教室使用,覆盖从幼儿园到高中阶段。学生可以通过照片、视频或者用画画、写字的方式在 Seesaw 平台上把他们的作业分享给老师、父母和其他同学。Seesaw 背后的驱动原理在于:如果受到多方关注,学生在学业上的表现会更好。除了给出作业答案,学生可以在作业中加上视频或者写一些注释来注明解答过程,人工智能技术可以协助老师判断学生在什么地方犯了错误。

2. 差异化和个性化学习

多年来,基于学生的个别需求来调整学习一直是教育工作者的首要任务,因材施教的教育方法古已有之,但根据大批量学生不同的认知水平、学习能力以及自身素质来制定个性化学习方案离不开人工智能。当传统思想与人工智能相结合,因材施教的可行性有了大幅提高。很多公司目前正在开发智能教学设计和数字平台,使用人工智能为学生提供差异化和个性化学习,提供测试和反馈,提供个性化的挑战,找出学业差距,并在适当时机带领他们切入新主题。随着人工智能越来越复杂,机器可能会读取学生脸部的表情,了解他们是否困惑,并动态调整课程来应对,我们在英特尔公司访问时接触了类似产品。

3. 智能执行评分任务

教师往往花费大量时间对作业和考试进行评分。人工智能可以介入并快速完成这些任务,同时提供如何缩小学习差距的建议。机器对多项选择测试题进行评分早已司空见惯,随着信息化建设、人工智能的发展,大数据、文字识别、语音识别、语义识别技术的提升,对于主观书面答题的评分也变得日趋成熟。例如,美国教育考试服务中心(ETS)作为世界上最大的教育考试及评估机构,已经成功将 AI 引入 SAT 和 GRE 论文批改,同人类一起扮演评卷人角色。

(三)信息科技学科如何开展人工智能培训

在中国,2018 年教育部正式颁布了新一轮普通高中信息技术课程标准,人工智能作为选择性必修课程,被正式纳入到信息科技学科体系中。选择性必修课程的宗旨是为学生将来继续开展与信息技术相关方向的学习以及运用信息技术进行创新、创造提供条件,符合国家对于人工智能后备人才培养的要求。

在区域和校本层面,笔者带领团队开展教育中人工智能的规划与应用研究,希望通过具备人工智能技术的硬件,探索人工智能教育的课程内容及教学方式,培养学生计算思维及编程能力,构建以培养学生获取、加工和管理信息的方法及思维为内容,引导学生发现并解决真实问题的课程体系。

我们的研究目标是规划基于人工智能实验平台的符合智慧教育理念、具有现代教育特色、综合教育效益高的人工智能教育模式,并加以应用,培养人工智能人才,以适应智慧教育的发展需要。

我们的研究内容是在智慧教育中,形成适应人工智能创新教育体系的教学模式,并培养相关人才与师资,主要包括:

(1) 研究人工智能在智慧教育中的应用,通过将课程、学生、教师和环境有效结合,构建符合人工智能教育需求的生态模式,实现高效的智能课堂;

(2) 从具备人工智能技术的硬件入手,以探究式教学方式,引导学生了解人工智能技术,激发学生的学习兴趣。带领学生领略人工智能技术在图像识别、语音识别等各领域最前沿的应用,帮助学生树立全面的 AI 观,探究如何充分调动学生的积极性,发挥学生的主动性,建立知识与生活的联系;

(3) 探索项目式教学在人工智能教学课堂上的应用,以项目活动为教学主线,将知识和能力带到项目中,不断强化学生发现问题、提出问题、解决问题的能力,培养学生学科核心素养。

(四) 未来需要注意的问题

人工智能是交叉学科,涉及计算机科学、仿生学、哲学及语言学等多个学科领域。在新兴技术当中,人工智能技术扮演着越来越重要的角色。但是综观中美两国的现实状况,人工智能的产品体系和课程体系还不够完善,人工智能教育的师资和教学资源还比较匮乏,因此,围绕一线教师队伍培养及人工智能教育的环境、工具、课程、活动等资源建设问题,开展扎实有效的研究与科学实践是未来研究的关键。

通过我的团队前期对人工智能教育教学模式及相关领域的预调研结果分析,下一阶段的初步思路是:

(1) 以人工智能技术产品体验为引导,促进智慧教育的发展;

(2) 对不同学段、不同学力的学生采取人工智能功能的封装、半封装、可视化等方法进行差异化教学,满足各阶段学生的知识获取和成果实现,让思维意识得以锻炼;

（3）通过项目分工,以小组为单位,训练学生的合作探究意识;

（4）项目以贴近学生实际生活为主,体现知识与应用的联系,并加强解决问题的成就感;

（5）统一规划教学模式、课程内容、实验环境,输出成熟的人工智能教育培训方案,促进人工智能师资队伍的建设。

（撰文:上海市复兴高级中学　奚骏）

美国中小学重视编程教育

美国前总统奥巴马非常重视编程教育,曾呼吁说:"如果我们想让美国保持领先地位,就需要年轻一代的美国人掌握编程工具和技术,它将改变我们所有的做事方式。"虽然知道美国中小学很多学校开设了编程课,但在美国三所学校的访问还是让我震惊于美国学校对编程的重视程度。编程能力已经开始成为美国学生在数字时代的基本素养。

（一）伊利诺伊州 Brook Forest Elementary School

Brook Forest Elementary School 从幼儿园到小学二年级,每位学生拥有一台学校发的 iPad。三年级到五年级,每位学生拥有一台谷歌笔记本电脑。学生从幼儿园开始学习编程,学习的是 ScratchJr 语言。

我们走进教室,幼儿园的小朋友们正聚精会神、兴致勃勃地拿着 iPad 在玩 ScratchJr 游戏。ScratchJr 是入门级的编程语言,基于 Scratch 的编程理念设计,但比 Scratch 简单得多,是一款图形化的简易编程软件。小朋友通过应用平板上的 ScratchJr App,将色彩丰富的指令方块进行各种组合,通过拖拽的方式,便可创作出丰富有趣的互动游戏和动画故事作品。

负责编程课的 Lucy 老师告诉我们:SratchJr 非常精简,却包含着 Scratch 编程的核心概念——逻辑。今天的任务是让孩子们设计并完成几个小动物一起踢足球的游戏,这个任务要几个小朋友一起合作完成。孩子们很喜欢这种学习方式,SratchJr 可以让孩子们在平板电脑上自由发挥他们的创意。

Brook Forest Elementary School 的学生从三年级开始学习 Scratch 编程。在四年级教室,小朋友们告诉我们,他们正在用 Scratch 创造小游戏。教师每节课带领他们完成一个小游戏,他们感觉能自己设计游戏是一件很奇妙的事情。

校长告诉我们,编程教学是他们学校 STEM 课程重要的一部分。学习编程非常重要,编程能力将是数字时代的基本素养。编程学习可以提升学生的创新能力、动手能力,能激发学生的灵感,让学生成为思考者和创新者。编程将是未来很有竞争力的岗位,也是未来孩子们参与全球竞争的重要技能。

（二）伊利诺伊州斯特拉特福德初中（Stratford Middle School）

伊利诺伊州斯特拉特福德初中是该州排名非常靠前的一所初中，以 STEM 教育见长。斯特拉特福德中学非常重视学生的科学素养，将编程语言教学纳入 STEM 课程之中。他们学校应用两种编程语言：Blockly 语言和 JavaScript 语言。

负责编程课的 Sarah 老师说：在教学过程中，她鼓励学生利用多种平台（如 Swift Programming App）进行自主学习，所有的课堂学习都是基于项目式的学习。在 Blockly 语言教学过程中，她让学生通过 Blockly 语言编程控制 Evo 机器人动作，让 Evo 机器人跑步、跳舞等。学生拖动不同的语句模块，组成各种命令让 Evo 机器人执行。Blockly 语言完全可视化的界面，降低了操作的难度，提高学生的学习兴趣。在 JavaScript 编程教学中，她让学生利用在线编程环境将 JavaScript 编程和 CSS 样表结合起来练习。编程学习对学生的动手能力、创新能力和批判性思维的培养都很有帮助。

校长 Dawson 告诉我们：Blockly 可以像搭积木一样构建程序，与 Evo 机器人结合起来的教学，妙趣横生、引人入胜，学生非常喜欢。因为申请这门学科的学生太多了，他正在招聘新的老师。2014 年，美国前总统奥巴马在美国信息化科学教育周启动仪式上，用 Blockly 语言编了一个小程序，从而成为美国第一个会编程的总统而载入史册。学习编程是智能时代的需要，美国一直存在对程序员的巨大需求和程序员供给不足的矛盾。现在，每年对程序员的需求还在持续增加。

（三）伊利诺伊州 Proviso 数理高中（Proviso Mathematics and Science Academy）

伊利诺伊州 Proviso 数理高中为该州最好的公立高中之一，是国际文凭组织认可的 IB 学校，以数学与编程教育见长。伊利诺伊州 Proviso 数理高中开设 Python 程序设计语言。Python 语言是编写人工智能、机器学习和大数据分析程序的重要技术支撑。

负责编程课的 John 老师说，教学过程中，他将 Python 语言与 Cozmo 机器人相结合，通过编程控制机器人运动。他将机器人行走的程序下载好，让学生分组修改代码，实现不同的效果，鼓励学生通过竞赛的形式实现创新。学生通过编程控制机器人的动作，从而得到学习效果的反馈，对学生的学习起到了很好的强化作用。同时，还有一款叫 Learn Python 的可视化学习 App，他鼓励学生用这款免费 App 进行在线学习。

一位随机采访的学生说:"我很喜欢编程课。通过编程,可以自己设计游戏,让电脑实现心中的想法。我感觉编程就像哈利·波特的魔法一样,学会编程就可以控制魔法。"

Dr.Bessie Karvelas 校长告诉我们,数学与编程是他们的强势课程。现在美国缺少大量编程人才,所以,政府鼓励学校开展编程教学。她希望学生通过编程学习,形成独立思考与解决问题的能力,激发无限的创造力,以后可以找到更好的工作。

这三所学校恰是美国编程教育的缩影。在美国,蓬勃发展的信息科技行业涌现出大量的编程岗位,编程教育正越来越重要。美国教育观念也发生了深刻的变化,编程已经开始成为继阅读、写作、算术三项基本能力以外学生必备的第四项技能。

（撰文:上海市崇明区教育学院 黄宁宁）

美国中小学生编程教育的特点和启示

美国教育界非常重视中小学编程教育,将编程教育纳入学校 STEM 课程已成为主流,甚至有很多幼儿园就开始教编程语言。美国中小学编程教育在政府、学校、社会组织、科技公司的支持下,形成了广泛参与、多元互动的格局。

苹果公司创始人乔布斯曾经说:"这个国家的每个人都应该会编程,因为它教你如何思考。"2017 年,美国"地平线媒体"(Horizon Media)公布了样本为三千人的网络调查:86%的人认为"会用电脑跟会读写一样重要";76%的人认为"未来最好的工作都需要懂程序语言";65%的人认为"学生学程序语言比学外语还要重要"。2019 年初,美国教学思想(Teach Thought)组织发布了《2018 年美国教育趋势》报告,聚焦 2018 年美国教育工作者最为关注的 20 个教育发展趋势,其中"编程与机器人"赫然在榜。

(一) 美国中小学生编程教育盛行的原因

1. 美国信息科技发展的人才需求

美国信息科技行业蓬勃发展,涌现出了大量的编程岗位。然而,本土培养的编程人才严重缺乏,远远满足不了市场需求。据美国劳工组织公布的数据,美国预计有超过 140 万个计算机编程岗位,但美国大学每年培养的计算机科学专业学生不足 40 万。编程人才供不应求,为了弥补短板,这几年的美国技术移民很多都是编程人才,美国很多科技公司严重依赖外国工程师,引起了美国科技界的普遍担忧。编程人才的匮乏将严重影响美国科技公司的创新能力,特别是以人工智能为起点的第四代产业革命的兴起,长远之策,还是要培养大量本土编程人才。

2. 美国教育界普遍的价值理念

(1) 编程是与机器对话的语言

编程本身是与机器对话的一种语言,学习编程和学习外语是一样的,学习外语是为了和外国人进行交流和沟通,学习编程同样是为了和机器进行更好的交流和沟通。孩子们通过学习编程语言能够与电脑对话,让电脑执行各种操作指令,可以更好地理解技术驱动的世界如何运行。

(2) 编程教育有助于培养学生的创新思维

学习编程能够培养学生的批判性思维,编程过程也是创造力培养的过程。学生在编程过程中,学习如何计划、组织、分析、实施和找到最优的解决方案。编程所包含的逻辑思维有助于学生创造性的思考、系统的推理。

（3）编程教育有助于提高学生的数学技能

编程语言本身就包含数学概念和数学逻辑。学习编程可以帮助儿童将抽象的概念形象化,锻炼学生的分析判断能力,提高学生的逻辑思维、数理思维。

（4）编程教育有助于提升学生解决问题的能力

在编程过程中,学生往往需要将项目分解成几个小的任务,解决一个问题往往有多种方法,学生需要反复尝试不同的方法,诊断并修正一个个错误,最终完成任务。学习编程有利于培养学生解决问题的能力,培养他们面对困难的毅力和勇气。

（5）编程教育有助于增强学生沟通协作的能力

美国教师往往采用基于项目的教学方法,给学生布置一个大的项目任务,让学生合作去完成一个作品或一个游戏。这种基于项目、基于同伴的合作学习有利于培养学生协作交流能力。

3. 美国 STEM 教育、创客教育的影响

STEM 教育融合科学（Science）、技术（Technology）、工程（Engineering）、数学（Mathematics）四门学科,培养大量实用型理科人才。创客教育（Maker）是创客文化与教育相结合,基于学生兴趣应用数字化工具,通过项目式学习,培养学生的创新能力。STEM 教育、创客教育在美国教育界如火如荼地开展。无论 STEM 教育还是创客教育都倡导创新精神、实践应用、技术驱动和培养跨学科解决问题的能力。编程教育能让学生综合应用数学、信息技术、工程学知识,是 STEM 教育和创客教育很好的载体。

（二）美国中小学生编程教育的特点

1. 政府层面政策指导、资金支持,创设编程教育的氛围环境

2016 年 1 月,美国前总统奥巴马宣布美国实施"全民计算机科学教育（Computer Science For All）"计划,美国政府将投入 40 亿美元,为全美 K—12 阶段的学生提供优质的计算机科学教育,推动课堂内计算机教学的普及。奥巴马表示:"在新经济时代,计算机科学不再是选修科目,而是基础能力,就像读、写、算术一样重要。"

2016 年 10 月,美国多个部门联合发布了《K—12 计算机科学框架》（K—12 Computer Science Framework）。《K—12 计算机科学框架》是美国新版国家计算机科学教育标准研制的基础,其中对计算思维的概念和实践进行了详细的描述,明确

指出在中小学推进编程教育、培养学生计算思维的重要性。

2016年12月，CSTA组织（Computer Science Teachers Association）在《K—12计算机科学框架》的基础上制订了《K—12阶段计算机科学标准》，对学生每个阶段必须掌握的计算机技能进行了详细界定，成为美国各州、各学区制定本地化计算机科学课程的指导大纲，为美国各州、各学区学校开展计算机科学教育指明了方向。

2019年2月，《美国人工智能倡议》（American AI Initiative）发布，提出"维持美国在人工智能领域领先地位"的目标，绘制了美国未来人工智能发展的战略蓝图，加大了对人工智能研发的资金投入。该倡议特别关注计算机科学教育，指出要加强中小学编程教育培训，以满足人工智能劳动力需求。

2. 社会组织主动参与、宣传引领，助力编程教育深入开展

信息科技的快速进步，大量编程岗位的空缺，使编程人才炙手可热。美国民间组织对编程推广的热情远早于政府行动之前，诞生了大批社会团队积极投身编程教育的推广之中。

（1）非营利性组织积极推广编程教育

美国非营利性组织积极推广编程教育，他们创建免费的编程学习网站，提供海量线上课程资源，组织开展编程教育活动，游说政府机构，通过各种方式推广编程教育。其中最著名、最有影响力的公益编程教育组织是Code.org。

2012年，非营利性组织Code.org成立，得到了微软、Facebook、谷歌等科技巨头的支持和赞助。它开发并提供从幼儿园到高三的免费海量在线编程教育课程，目标是让美国每所公立学校都开展计算机编程课程。据Code.org发布的数据，全美30%的学生在Code.org网站上报名学习编程。

2013年12月，Code.org组织发起了一个全球性的活动——编程一小时，旨在全球范围内普及编程教育，活动持续一周，鼓励世界各地的学校至少用一个小时向学生介绍编程知识，由此形成了每年12月的第二周，Code.org都会组织"编程一小时"活动的惯例。该活动得到了广泛响应，全球180多个国家和地区的数千万学生参与了活动。2014年，美国前总统奥巴马亲自上阵，参加"编程一小时"活动。

同时，Code.org不遗余力地游说美国各州政府将编程教育纳入中小学课程体系之中。迄今为止，Code.org成功说服美国24个州政府改变教育政策，在中小学增加编程课程，将计算机科学学分计入高中毕业所需的学分。Code.org还成功说服美国肯塔基州参议院教育委员会，在2014年通过了一项法案，允许高中学生用编程学分替代外语学分。Code.org组织还积极参与教师培训，据官方网站显示，

Gode.org 已经为全美 57000 多名教师提供了培训。

（2）编程教育夏令营受到热捧

美国学生的暑假有 3 个月时间。暑假期间,美国学生喜欢参加各种夏令营,开阔眼界、学习知识、增长见识。美国很多夏令营组织纷纷开设编程夏令营,深受中小学生的欢迎。如最著名的计算机夏令营 ID Tech 组织,每年会组织面向 7—18 岁学生的计算机夏令营,在包括斯坦福大学、麻省理工学院、普林斯顿大学、加州理工学院等全美 150 多所顶尖学校建立了营地。ID Tech 组织提供包括:编程（Coding）、游戏开发（Game Development）、机器人（Robotics）、设计（Design）四大领域的 50 多门前沿计算机课程。最近五年,ID Tech 组织收到的编程夏令营的申请呈井喷之势。2018 年,超过 50000 名中小学生参加 ID Tech 编程夏令营。

（3）图书馆编程潜心探索

美国公共图书馆在美国中小学生信息素养教育中扮演着重要的角色。面对日益兴起的编程教育,美国公共图书馆与时俱进,积极投身编程教育浪潮,努力扩大公共图书馆对社会公众的影响力。美国很多公共图书馆都建设了信息化专用教室。例如:芝加哥公共图书馆建设了 STEM 专用教室,配备硬件设备和软件资源,免费向青少年提供编程课程和协作学习的空间。每年暑假,芝加哥公共图书馆都会举办面向青少年的暑期编程训练营活动。美国公共图书馆还积极与科技公司合作联动,共同推进编程教育项目。美国众多编程教育科技公司也纷纷向公共图书馆提供免费的学习工具。

3. 科技公司关注需求、开拓创新,研发编程教育的软件与硬件

俗话说"春江水暖鸭先知",因为美国学校不能提供足够数量的计算机人才,硅谷的科技公司是最先感到压力的。硅谷的科技公司纷纷向海外伸出橄榄枝,招揽外国的计算机人才,或将编程工作外包给外国的公司,这无疑损害了美国科技公司的创新能力。

2016 年,美国微软公司副总裁 Bradford 在演讲中将推进编程教育与 20 世纪 50 年代的美国教育改革进行了比较。Bradford 说:"我认为计算机科学在 21 世纪就像物理学在 20 世纪一样重要。"

为了培养更多合格的编程教育人才,美国科技公司更是身体力行以实际行动全力支持青少年编程教育。

（1）图形化编程工具大量涌现

图形化编程工具的出现降低了编程学习的难度,学生不需要编写代码,不用记住各种烦琐的代码和命令,摆脱了文本编程的方式。学生只需要用鼠标拖曳代码

块,像玩乐高积木一样,将一块块图形拼接起来,便可以构建出应用程序。

虽然图形化编程工具与代码编程有很大的区别,但其所应用的逻辑理念是一致的。学生可以学习到编程的基本元素,如触发、循环、变量、条件、判断等。学生用这些图形化编程工具学编程,可以玩游戏、解谜、制作动画、控制机器人等,很容易沉浸其中。图形化编程深受孩子们的喜爱。因此,微软、谷歌、苹果等大型科技公司利用其强大的技术优势,纷纷推出自己的图形化编程产品,深受市场欢迎。

例如:全球最为流行的 Scratch 图形化编程工具,由隶属麻省理工学院的"终身幼儿园团队"(Lifelong Kindergarten Group)研发,学生只需要通过鼠标拖曳不同功能的程序块,就能像搭积木一样完成编程。为了让 5—7 岁的小朋友也能学习编程,"终身幼儿园团队"又研发了基于手机、平板平台的 ScratchJr,比 Scratch 更加的简单易操作。美国流行的图形化编程工具见表 2 - 1。

表 2 - 1　美国流行的图形化编程工具

时间	图形化编程工具	研发团队	特点
2007 年	Scratch	麻省理工学院"终身幼儿园团队"	面向青少年的图形化编程工具,像搭积木一样完成编程
2008 年	ScratchJr	麻省理工学院"终身幼儿园团队"	面向 5—7 岁小朋友,在平板上使用的图形化编程工具
2010 年	Kodu	微软公司	可视化 3D 游戏编程工具
2012 年	App Inventor	谷歌公司	基于平板编程软件,采用积木式堆叠法完成编程
2012 年	Blockly	谷歌公司	基于网页,类似 Scratch 的儿童编程语言
2016 年	Swift Playgrounds	苹果公司	基于 iPad 平台可视化的编程软件

（2）编程机器人风靡全国

美国各界普遍认为,编程机器人教学能激发学生对机器人技术和编程的兴趣,是培养编程能力的最佳方式。学生在移动终端编写程序命令,操作机器人完成指定任务,打通软硬件交互,实现即时反馈,让编程学习的过程充满创意、富有乐趣。

面对编程教育巨大的市场需求,美国众多科技公司纷纷投入到编程机器人的研发之中,积极跑马圈地,抢占市场份额。特别是近几年,实现各种功能的编程机器人层出不穷,琳琅满目。其中比较流行的机器人有 Dash&Dot 、Meebot、Evo 等。

Wonder Workshop 公司出品的风靡全美的 Dash&Dot 机器人内置三万多个动作,可以跳舞、聊天、唱歌、弹琴、讲故事等。Dash&Dot 机器人还可以通过传感器和学生互动,教学生学习英语和数学。学生通过移动终端可视化编程语言,按照一定的逻辑让代码模块联系起来,像搭积木一样把程序代码组织起来,就可以给 Dash&Dot 机器人下达各种指令,让机器人完成各种任务。

Wonder Workshop 公司还设计了很多适合儿童编程的游戏和任务,这些游戏和任务都有一定的剧情,学生通过官方网站下载这些游戏,通过编程,就可以和机器人一起闯关打怪玩游戏。

（3）编程游戏的流行

由于美国社会普遍重视编程教育,众多科技公司瞄准商机,纷纷推出游戏类编程教育网站和 App。功能强大的游戏类编程教育网站和 App 如雨后春笋般冒了出来。这类编程教育网站和 App 共同的特点是:拥有生动丰富的情景、妙趣横生的情节、惊险刺激的冒险、引人入胜的故事,让学生在闯关、打怪、升级中学习编程知识。

如屡获殊荣的 Codecombat App 编程游戏。在游戏中,学生挑选一个自己喜欢的英雄角色,通过输入编程代码控制英雄角色打败怪兽和食人魔,收集能量宝石,挑战成功将获得经验点,通过关卡并解锁下一关。游戏的编程难度随着关卡升级而增加,学生的编程能力随着关卡升级而提升。游戏涵盖了编程的基本语法、条件、循环、变量、调试等主题,充满了乐趣和挑战,深受中小学生喜欢。

4. 学校深入实践、寓教于乐,开展编程教育教学实践

美国中小学校普遍将编程教育纳入学校 STEM 教育。据 Code.org 组织发布的数据,美国 K—12 阶段约有 67.5%的中小学生已接受编程教育。美国学区一般设有信息中心,负责学区信息化推进、网络安全维护、软硬件设备的采购、教师信息化培训等工作。例如:美国芝加哥学区就制定了学区的编程教育规划,积极协助学校开展编程教育,对教师进行培训,引进相关编程教学的资源等。

由于编程教育越来越受到重视,很多中学都开设了编程选修课。同时,美国大学采用申请制,如常春藤大学招生往往要求学生提供几门 AP 课程（美国大学预修课程）成绩,而计算机 AP 课程一直以来受到常春藤大学的青睐,因此也让更多的学生选择编程类 AP 课程。美国小学、初中一般会选用 Scratch、Blockly 图形化编程工具,高中以后学习 Python 、C#、JavaScript 这类代码编程语言。

美国教育界普遍认为,编程教育应该培养学生将一个复杂的问题分解成一个个子任务的能力,并形成解决问题的思维方式和能力。因此,麻省理工学院媒体实验室提出了编程教育的四个指导性原则——4P 原则:

（1）项目驱动(Projects)：为学生提供参与项目的机会,使他们体验将想法变成作品的过程。

（2）同伴合作(Peers)：帮助学生学会团队合作,鼓励协作和分享,共同完成任务。

（3）兴趣热情(Passion)：设计让学生感兴趣的项目,保持他们的学习热情。

（4）玩耍尝试(Play)：采用寓教于乐的方式,鼓励学生在游戏中尝试新事物、验证错误,从失败中学习。

编程教育4P原则被美国中小学教师广泛接受,并应用于教学之中。在教学过程中,教师普遍借助游戏App或编程机器人,采用游戏化学习、项目式学习、小组合作学习的方式,开展编程教学。学生组成项目团队小组,分工合作、头脑风暴、交流沟通、共同思考、共同探究、共同协作,找到解决问题的最佳方案,并加以实施,最终完成项目。

（三）美国中小学生编程教育的启示

启示一:培养大量合格的编程人员,是国家未来参与全球竞争的需要

美国作为信息科技强国,高度重视信息技术的发展。美国政府已将编程教育纳入国家战略之中。美国中小学将编程教育纳入学校STEM课程中已经成为主流,很多美国幼儿园都在进行编程教育。

2017年,中国国务院发布了《新一代人工智能发展规划》,其中提到"实施全面智能教育项目,在中小学阶段设置人工智能相关课程,逐步推广编程教育,鼓励社会力量参与寓教于乐的编程教学软件、游戏的开发和推广"。这表明我国已将编程教育纳入政府战略之中。

我国现在布局未来信息化,应该未雨绸缪,积极加大编程教育的培养,特别是鼓励更多的中小学开设编程课程,为未来储备更多的信息化人才。

启示二:从少儿开始适合的编程教育,将有利于学生逻辑思维能力和创新能力的发展

2016年美国《K—12计算机科学框架》指出需要扩大计算机科学教育的覆盖面,强调在早期儿童教育增加计算机科学教育。

然而,我国学生一般到大学才开始学习编程。在十几年的时间里,孩子们的创造力被白白浪费了。在培养未来的程序员上,我们也应该大力推进少儿编程的普及,不仅要开设编程课,更要提高编程课的地位。

启示三:将编程教学与游戏化学习相结合,能培养学生长期的学习兴趣

美国学校编程教学中普遍将编程学习与游戏、机器人学习相结合。教师努力

将编程教育建立在学生兴趣之上,寓教于乐,循序渐进,提升学生的学习积极性。

教师对低年龄段的学生可采用可视化的编程工具教学,让学生学会指令和逻辑,运用各种编程工具,创作属于自己的作品,如游戏、小程序等。教师对高年龄段的学生可引入编程机器人教学,让学生通过指令编程控制机器人的行为。通过强化反馈,给学生很强烈的成就感,从而促进学生不断前行。

启示四:编程教育需要多方合作,共同建立良好的教育生态圈

美国编程教育在政府政策引导、社会组织参与、科技公司助力、学区学校实践等多方的努力下,营造了多元互动的编程教育协同体系,构成了良好的编程教育生态圈,共同促进了青少年编程教育的深入开展。

我们可以借鉴美国编程教育的经验,积极发挥政府政策的引领和指导作用,鼓励社会组织和科技公司建设丰富优质的课程资源、研发寓教于乐的机器人、开发引人入胜的游戏,推进学校普及编程教育,协同多方力量的各自优势,为编程教育深入开展提供保障。

信息革命的浪潮正在风起云涌,计算机编程将成为未来人才的必备素养。为了让国家在未来全球化竞争中获得领先地位,为了让孩子能够在未来全球化竞争中脱颖而出,我们应该重视编程教育。美国麻省理工学院的雷斯尼克教授表示:当你学会了编程,你开始思考世界上的所有过程。

（撰文:上海市崇明区教育学院　黄宁宁）

基于数据支持的个性化学习

在美国几所学校常常看到这种景像：IMSA 学校的周三研究日，学生不在学校上课，都去找各自的导师开展研究项目的学习；Brook Forest Elementary School 四年级的数学课上，孩子们走班学习不同层次的内容，他们中的一个高水平孩子被送到邻近的初中学习数学；特许高中 Intrinsic School 的写作课上学生被分成若干小组，开始不同层次内容的学习；135 学区的 Orland Park Primary School 的一个教室里，老师正在给几个需要帮助的学生辅导 20 以内的加法……个性化教学，这是美国教育给我最深刻的印象。

美国非常重视个性化教育，这与杜威的思想有着直接的渊源。杜威从实用主义哲学思想出发，强调"从经验中学习"，奠定了美国个性化教育的理论基础，而"儿童中心说"，强调以儿童为本，则直接促成美国个性化教育的价值追求。

个性化教育是以学习者为中心，根据每个学习者的需要和目标，定制和优化学习速度、教学内容、教学方法及其顺序的教学。它强调以学习者为主导，认为学习活动是由学习者的兴趣驱动，而且往往是自发的。美国 ESSA 法案中明确允许学校利用联邦资金支持个性化学习，很多州的公立学校正在尝试个性化教育，以更好地满足不同学生的独特需求，让每个学生拥有学习的选择权。美国的个性化学习有以下特点。

（一）基于数据

美国教师开始学习使用数据来协助他们的课程或个别学生的教育决策。而这些数据主要来源于标准化测试和教师的日常观察、面谈询问、作业记录等得出的形成性评估数据。

标准化测试数据可以非常有效地用于指导个性化教育。以伊利诺伊州 135 学区为例，公立学校的学生要参加一年一次的标准化考试 PRACT，也要参加每学期一次（共 3 次）的学区标准化考试（MAP TEST）。MAP 考试是一种自适应考试，是一个非常成熟的标准化考试，已经用了十多年。标准化考试会提供非常具体的个性化测试报告，有系统的学科维度，如数学学科包括运算、集合、测量、数据等，有具体的能力分析，也有基于能力提高的建议。学校老师参考这个测评报告对学生的学习阶段进行水平分级,并制定相应的基于能力水平的学习计划。

美国有很多非营利机构、教育技术公司等开发了不少免费的技术工具和平台,用于采集和分析学生学习过程中的数据,以便更科学客观地形成评估。如 Google Classroom 主要用于存储和分享课堂学习资源、作业分配与评价等;Schoology 用于社群学习讨论、平时作业情况的记录;ClassDoJo 主要用于学生课堂表现的记录;Skyward 提供单向和双向的学生数据对接与管理,并提供数据分析和可视化的数据表达。这些数据被综合分析,可以更好地考量学生个人的学习兴趣、学习速度、思维特征等,更好地评估学生与合作伙伴及在小组学习和全班学习中的表现,帮助学生评估自己的优势和劣势,以便更好地开展个性化学习。

(二) 私人订制

数据本身不是目的,而是更好的教育的开始。教师通过分析数据,创建对学生个性化学习的理解,为每个学习者创建独特的学生档案,开始指导学生开展个性化学习。

1. 设定目标

在数据分析之后,就需要和学生甚至家长一起制定一个推动学生发展的个人学习计划。首先学生必须制定与自己兴趣、才能和热情相一致的目标。没有明确的个人目标,就不可能有个性化的学习。教师需要指导学生学会设定切合实际的目标,这个目标是具体的、可测量的、可实现的、实际的、基于时间的。这样的目标有助于学生找到对自己学习有重要意义的事情,有信心承担更具有挑战性的学习任务,成为学习过程中更积极的参与者。

2. 制定计划

在有了明确的目标之后,教师就开始帮助学生创建个人学习计划。该计划主要是为了帮助学生实现目标而需要实施的具体步骤,包括学习进度、学习内容等。

从 Brook Forest Elementary School 二年级几个班级的课程表中可以看出,数学课被统一安排在了每天的 12∶40—13∶40。在这个时间段,二年级的学生被分成了 4 个 Level,由 4 位教师分别指导。4 个 Level 的学生学习进度不同,学习内容也不同。即使是同一个 Level 的学生,也被分成不同的小组,用不同的方式在学习。学生就是这样在教师的指导下实施自己的个人学习计划。

教师会鼓励学生根据学习进度、学习速度和学习内容,设定完成任务的时间,形成属于自己的学习时间轴,以期更好的自我检测目标达成度。

3. 订制内容

在美国,六年级的学生也许已经在学习十年级学生的学习内容,需要特殊帮助的学生也有属于自己的学习内容,这是非常常见的。这给了学生很大的自由度,也给老师带来了更大的挑战。

美国有 Commom Core State Standards(共同核心国家标准),但没有统一的教材。老师需要根据各学科的基本标准和每个学生独特的需求来确定学习内容,需要充分考虑三个方面的因素:一是标准中很重要的部分——4C 核心素养,即沟通交流(Communication)、合作协作(Collaboration)、批判性思维(Critical Thinking)、创造创新(Creativity),这已经成为美国教师在课堂教学上的共同价值追求;二是学生的能力程度,教师根据不同学生的不同能力程度确定相应的学习内容和任务,帮助学生不断地接近学习目标;三是提供相关的教学资源。博物馆、法院、图书馆、国家科学实验室、社区、教育技术公司、非营利组织、网络平台等为学生的学习提供了海量的免费教学资源。教师根据与教学内容的关联度以及资源的可靠性,为学生建立与现实社会的连接,创造学生自主学习的机会。

个性化的学习内容让美国学生拥有了属于自己的个性化课程表。每一个课间,学生都在准备自己的学习资料,奔向不同的教室,开始属于自己的学习。也正是这样,学生拥有了学习的选择权,成为了学习的主人。

(三) 提供支持

不同的学生通过不同的学习路径完成不同的学习任务,达成不同的学习目标,需要老师提供更多的支持,跟踪学生的学习进程。

1. 设计活动

为了给每个学生带来更加个性化的体验,美国教师经常基于探究、基于问题、基于项目来设计学习活动,鼓励学生选择能反映个人兴趣的学习内容,将学习与真实的现实世界相联系,以问题为起点,为学生提供一个多维度的探索空间;鼓励学生和老师、同学协作,综合多种学科知识与经验,解决真实的问题,形成个体独有的学习体验。这样的学习活动创造重要的学习经历,引导学生积极参与和体验,激发学生学习的内在动力,让学生真正成为学习的亲历者。

活动过程中,教师要根据学生的学习产出,不断做出支持他们继续深入学习的决定,让学生安全地表达困惑,有足够的自信去挑战学习任务,有足够的勇气去实践、模仿、犯错,并向团队和伙伴个性化地表达与解释。

2. 创建社区

随着学生个性化学习的深入,作为教师经常会探讨三个关键问题:学生学到什么? 学生会在何时用什么学习方式学会它? 学生遇到困难时,该怎么回应? 第三个问题的答案就是创建学习社区。

学习社区的创建有多种形式,有学生学习小组,有专业学习社区,有虚拟学习社区。教师可以根据学习内容、学习风格、技能水平、学习兴趣等指导学生创建学习小组;教师还可以根据不同的专业或项目创建全校性的学习社区,吸引有专长的教师、员工、学生加入到学习社区;教师还可以在网络上创建虚拟社区。学生在不同的社区活动中可以获得不同的学习和帮助,赢得更多的支持。

3. 反馈进展

为了每一个孩子的进步,教师经常鼓励学生在课堂上、作业时、活动中、测试后进行自我评估。教师甚至会在教室里展示自我评估的标准,例如在概念学习中的自我评估为:1=完全糊涂了,2=对此有点模糊,3=我想我明白了,4=得出结论。教师指导学生如何评估自己在学习中的位置,监控自己的进步,发现最优的学习策略,不断调整目标。

教师也可以根据形成性评估数据及时反馈学生的学习情况,其中必须考虑到不同的学习者要以不同的方式解释反馈。这就需要教师分析学生对评估数据的理解以及在进一步学习中的积极意义。只有这样,反馈才能让学生进一步了解自己在此项学习中的优势和弱点,并对计划作出调整,从而促进自身的进步。

通过基于数据的诊断分析、私人订制的学习计划、实施计划的学习支持,教师帮助学生遵循属于自己的学习轨迹,获得更好的个性化发展,拥有真正属于自己的学习。这也给了我们启示,教师要成为每一个学生个性化学习的指导者。

（撰文:上海市奉贤区洪庙小学　何春秀）

信息技术支持下的学习方式变革

美国的中小学在探索新型教学模式、课堂生态、数据分析三个方面的创新显得尤为突出。

（一）支持新型的教学模式

新型技术的不断涌现，让学校教育管理更高效，让教育教学模式呈现多样性。美国 K—12 阶段学校形式多样，有公立学校、特许学校和磁石学校，很多学校都在利用技术做不同程度上的教学形式创新，各有特色。各个学区学校利用技术手段，采用混合式学习、在线学习和移动学习等新型教学模式进行教育教学。

1. 混合式学习（Blended Learning）

混合式学习是教育领域出现的一个新名词，但它的理念和思想却已经存在了多年。在美国使用混合式学习最普遍的形式是翻转课堂（Flipped Classroom），是指学生在家完成内容学习和作业，在课堂进行师生讨论、答疑环节。提供技术支持最早的是可汗学院（Khan Academy），其使命是让所有人享有免费的世界一流教育，在线提供数学、科学与工程、计算、艺术与人文、经济和金融等在线课程资源。这种形式广泛地被公立学校、特许学校所采用，当然提供混合式学习的在线教育平台有很多，如 Google Classroom、Canvas 等。这些在线资源平台让混合式学习成为现实，已经改变了学校的教育教学方式和学生的学习方式。

2. 在线学习（Online Learning）

美国教育体制多元化，走班分层教学比较常见，个性化教学凸显，在线学习资源平台更是层出不穷，琳琅满目。学生可以利用在线学习平台进行个性化学习，可以进行课程的知识点学习，还可以进行拓展学习。从 K—12 阶段到大学都有很多在线学习平台，大学课程平台有 EdX、Cousera、Stanford Online 等 MOOC 在线学习平台，不仅提供全球顶尖大学（包括 MIT 和哈佛大学）的课程，还提供付费的认证证书。K—12 阶段在线学习有覆盖 K—12 年龄段的网络数学和英语练习平台 IXL，该平台为每个知识点提供大量的练习题，基于一定自适应算法让学生有进阶的学习，平台提供数字、文字、图形等多类型多维度的题目，充分调动学生兴趣，合理利用左右脑。

3. 移动学习(M-Learning)

美国 K—12 学校基础硬件建设一般都不错,许多学区统一部署无线校园,许多学校教师有多台电脑(一般是笔记本),学生一人一本的现象也比较普遍。校园网络的无边界化、资源平台的丰富多样、基础设施的完善、较高的师生信息素养都为移动学习提供了沃土。如 135 学区的苹果认证学校 High Point Elementary School,利用 iPad 提供的苹果应用商店 Self Service 服务,让学生自主搜索下载应用程序。学生课堂上利用 PAD(有的学区提供谷歌 Chrome Book)设备进行统一学习、自主学习和个性化学习,移动学习无处不在。

(二) 支持变革的课堂生态

丰富的社会教育资源和软硬件环境,构成美国 K—12 阶段的学校教育资源,让学校管理更高效,教师只要关注学生个性和聚焦课堂教学,让学生学习更自主。学校的教育政策、师生信息素养和社会资源构成了社区生态体系,学生有多种终端设备进行移动学习,这些因素都让学校的教学模式发生变革成为可能。学校里的每个环节就像是一个个细胞,结构精巧多样,各种结构配合协调,使学生生命个体在课堂教学环境中自我调控,高度有序地进行学习,各种技术工具就像细胞生物链中连接的纽带,技术的宽度和深度影响着生物链中个体的成长。

以 Seesaw 为例,这是平台集合了教师、学生和家长不同身份的行为过程记录和分享。学生可以使用创意工具以拍摄、绘制、录制视频等方式,捕捉生活的瞬间;教师创建、查找或参与学生分享的活动,和学生互动;家长可以看到自己孩子的表现,并留下评论和鼓励。Seesaw 增加了家长的参与感和自豪感,让课堂教学的过程更加透明化,让教学活动发生在真实的环境中。又如 ClassDojo 是一个课堂沟通应用程序,用于家长和教师之间共享报告,教师记录学生行为并上传照片或视频。通过创建积极的文化,鼓励学生充满热情地学习技能,让学生分享照片和视频,分享他们的学习心声,让学校教师和家长一起分享每时每刻,ClassDojo 已将教师、学生和家长紧密联系起来,构建了令人惊讶的课堂社区。

(三) 支持数据分析

美国 K—12 教育使用诸多的技术平台,方便了学校的教学管理、记录了学生的学习过程,但是最重要的是数据的收集、分析和根据数据进行决策,基于数据的驱动指导教师个性化教学设计,满足学生的个性化学习需求。在标准化考试平台如 ACT、SAT、PARCC 和 MAP 等中,许多标准化测试结果是动态的,每次测试的知识点可能不一样,每次测试结果的反馈是相对的,同时是多维度的。如 MAP(Measures of Academic Progress)测试,是一种基于网络的电脑自适应测试,它基于每一名受测者的学业水平,为其提供个性化的测试体验,准确地评价每一名受测者当前的学业水平,确定其学习能力的最近发展区域,并计算他们的学业成长。反馈结果有文字描述,有表格、柱形图等数据呈现。每门学科如小学英语语言艺术(English Language Art)测试中有多项指标,每项指标有 T1、T2 和 T3 三个层次,每个层次有 E(Excels)、M(Meets)等不同的结果界定。MAP 测试最终还有一个总的结果报告,使用 RIT(一种用来测量学生成绩和成长的等间距量表)来呈现学生的整体表现。

毋庸置疑,新技术在美国 K—12 教育中发挥着重要的作用,为个性化学习诊断和个性化学习需求提供重要手段。未来技术的融合会转化为数据的驱动,未来的学校和课堂将更加多元化,借助技术可以更加科学客观地评价学生的学习,基于数据的教学是未来学校教学的一种趋势。

(撰文:上海市实验学校　王昌国)

美国学校信息化软环境重塑教育生态

在美国的中小学,技术已成为学习的重要组成部分,没有技术支持就可能无法开展有效学习。美国的学校教育信息化会发展如此之快,主要是以下几方面的软环境因素在提供支撑与保障。

(一)教学素养要求促进教师熟练运用技术

美国国际教育技术协会(简称为 ISTE)目前已有"美术、英语、数学、体育与健康、科学、社会科学、信息技术"等的国家课程标准。为了加快推进信息技术的运用,支持和提高 K—12 教学、科学技术和管理,在经过大量的教学实践和分析研究的基础上,2017 年 6 月又颁布了新版本的《教育者教育技术能力标准》(简称 ISTE 教育者标准)。这个标准中阐明了"美国的教育工作者应如何利用技术创造下一代学习环境的愿景",对美国学校的教师提出了明确的要求。

此次培训学习,我们也发现美国学校教师具有四个特征:一是教师的学历都很高,特别是伊利诺伊州数学与科学学院(IMSA),博士学位的老师竟然占比 60%;二是教师的信息技术能力都很强,对各类教学、管理平台的使用非常娴熟;三是教师的工作时间都很长,除了正常的课堂教学外,还要时刻在网上指导学生或回复学生留言;四是教师的敬业精神都很足,处处体现了为人师表、耐心细致、言传身教。

据多米尼克大学技术专家 Mrs.Mile 和 Mr.Ben Frevil 教授介绍,为了确保能为教学提供更好的服务,学区的教育学术委员会每五年会制定相关学校教师技术培训课程的标准,而具体的培训课程内容则由技术部门负责制定。学区内全体老师必须要通过网上学习,完成 6—8 项必选课程的技术指导、培训及通过证书考核。教师比较认同网上学习这种方式,因为平时教学工作繁忙,教师一般都会选择在假期去接受和完成相关培训。同时,对于掌握现代技术手段,教师有一个共同的观点,那就是作为教师,如果你比学生了解与掌握得少,那你就需要快速奔跑,尽快熟练掌握教学所需的现代技术手段。

(二)丰富的资源让学生的学习无处不在

谷歌、微软、苹果等世界著名公司都十分关注美国教育的发展,它们积极与学校开展合作,共同研究开发学校所需的教学应用系统,目前许多应用系统已经被美国各地的学校所使用,并且积累了大量的教学资源为教师和学生所用,得到普遍的良好反响。特别是谷歌公司,不仅是目前人工智能和机器学习领域方面最先进的公司,而且在与教育合作方面,许多面向学生的应用服务都实行免费,被更为广泛的使用。通过简单即时的网络办公,教师可以在任何一个地方创建课程、分发作业、接收反馈;借助于应用程序和资源套件,学生可以随时进行阅读、作业、与同伴交流等自主学习,使用信息技术支持教学已经成为学校的日常教学习惯。

芝加哥公立学校(简称 CPS)是全美第三大学区,这个学区管理着 644 所学校及 37 万多名学生;而 93 学区位于伊利诺伊州杜佩奇县西北部,该学区只有 8 所学校及 4000 名学生,是一个社区综合学区。无论是大学区还是小学区,进入学校同样都看到学生在 Google Classroom 或其他学习平台上进行上课、交流与作业。记得在 93 学区的 Elsie C. Johnson 小学四年级听课,我们看到了四年级的学生熟练访问 Apple 网站,利用 i-Ready 软件在进行数学学科加减乘除计算。丰富多彩、生动形象的卡通界面让学生爱不释手,一题接着一题不断进行训练。过程中,老师通过在线平台,及时掌握学生的学习反馈,对学有所困的学生进行针对性指导。不同层次的学生选择不同的学习内容,充分体现了因材施教、个性发展的原则。

Intrinsic 特许公立高中是 ThinkCERCA 教育平台公司的合作伙伴,ThinkCERCA 是一个包含英语语言艺术、社会研究、科学、数学四个核心科目的个性化学习平台,用于培养学生精读和学习写作的能力,帮助学生提升批判性思维能力,该平台目前共有 40 种不同的英语语言文本集。我们观摩了该校九年级英语写作课,在三位老师的带领下,60 名学生分为三组分别开展基于 ThinkCERCA 的写作学习,学生的使用过程非常熟练。他们认为,该平台对他们的学习有以下帮助:首先,借助单词标签的读音和释义,提升了语言的理解力;其次,学习内容与以往的学习主题相关,能够通过阅读文章找到相关信息,在回顾学习后形成自己的观点;最后,通过使用平台,鼓励同伴开展讨论,形成辩论观点,并且述说自己的观点依据。由此,对他们更好地开展学习提供帮助。

(三) 全社会的协同让学习的时空更趋开放

面对机器人、无人机、纳米技术、核能研究、外太空探索等项目的高速发展,人类生活、学习与工作都越来越离不开现代高新技术。《学生教育技术能力标准》(简称 ISTE 学生标准)指出,今天的学生必须准备好在不断发展的技术环境中茁壮成长,以适应未来社会的需要。

美国学生的学习已不再局限于固定的学校校区,而是从社区、学区、学校、教师到家长,每一个层面都有着高度的社会责任感和时代使命感,全社会充分重视与鼎力支持学习活动。为了把学生培养成适应未来发展所需的高端人才或合格公民，各个层面都认真履行各自的职能，积极做好协作服务，尽可能为学生提供面向未来的学习环境，学习已经真正做到人人、时时、处处。

著名的费米实验室专门设立对外教育办公室，面向中小学开展科学教育。他们专注科学实践，不仅协助中小学教师设计 STEM 课程，让教师在开放的科学研究室进行实践，还专门为学生开设为期十一周的"周六早上的物理"野外课程项目。通过实践活动，学生利用信息技术进行采集、分析、研究数据，透过物理现象掌握物理原理，从而不断提高科学素养。

芝加哥公共图书馆中，专门建立了"YouMedia" 21 世纪青少年数字学习创新空间。在这个 5500 平方英尺的空间内，学生可以加入各种核心内容领域项目，运用信息技术完成平面设计、摄影、视频、音乐、2D／3D 设计、STEM 课程项目及动手创作的活动任务，专注于数字媒体和动手制造，不断激发着他们合作、改进和创造的热情。

美国的教育信息化应用已经成为学校教育的常态。与美国相比，我们的教育信息化推进缓慢的主要原因是缺少上述软环境的强有力支撑。教育是面向未来的事业，我们真的需要站在长远的角度进行思考，进一步完善和推进上海教育信息化，加强建设包含创新学习环境、统一架构平台、相关应用标准，以及服务未来学习的相关制度与机制，形成面向未来教育的良好生态，让技术成为教育现代化的加速器，助力课堂变革，助力未来学习，从而整体提升我们的核心竞争力。

（撰文：上海市青浦区教育局　姚为民）

信息技术与课堂"亲密互动"

为什么美国的基础教育能支撑世界一流的高等教育？我带着这样的一个疑惑，踏上了美国的土地。开启了探究教育信息化国际视野和创新思维的征程。

(一) 初识美国课堂

短短的两个月内，我们参观了数十所学校，接触了数十个课堂，走访了诸多的学区、图书馆、博物馆、法院以及著名的费米实验室。美国的教育资源之丰富，美国的教育手段之多样，美国的办学思想之统一，让人惊叹不已。

费米实验室是美国最重要的粒子物理和加速器实验室。在参观中，我惊讶地发现实验室不仅为基础教育的教师专业发展提供丰富的资源，还为各类学生提供真实的科学实践平台，实验室义不容辞地承担着社会责任。

Orland Park Primary School 的个性化教育非常值得我们借鉴。首先，学生家长对孩子有个预判，并可寻求第三方测评或直接在学校进行甄别。然后，对特殊需求的学生进行科学干预，学校有专职教师提供针对性辅导，在个性化的辅导过程中，还可以通过标准化 PRACT 测试和 MAP 测试为教师提供指导数据。

High Point Elementary School 是一所 Apple 公司认证的小学，游戏化课堂已成为该校的一个教学特色。在"影子"课堂的环节里，我们近距离观察了师生们的整个活动。课堂非常有趣，令"影子"们啧啧称赞。当然，游戏的每个环节都是在技术的支撑下完成的。

走进伊利诺伊州数学与科学学院(IMSA)，"培养发现者、思想者、创新者、实验者和未来问题的解决者"几个醒目的大字映入眼帘。该校曾被评为美国排名第一的公立学校，它有一个宽敞的创新中心，让人过目不忘。

通过参观、学习和交流，对比中国课堂，我发现中美的课堂之间存在很大的不同(见表 2-2)。

表 2－2　中美课堂的对比

国别	组织形式	教学工具	信息技术	课堂观	个性化教学	社会资源
美国	小组学习	平板使用为主	可供选择的应用软件多达几百种	师生共同学习,从教师角色转变教练角色	建立了一套完整的科学的个性化辅导体系	社区图书馆、博物馆、大学、法院等大量可用资源
中国	集体学习	黑板使用为主,多媒体为辅	少量	学生为主体,教师引导	起步阶段	少量资源

在过去的 20 年里,传统课堂的机械化教学形式、统一的教学标准、学生的个体差异等因素也一直困扰着美国教育工作者。借用中国的一句话叫不破不立,不破不立的前提是先知,只要先知,就有机会。这个世界成功的第一要素当数先知。伊利诺伊州 93 学区的学区长 Bill Shields 说:"由于治国策略在变,社会经济在变,学生在变,所以我们的教育也要变。教育目标不仅着眼于眼前,更要为 20 年或 30 年后的变化做好准备。让我们的学生毕业后更能适应时代的深刻变化,更能迎接时代的挑战。"这次美国之行,我们所参观的学校都在通过信息技术的强大力量践行着上述的理念。

（二）多样的美国课堂

1. 混合式课堂模型

传统课堂存在一个弊端。由于学生个体的差异,造成教师在课堂中无法兼顾所有的学生。不让一个学生掉队往往成了一句空话。为了让每一个学生都能达到知道、理解、掌握和应用的教学要求,美国教育研究者提出了一种全新的教学模式——混合式课堂。

（1）混合式课堂模型的优点

由于教师布置的每一项任务只针对 3—4 位学习程度相近的同学,这样就能保证老师将知识和技能、过程与方法、情感和价值观真正落实。通过轮换式学习,将知识在课堂内及时消化。

（2）混合式课堂模型的实施

教师将班级学生分成四组,每组布置不同的任务,完成后在教室内轮换。整节课由谷歌公司提供的 Google Classroom 软件进行管理和统计。

（3）混合式课堂模型的设置

小组设置的学习内容没有统一标准,由教师自行安排。教师在课堂中扮演着教练的作用。例如可以进行如下设置。

第一小组根据课程需要进行讲课或交流。

第二小组根据课程需要选择项目学习、设计或创造。

第三小组根据课程需要选择在线学习、习题课或个别辅导。

第四小组根据课程需要选择虚拟体验或观察。

（4）混合式课堂案例分析

课堂类型:阅读课。

课堂时间 :90 分钟。

课堂资源:Google Classroom 及网上资源。

教师利用 Google Classroom 软件,根据学生的实际学习情况,将学生分成四组。第一组:在教师带领下讨论如何写议论文;第二组:学生尝试写一篇议论文;第三组:在线对一篇议论文进行交流;第四组:让学生在线阅读和批注一篇议论文。

教师要求每个学生都要将活动内容如实地记录在电脑上,供教师进行数据分析并给出对每位学生的评价。

2. 游戏型的课堂模式

（1）游戏型课堂的背景

美国学生的学习有个特点,他们无法长时间专注某一个问题。教师为了要提高学生的学习专注度,提出课堂教学中可以用游戏的形式,提高学生的兴趣。有理论表明,教育游戏化能提高学生的主动学习能力。

（2）游戏型课堂的优点

师生共同参与,产生良好的教学效果,吸引学生学习欲望,培养竞争和合作的意识。游戏型课堂是教学与活动的结合(Playing to Learn in the Classroom),完全不同于在教室内玩游戏(Playing in the Classroom)。

（3）游戏型课堂的实施

教师创建一个游戏型课堂要进行如下操作:首先,要挑选一款学生比较喜欢的游戏;其次,教师要制定明确的游戏规则以及奖励制度;最后,教师将本节课的学习目标和游戏目标有机地结合起来。

（4）游戏型课堂案例分析

课堂类型:数学和阅读。

课堂时间:90 分钟。

课堂资源:Google Classroom 软件。

游戏类型:在线问答、情境模拟、角色扮演、虚拟现实、社交类。

课前准备:教师制定了详细的教学计划。将全班分成 7 个小组,每组 3 个人。根据成员的学习程度,设定不同的任务。由于本堂课的教学内容为数学和阅读,所以教师精心设计出与阅读类和数学类相关的各种问题,并嵌入游戏的每个关卡之中。

课堂教学:教师通过软件,将任务推送给每个学生。学生接收任务后,立即组成团队,进行游戏。此时,教师的工作范围已不在讲台周围,而是整个教室。教师通过平板时刻关注同学们的游戏进展,必要时给予帮助和指点。

3. 现实增强(AR)下的课堂模型

(1) AR 课堂的背景

随着虚拟现实技术的发展,AR 也慢慢揭开了神秘的面纱,悄然进入了美国课堂。AR 是通过摄像机视频位置用角度精算并加上图像分析技术,让显示屏上的虚拟世界能够与现实场景进行结合与交互的技术。学习者无须佩戴眼镜,人机的互动性强。

(2) AR 课堂的优点

AR 有利于创造一个教学情境。在以学生为中心的个性化教学、合作化教学的环境中真正实现自我探究。虚构但逼真的环境可提供良好的人机交互功能,使学生主动参与教学过程,教学内容外在形式的生动化与内在结构的科学化将结合得更紧密,这种环境将极大地促进教学观念发生变化。

(3) AR 课堂的实施

首先,创设 AR 情境,通过 Google Classroom 软件分配任务并组建各自团队。接着,学生通过体验、实践、讨论、阅读来认识问题并形成方案。最后,通过交流、表达、表现、反思形成解决问题的方案。

(4) AR 课堂案例分析

通过 AR 增强技术,让学生沉浸在宇宙空间的美妙之中。通过现象观察、数据分析、小组讨论等方式,让这部分知识的学习变得有趣、有效、有收获。

打开 Star Chart 软件,确定观察者的位置并找到国际空间站的运行轨道。如图 2-9 是美国芝加哥时间 11 月 25 日下午 6:53 分的截图,图片正上方表示的是芝加哥位置,下端表示国际空间站位置。图 2-10 表示国际空间站再次经过芝加哥的一系列时间。利用这些实时数据,可以让学生去分析判断国际空间站距离地表的高度,或预测国际空间站经过某国家领空的时间。该软件还提供了其他人造卫星的实时数据。

图 2-9

图 2-10

近 30 年来,我国的课堂变革也从未停止脚步。在理念上,从知识为本转移到以人为本;在方法上,从知识传递转移到知识探究;在育人上,从全面发展兼顾到个性化发展和终身发展。每一次的变革,都是教育者们对教育工作的一次实践。每一次的变革,都能让教育者们获得更多对教育本质的反思。每一次的变革,让我们的教育更接近教育本质。

（撰文:上海交通大学附属中学　徐捷）

创客与开源硬件为教育注入新活力

第二次工业革命以来,随着流水线生产与产业分工,虽极大地提升了整体的生产效率,但是同时也导致大多数人远离了事物从无到有的制造过程,人们越来越觉得自己难以完成事物的创造过程。而通过此次在美国的访问考察,我们发现,随着新一轮开源硬件项目运动的兴起和创客文化的不断发展,让我们再一次拥有新的机会,让每个人都参与到万物创新之中。

(一) 课堂中无处不在的创客精神

所谓"创客",是指勇于创新,努力将自己的创意变为现实的人。我们所考察的美国学校,几乎百分百拥有创客空间,其中的芝加哥大学实验学校和 Brightworks School 尤其令人印象深刻。

在芝加哥大学实验学校,我们发现孩子从小就接受创客精神的熏陶。芝加哥大学实验学校始建于 1896 年,位于芝加哥以南 13 公里的海德公园 (Hyde Park),是"美式现代教育之父"约翰·杜威(1859—1952)创办的学校。杜威认为,教育就是儿童生活的过程,而不是将来生活的预备。最好的教育就是"从生活中学习,从经验中学习"。教育就是要给儿童提供保证生长或充分生活的条件。杜威又强调:"生长是生活的特征,所以教育就是生长。"在他看来,教育不是把外面的东西强迫儿童去吸收,而是要使人类与生俱来的能力得以生长。

在该学校的幼儿园教室,我们发现了一组 5 岁的孩子,在面前的大南瓜上不时捣鼓着,一开始我们觉得孩子们估计是在南瓜彩绘,可彩绘为何戴着护目镜? 走近一看,有惊人的发现,孩子们居然是在大南瓜上练习敲钉子,大多数孩子能够熟练地完成动作,完成后又继续练习起钉器的使用,将所有钉子拔出来。随后我们了解到,在芝加哥大学实验学校,5 岁甚至更小的孩子就开始接受锤子、钉子的使用等基本的创客训练,等到了小学一年级,他们就会拥有自己的创客空间(Maker Space),里面的工具一应俱全,见图 2 - 11。

随后在加州硅谷,我们参观了 Brightworks School,更颠覆的场景出现了,整所学校完全没有常规意义上的教室,学校就是一整个大型创客空间,创客精神深深融入学校文化之中。学生使用木材、金属、纸板,有时还有油漆,彼此合作,设计和创造了令人惊叹的项目。在教师指导下,有的孩子用废旧纸箱做了一艘船;有的孩子利用废旧割草机制作了一个小摩托车;有的孩子在草地上做滑翔飞机;有的孩子在热气球上安装摄像头、GPS 定位器、拾音器等装置。当热气球飞至三万米高空后发生爆裂坠落地面,孩子们根据 GPS 找到了它,然后根据热气球上安装的设备采集到的数据进行分析。

图 2-11　工具齐全的创客空间

(二) 创客的新一代利器——开源硬件

现代社会,计算机与互联网逐步成为人们工作、生活与学习的常用工具和协作系统,数据与算法渗透到各行各业的应用中。随着物联网的进一步发展,人们逐步意识到一个万物互联的新世界即将到来,传统创客逐步与开源硬件相结合。

在芝加哥,高中副校长 Pat Kelly 和我们展开了交流,他主要负责学校的信息技术管理、编程教学与学生创客教育。与传统创客工具不同,他利用一种开源硬件——树莓派来开展创客教学,深受学生欢迎。在学生学习了一定的编程知识后,就可以结合谷歌的语音助手,使学生的编程从两维空间转为三维空间,学生要学会将树莓派结合谷歌语音助手,从电脑的使用者变成设计者,成为新一代数字化创客。

树莓派是目前主流的开源硬件之一。它是一款针对教师、学生以及小型企业等用户的迷你电脑。它基于 Linux 系统,并采用 ARM 架构处理器作为主芯片,也提供了 USB 与以太网接口,性价比很高。需要注意的是,树莓派没有板载存储芯片,仅留有 SD 卡座,因而运行树莓派需要 SD 卡。

树莓派尤其适合需要支持用户界面的场合,因为它拥有一个 HDMI 接口。HDMI 接口意味着我们可以将树莓派直接接入到电视或其他显示屏上,从而以低成本构建 Web 浏览设备来支持与用户的交互,可以将它看成一台功能相对完备的电脑,同时体积超小。

（三）开源硬件创客案例——入侵检测

与美国学校不谋而合,中国学校利用开源硬件开展创客活动也日趋成熟,在此分享一个笔者带领的团队开展的创客活动教学案例——入侵检测。

现在家用摄像头已经很普及了,在本项目中,将带你了解如何采用开源硬件与摄像头配合,自主设计一个预警摄像头,实现入侵检测,产生如下效果:当一个移动物体进入监控范围时,系统会发出报警声。

【案例目标】

1. 通过制作预警摄像头,理解一个信息处理系统的基本组成。

2. 通过设计信息处理系统,初步了解并掌握程序框图设计。

3. 理解并掌握开源硬件的控制语句,包括输入输出语句、条件判断语句、多路分支语句的使用。

4. 通过预警摄像头的制作、设计、迭代与分享,乐于尝试设计相关的信息处理系统,综合应用于其他情境之中。

【案例准备】

1. 学生分为若干小组,每组建议 3 人。

2. 网上查阅相关资料,了解信息系统、程序框图、开源硬件等信息。

3. 准备好树莓派、摄像头、蜂鸣器、显示器(含 HDMI 接口)、鼠标、键盘及数据线。

【案例过程】

1. 理解并掌握输出设备蜂鸣器,输入设备 USB 摄像头,数据处理系统树莓派,组建发声的闭环电路,并基于此设计预警摄像头。

2. 理解信息处理系统,初步掌握程序框图设计,编写程序指令实现播放歌曲的功能。

【案例评价】

1. 预警摄像头的信息处理系统设计合理,符合科学原理,每一步设计背后有科学依据。输入设备、输出设备、信息处理等不同板块设计恰当合理。（科学）

2. 设计过程中熟练掌握程序框图设计,理解并掌握三种典型的控制语句,并灵活有效地进行调用和修改。（技术）

3. 系统工程稳定可靠,整个信息系统完成度高,实现了预设的功能属性。（工程）

4. 预警摄像头检测准确,能够根据具体的摄像头和光条件调整阈值,准确分辨

图像的噪点与真正的运动物体的区别。（数学）

（四）创客与开源硬件相结合所带来的启示

此次美国学习考察之行,让我们了解到中美两国都在积极考虑利用开源硬件激发学生创客的能力和创新的兴趣,培养学生动手实践的能力,关注在项目实践中实现 STEM(科学、技术、工程与数学)教育。我们衷心希望两国学生能充分开展交流,沟通一个作品的创意、设计、制作、测试、运行的完整过程,初步形成以信息技术学科方法观察事物和解决问题的能力,提升设计思维、计算思维与创新能力。

（撰文:上海市复兴高级中学　奚骏）

第三章

美国学校课堂深处的精彩

【本章导引】

信息革命的浪潮风起云涌,引发了美国教育的学校课程建设、教育管理模式、教学组织模式、教育评价模式的整体变革。美国设置诸如 STEM 课程的教与学、翻转课堂、混合式教学、跨学科学习等学习方式,其目标都指向了运用综合知识解决实际问题,以此提升学生的核心素养,提高国家的核心竞争力。美国学校课堂的精彩主要体现在教师注重课堂细节、注重培养实效、注重个性发展、注重个体兴趣、注重学生未来。学校有强大的信息技术支撑教学,有丰富的社会资源服务教学,形成了一种良好的教育生态环境。

关于美国学校个性化学习的学习和思考

在美国 21 世纪协会的组织下,我们连续四天深入芝加哥 135、205 学区的四个学校进行实地考察活动,我们早上八点就到了学校,在各个教室、实验室、体育馆观看学生课前活动情况。询问学生,获取真实客观的信息;与不同学科教师交流,询问他们的学科教学,了解美国教师的工作情况;听取学区长的情况介绍,了解学区的教育政策和教育要求;听取校长的办学介绍,了解学校的办学理念和教学特色。中午我们和学生一起用餐,了解学生学习的具体情况,例如他们的兴趣爱好,他们在校学习的具体安排,他们课后的活动情况,他们对于老师的评价,他们的社区实践,他们的课外活动情况等,学生还为我们演示信息技术的具体应用。在全程的学习观察、互动交流、个别访谈之后,我们获取了大量翔实的信息,对于美国中小学教育有了更加深入的了解,特别是美国学校的个性化学习的推进工作,令我印象深刻,推动我进行进一步的归纳和反思。

（一）美国学校个性化学习实施情况

1. 根据测试和表现等信息进行分级

Brook Forest Elementary School 5 年前开始改变教室,实施个性化学习,促进学生交流合作。学校根据标准测试、MAP 测试获取学生的具体信息,参考阅读流利度、智商测试结果、教师日常记录表、学习表现,对学生进行分级开展走班学习,分级一般是一年一次,中途根据学生情况或家长要求可以调整。班级有助理教师,给特殊需求学生提供帮助。其中一类特殊需求是优秀学生,这些可以加速学习的学生有专门的教师指导。

2. 运用特殊干预帮助学生

Orland Park Primary School 根据测试成绩和学生的学习表现,确定需要特殊干预的学生。需要特殊干预的学生是指学习有困难的学生,他们定期到资源教室去学习,资源教师进行专题教育指导。经过帮助,有的特殊干预学生依然无法达到学习要求,针对这些少数特殊需求学生,学校安排专业教师进行教育指导,提供额外的帮助。在这个学校,特殊学生得到了充分的关心和照顾,很好地实现了基于学生需求的个性化学习。

3. 班级教学深入实施分层学习活动

在 High Point Elementary School 的阅读课上,教师根据学生情况开展分层学习活动,学生被分为四个小组,在教室里按照小组围坐着学习。不同小组的学习进度是不同的,有的小组是学生自行阅读,根据任务单在 PAD 上完成学习任务;有的小组是进行讨论活动,为后续的阅读做准备。教师指导其中的一个小组,指导他们阅读的方法,如何理解阅读的要求,分析要求中的具体任务。学生借助 PAD 进行阅读活动,分别按照自己的学习节奏和学习要求进行学习。教师提供了具体的课堂阅读任务单,学生根据要求完成信息输入。在周阅读任务单上,学生要写明自己的阅读任务、完成阅读测试、列出阅读书目、撰写本周随笔等。

(二) 美国个性化学习的有关研究情况

通过学习 *A National Landscape Scan of Personalized Learning in K—12 Education in the United States* 和《技术开发人员指南》,我们可以找到个性化学习的有关研究情况,便于我们对于个性化学习有个大概的理解。

1. 个性化学习的定义

个性化学习是学校利用学习、动机和参与方面的研究,为每个学生提供优化支持的教学策略。个性化学习的学校要求学生成为积极的合作建设者,在他们如何学习上做出选择,通过选择共同创造他们的学习经验和学习途径,通过展示他们的能力获得进步,并参与学校以外的社区活动。

专注于 K—12 线上教育研究的国际组织 iNACOL 将个性化学习定义为:"根据每个学生的强项、需求和兴趣进行定制学习——包括允许学生在学习内容、方式、时间和地点等方面发表意见和进行选择,以提供灵活的机制支持个性化学习,并确保达到尽可能高的标准。"

2. 个性化学习的实施情况

在美国,各地的学校都在进行个性化学习,以更好地满足每个学生的独特需求。一些学校重新调整了他们的课程表,为学生提供了大量灵活的时间,学生可以根据自己的设计使用这些时间。一些学校将技术工作站纳入经典的工作站轮换模式,其他重组班级和教职员允许跨年级灵活分组。

3. 为个性化学习提供特殊需求帮助

为学生的个性化学习提供各种各样的教学方法、教育服务或学校资源,以加快他们的学习进程,达到学习标准,并在学校取得成功。

4. NETP 关于技术支持个性化学习的愿景

美国教育部的国家教育技术计划(NETP)提出了一个以技术为动力的学习愿

景。NETP 解释了技术如何支持个性化学习,以满足学生的个人需求和兴趣,以及在任何地方和个人的生活中提供学习机会。该计划描述了如何将基于技术的评估不显眼地嵌入到学习活动中,以支持即时援助,衡量重要的学生能力,并为整个教育系统的持续改进提供反馈。

（三）对学校个性化学习的思考

学习借鉴美国的经验和方法,积极推进对个性化学习的探索,需要我们从这几个方面进行努力。

1. 推进课前自主学习

推进课前自主学习,提升学生学习的自觉性。过去,我们重视预习工作,今天,我们不能简单地要求学生进行预习,更应该要推进他们的课前自主学习。我们可以借助信息技术,利用视频资源,让学生提前开展学习活动。通过观看视频,学生可以预先了解学习的内容,经历学习的过程,根据自己的理解能力,选择合适的学习节奏,自行开展练习巩固,探索解决问题的方法。当学生自主开展学习活动的时候,学习的动机就强烈了,学习的兴趣就提高了,学习的压力相应就变小了。

2. 推进课程选择学习

我们要改变统一的、标准化的课程学习框架,要推进课程选择学习。学校应该提供丰富的课程项目,学生可以根据自己的兴趣爱好,选择不同的课程学习。随着信息知识的爆炸式递增,知识学习是无法全覆盖的,学生应该选择部分课程学习,这样可以接触自己感兴趣的课程,可以接触相同爱好的学生,可以接触不同教学方式的老师,可以开展形式多样的学习活动。学生可以脱离传统班级授课制的束缚,得到自由发展的机会和空间。在美国小学数学课程中,充分体现了选择性,既有学生间的分享与展示,注重学生之间的合作和交流;也有个人学习,注重学生自身的个性化学习;还有激发学生智慧思考,推动学生深入思考的任务活动。通过具体的课程内容,在同一个年级里照顾到学生的不同水平,给予不同的学习要求和学习任务,许可学生根据自己的节奏进行学习。

3. 推进课堂分层学习

我们在发现学生差异性的基础上,要改变标准划一的学习方式,要努力推进课堂分层学习。班级学生按照基础水平和学习能力,可以分成不同的小组,分层开展小组学习活动,推进不同层次学生的学习和发展。同时,我们也可以借助电脑技术,提供不同的分层学习要求,让学生自主开展学习活动。每个学生自己学习,遇到问题可以寻求同伴帮助,也可以寻求网络支持,让分层学习落到实处、成为现实。

4. 推进课堂平台学习

要推进个性化学习,必须要推进课堂平台的学习。传统的教师讲授、学生听讲的固定模式已经落后了。教师不能代表优秀的教学方法,学生厌倦了被动的知识学习,而网络带来了丰富的学习资源,我们要选择优秀的学习平台,组织学生开展学习。借助平台的帮助,让每个学生开展个性化学习,自己阅读、听讲、观看、分析、反馈和总结等。课堂平台的应用,给教学提供了更多的可能。

5. 推进课后选择学习

要推进个性化学习,就要改变传统的作业训练模式。首先在作业训练上,我们要探索课后选择学习,学生根据自己的学习需求,选择部分训练任务。同时教师提供各种开放性的学习任务,学生可以自由选择,比如语文学科,学生可以选择阅读某位作家的作品,可以进行阅读随笔的写作,也可以进行作家作品的分析研究,还可以完成综合性的任务。我们要提供学生选择的机会,让学生经历不同的学习过程,收获不同的学习成果。通过选择性学习,学生的学习理解变得丰富和多元,学习过程变得自主和个体,学习收获变得丰富和个性。这样,才能有效地促进学生个性发展,才能提升学生的综合素养。

通过对美国学校的实地考察,我们深入了解了美国个性化学习的实施情况,真切地感受到个性化学习的好处,明白了推进个性化学习的具体要求。我们要认真学习美国的经验,针对学生的不同学习需求、不同学生的创新实践和个性发展需要,制定具体的工作举措,从而进一步切实有效地改进我们的基础教育,努力培养好德智体美劳全面发展的社会主义建设者和接班人。

(撰文:上海对外经贸大学附属松江实验学校　陈伟平)

美国学校课程如何开展 STEM 教育

STEM 教育在我国中小学方兴未艾,美国作为 STEM 教育的起源地,到底他们的中小学是怎么推进的呢? STEM 教育对未来人才培养能发挥哪些作用? 对未来学校建设有什么影响? 带着这些疑问,笔者借在伊利诺伊州进行教育考察的机会,进一步了解了 STEM 教育在美国中小学的开展情况。

（一）美国为什么要开展 STEM 教育

美国推行 STEM 教育是基于两大现实的原因。第一,科技产业的飞速发展需要大量的理工类专业技术人才。这要求学校教育能引导学生多参与科学探究的过程和工程设计的过程,在基于项目的学习中联结抽象知识和学生的生活,从而培养学生具备面向社会实践解决实际问题的能力;第二,由于生活的安逸,美国的孩子越来越不爱学习数理化了,报考理工类专业的学生数量逐年减少。如果孩子们都不学理工类专业了,势必会对美国社会的未来发展带来影响。为了应对当前的状况,弥补岗位空缺,一些公司只能引进国外理工科人才。因此早在 90 年代,美国政府开始重视在中小学开展 STEM 教育,引导学校积极鼓励学生学习 STEM 相关课程,在全社会营造重视 STEM 教育的氛围。

2017 年,美国评测机构 ACT 在分析了参加 ACT 考试的美国高中毕业生的专业意向及职业倾向后认为,从 2014 年至 2024 年的 10 年间,美国 STEM 职业的数量将增长 8.9%。社会对 STEM 领域的人才需求量很大,但是学生对理工类课程的学习兴趣却一降再降。ACT 指出,在高中阶段学过科学课程,比如物理学科,对学生进入大学学习很重要。但 ACT 对学生的选课行为分析结果却又清晰表明:大约 25% 的上过至少三年的数学或科学课的学生达到了 STEM 要求,相反,只有 2%—6% 的上过不超过两年的数学或科学课的学生达到了 STEM 要求。两者相比在科学课方面是 4 倍的差距,在数学课上是超过 11 倍的差距。由于美国高中采取学分制,从学校提供的课程来看,由于选课人数少,2015 年高中里只有一半不到的学校开设了物理课,另外只有 25% 的高中开设了计算机课。因此,STEM 教育成为美国推进教学理念革新的重要载体,也成为推进未来学校建设的催化剂。

（二）美国中小学 STEM 教育现状

经过数年的宣传与努力,STEM 教育的理念得到了美国社会各方面的认同和重视,以伊利诺伊州芝加哥地区为例,各界已普遍认为加强 STEM 教育,开展基于项目的学习,有利于学生培养包括批判性思维、合作能力、交流能力和创造能力等在内的面向 21 世纪的技能。当然,要实现这些目标离不开信息化的强有力支撑。根据走访的学校情况具体分析,笔者发现 STEM 教育在芝加哥地区中小学的实施状况大体可以分为两种类型。

第一类,学校认为 STEM 教育不仅仅是科学、技术、工程和数学学科的简单叠加,而是强调多学科的交叉融合,把 STEM 教育作为促进学生知识学习与社会生活联结的重要纽带。这些学校更重视学生的研究性学习,促进学生交流和合作等综合能力的培养,通过组织开展课题研究等来推进 STEM 教育。

案例 1:以培养未来人才为目标的伊利诺伊数学与科学学院(IMSA)

该校在伊利诺伊州公立学校中排名第一,被《华尔街日报》评为全球 40 所公立和私立大学预科院校之一。学校主张培养的学生必须具备最重要的四个学习技能,分别是批判性思维、沟通交流能力、团队协作能力和创造力。学校认为 STEM 教育是培养学生四种学习技能最好的载体。学校开展 STEM 教育有两大特色,一是将 STEM 教育理念落实到所有课程中,对于理科课程,要求教学能紧密联系实际,以培养学生在面对复杂情境下解决问题的能力;对于文科课程,也要求教师在教学设计中能融入 STEM 理念,甚至对文学课莎士比亚板块的学习要求也是如此;二是 STEM 教育能充分利用社会教育资源,如学校规定每周三不上课,全体学生到大学、科研单位及有关公司去开展科研工作或实践研究。学校与费米实验室开展零距离合作,每年选派数十名学生到实验室开展研究工作,还与芝加哥大学合作,选派学生去大学实验室开展课题研究。其中费米实验室是美国粒子加速器的所在地,其基础物理研究处于世界顶尖水平,曾有科学家获得了诺贝尔奖。费米实验室建立了专门的教育办公室为学生开设相关的专业学习课程,并选派了相关领域的科学家定期指导中学生的研究工作,让中学生能在真实的科研场所,用专业的科研仪器开展研究,在研究过程中培养中学生的科学思维,帮助中学生学习科学研究的方法,提高他们解决实践问题的能力,更重要的是帮助他们树立相应的理工类专业志向。

案例 2:把 STEM 教育作为培养学生面向 21 世纪技能的重要载体的 93 学区

93 学区是芝加哥郊外的一个小型学区,学区辖有 2 所初中、6 所小学和 1 所幼儿园。学区根据所在社区居民人口素质高,对高质量的教育需求较为迫切的情况,提出培养的学生应具备交流能力、合作能力、批判性思维能力和创造能力的 4C 要求。学区非常重视 STEM 教育,建有课程与创新部,负责为区域内学校统一开发成系列的 STEM 课程供学校选用,并开展教师培训保障课程。有了强大的课程依托,各所学校能以丰富多彩的形式开展 STEM 教育活动。比如斯特拉特福德中学在教学楼实验室区域专门打造了一个 STEM 创意空间，命名为 STEM 之翼。在这里，学校鼓励开展项目式学习，所有的课桌椅下面都装有轮子，方便学习空间、环境的再造，其中有多间大教室甚至完全是开放式的，非常利于学生的研究和交流。各教学实验室全部依托于信息技术，有丰富的网上学习资源和基于网络的评价措施，为学生的个性化学习创造了条件，激发了学生对 STEM 课程的兴趣。同时，学校也非常重视学生的编程学习，七八年级的学生可以连续两年学习编程课程。七年级的编程课多以模块来组织程序的编写，到了八年级则学习 CSS 和 JAVA 语言，其编程学习的水平往往超过了我们对高中生的学习要求。这些编程语言的学习直接着眼于一些实际问题的解决，如无人机控制、自动驾驶道路搜索等，学生学得兴致盎然。

而我们访问的两所小学，则把 STEM 教育落实在学科教学中。如小学四年级的科学课上，教师要求学生学会网络搜索，学会在 Google Docs 上记笔记，利用 Google Classroom 进行研究成果的分享。在五年级的科学课上，教师为学生提供 Google Cardboard 眼镜，用虚拟现实技术为学生展现了海洋生态。而 93 学区的中小学都把图书馆改造成了创意中心，提供 3D 打印机等设备，这些都有力支持了学生的 STEM 课程学习。

从上述学校开展 STEM 教育活动的案例可以看出，他们着眼于面向未来的人才培养，非常重视数学、科学类课程的学习，学校开设有专门的 STEM 课程，为学生的 STEM 学习创设了空间和条件。

第二类，学校把 STEM 教育作为解决学生不爱学习理工类课程的一剂药方，STEM 课程同时具备职业培训的功能，增加了学习的实践性和趣味性，让学生更好地形成未来社会需求的能力。这类学校往往更注重实践能力和职业技能的培养。

案例 3：开展 B-STEM 学习的霍利三一高中（女校）

学校开展 B-STEM 教育，更多的是鼓励学生创业。在高中 9—12 年级的四年中，学校规定数学、科学等学科是必修课，也规定了每个学生在毕业前都要学一门 B-STEM 创业课程。通过课程学习，让学生学会什么是创业，学会懂得如何应对失败，初步具备创业者的思维。学校在教学中强调以项目为载体开展教学，更重视设计思维，把设计思维贯穿于教学过程中。学校还组织学生用 B-STEM 学习成果，即在课程学习过程中开发设计的产品参加全国性比赛，让学生在竞赛中成熟。比如有一位学生设计了一个司机用的手机软件，在行车过程中如果车辆周边有其他车靠近，手机能发出智能提醒，研发这个项目的学生还得到了一万美元的资助。也有的学生去各种公司实习，在实践中测试自己的想法，丰富自己的个人简历。

案例4：让孩子学会创新并提供创业孵化——芝加哥公立学校学区 CPS

该学区是伊利诺伊州最大的一个学区，下辖芝加哥市 600 多所公立学校。学区的愿景是要为社区的每一个孩子提供高质量的公共教育，使他们在大学、职场和生活中取得成功。学区针对少数族裔学生数量多、贫困家庭学生数量多的状况，在稳定教育质量方面提出教育必须要全面发展，要求学生不仅仅是学术技能多，还必须学会与他人合作，解决冲突。强调所有学生必须能够通过严格的课程训练，做好升入大学或就职的准备，具备包括在今天的职场成功所需要的面向未来的技能。

因此，以学区为主导开发建设了一系列 STEM 课程提供给学校，并在学区组织下，定期举行教师培训，推行 STEM 教育的方法、理念和实操。

案例5：Muchin 高中

Muchin 高中是 Noble 集团下的一所特许高中，地处芝加哥市中心。特许高中是美国为鼓励办学的多样化，鼓励热心于教育的人士积极投身基础教育改革，采取的民办公助形式的学校。学校由学区管理，运作经费由学区下拨，校长要为学校质量和学校发展负责。该校学生中 85% 来自贫困家庭，学校为帮助学生更好地应对未来的挑战，为学生提供了高质量的课程，强调学科知识学习应该与解决实际问题相联系，提倡在学科教学中渗透 STEM 教育理念，学业质量连年提高，95% 以上的学生都能升入大学，其余学生也能进入专门技术学校学习。

学校要求九和十两个年级学生必修数学、科学等课程，到了高三再开设跨学科、注重实践与应用的 STEM 课程。我们在考察中看到有的学生在学习 Photoshop 平面设计、有的在学习编程、有的在电脑上撰写课题研究报告等，形式多样。学校把真实世界的工业产品大量微缩化，使之进入到课堂教育中，给学生学习使用的设备往往非常专业，甚至微型机床之类的设备也不在少数，方便学生能直接在学习上使用。

上述这些学校开展的 STEM 教育活动更多地服务于学生的升学和就业，开展的研究实践活动也更贴近生活，满足职业发展的需求。

除了学校积极开展 STEM 教育，各社会服务机构也积极联系学校，为学生在校外学习创造条件，但服务的学校和学生对象也是层次分明。如芝加哥公共图书馆专门开设了面向高中学生的 YOU-Media 中心，提供专业设备，由专业教师指导，免费为学生做好职业铺垫，学生多来自附近的一般公立高中。再如费米实验室建立了莱德曼科学教育中心，除指导当地顶尖高中学生开展科学研究，还每年举办各类科普活动，近 10 万青少年受益。还有芝加哥儿童博物馆，尽管主要面向 10 岁以下的少年儿童，但专门开辟了 STEM 创意空间，提供各类工具供孩子在家长的陪伴下制作各种创意作品，培养孩子们对 STEM 的兴趣。

由此可见,美国的 STEM 教育既为学生的未来职业发展做好引导,又成为教育理念革新实践的重要载体。把 STEM 教育作为未来学校培养人才的有效载体,学生的创造力和质疑精神得到了进一步的激发。

（三）对我国中小学的启示

从美国中小学开展 STEM 教育的实践来看,STEM 教育的推进先从科学、数学等学科开始,在各自独立的学科中引入项目学习、个性化学习等学习方式,等到教师和学生对 STEM 教育有更深的理解后,进入了要求更高的整合阶段,即进入"学生主导,教师辅助"的学习中。我们要认识到 STEM 教育不仅仅是重视科学探索,更重要的是从科学实验到 STEM 工程实践的转变过程中,树立孩子的质疑精神,提高孩子的问题意识和解决问题的能力,增强其社会责任感和使命感。而学校对于 STEM 教育的定位与做法,应根据学校培养人才目标的层次差异采取适当的举措,激发孩子学习 STEM、投身 STEM 的热情。这些都值得我们在开展 STEM 教育时借鉴。

首先,对学校来讲,开展 STEM 教育应与学校的育人目标相结合。应充分认识到 STEM 教育不是精英教育,而是面向全体学生的普及性教育,在立德树人的同时,培养学生的认知能力、合作能力和创新能力。要继续重视加强数学、物理等课程的学习,在学习过程中培养和引导学生的职业取向。而育人则要求学校能从细节做起,德育要求可细化为层级水平,方便师生能准确地把握。

其次,应加强 STEM 课程资源的统一协调与建设,实现共建共享。要做到这一点,就必须高起点做好 STEM 教育的规划,以国家课程标准为指导,积极组织社会力量和学校共同建设 STEM 课程。开发相关的项目,帮助所有的学校理解 STEM 的核心和内容,促进 STEM 教育理念在各学科的落实。

最后,要重视 STEM 教育的教师培训。美国的 STEM 教育内容非常宽泛,除了与工程类项目结合,还包含计算机编程教学等,甚至从幼儿园开始就让孩子学习编程。有的学校更是把 STEM 理念融入文科学习中,这些对师资队伍质量提出了很高要求。因此,我们应加强相应配套的教师培训,不应把培训内容局限于一些创意作品的制作上,应转变教育观念,拓宽培训内容,提高教师自身的本体知识和信息素养。我们要加强对基于项目学习的研究,以培养学生的合作交流能力和发散思维。要学习信息技术和其他先进技术对未来学校的影响,包括 MOOC、远程教学、AI 等,还要学习面向未来的学校教师和学校管理人员所需的技能等。

（撰文:上海市黄浦区教育学院　邢至晖）

以学生的真实学习为中心的学习设计

笔者走访了美国 K—12 的多所学校,在课堂、阅读、创客、社区等学习活动中,经常可以看到孩子们三五成群地围在一起,或讨论问题,或制作共同的作品,或分享自己的发现;也可以看到孩子们沉浸在各自的学习世界中,或阅读,或用 PAD 查阅资料,或进行挑战游戏,或完成一幅作品。不管是独立学习,还是和小伙伴一起学习,都能感受到孩子们的专注和投入。这种学习的状态给人最强烈的感受就是真实、自由。

美国教育非常强调真实的学习。真实的学习是指学生自己动手学习,即学生处于现实生活体验的核心,自我驱动处理真实任务、解决真实问题。我们在学校的走访中也看到了美国教师为了让学生自己动手学习而采取的几种设计。

(一) 基于探究的学习(IBL)

在芝加哥大学实验学校的走廊墙壁上,我们看到一张世界地图。与其他世界地图不一样的是,上面张贴着很多孩子的照片以及这些孩子出于好奇心提出的问题。好奇心是最好的老师,学校鼓励学生提出问题,并自主地寻找问题的答案来满足自己的好奇心,在如此学习的过程中,学生在自我导向的研究和发展中加深对内容的理解。这是基于探究的学习,以好奇心"温暖"大脑,建立学习的主动性和自我指导,增强学习的体验。

有一年,加利福尼亚州北部山火肆虐,甚至影响到旧金山学生的校外活动。旧金山 Brightworks School 的一位老师,根据这一背景引导学生提出自己的问题:"什么会引起山林大火?""美国历史上,有过这样的大火吗?""火的燃点是什么?""什么地方山火会高发?""如何面对火灾?"……学生根据自己提出的问题,制订研究计划。在学生研究的过程中,教师适当地提供一些学习资源、学习工具,来支持学生寻找问题的答案,如网页、视频、书籍等,甚至创设一个火灾的模拟场景让学生体验与火的抗争。学生会将研究过程中获得的答案和佐证资料形成结论,并通过各种形式向学习伙伴展示和交流。我们能感受到学生在积极参与自己感兴趣的事物时学习效果最好。

基于探究的学习鼓励学生充分参与学习过程,根据学习的内容查询相关资源,不断产生进一步的提问,以便更好地理解并进行个性化的表达,而不是教师告诉学生应该知道什么,更不是让学生机械地记忆知识。这样的活动设计不仅引发学生的思考,还帮助学生主动地探寻和学习,激发了学生的学习热情。

（二）基于问题的学习（PBL）

如果说基于探究的学习提出的问题是比较宽泛的,那么基于问题的学习则比较聚焦。在 High Piont Elementary School 的侦探活动中,老师将教室设计成一个"犯罪现场",并通过短视频描述案件。"谁是凶手?"一个大大的疑问冲击着学生的大脑。学生带着"线索簿"进入悬疑侦探的场景中,通过观察捕捉信息:一串脚印、喝过水的茶杯、地上遗留的钉子、破损的窗帘……学生从这些信息中和小伙伴整合线索、讨论案情、完成假设推理。最后学生在 iPad 上形成报告,侦探报告要求线索清晰,推理符合逻辑。整个活动过程中,学生通过解决复杂的具体问题完成学习过程,他们识别事实、生成假设、反思推理,利用各类学习平台和资源弥补解决问题存在的知识差距,应用新知识解决生成的问题。

PBL 虽然类似于 IBL,但它们并不完全相同。PBL 呼吁学生通过调查实验、假设推理、批判创造,解决真实的现实问题。它强调整合知识、技能、实践研究,形成可行解决方案的许多可能性。PBL 最大的优势之一就是具有挑战性,它使学习的组织设计和变化变得有趣,当学生努力解决问题时,他们会意识到需要知识,从而促进学习的积极性。

（三）基于项目的学习（PJBL）

Brightworks School 创始人 Gever Tulley 给我们讲了一个他们学校的项目学习故事。有一天,老师把学生坐的椅子都藏了起来,于是学生提出自己来做椅子。刚开始,学生发现自己做的椅子四条腿长短不一,很容易摔倒,在不断地修正中了解了"如何让结构更加稳定";随着学生试着坐在椅子上,又发现了椅子的承重不一样。通过学习,他们知道了力臂短造成力矩小的问题。发现了椅腿长短和承重之间的关系,学生又对自己设计的图纸进行改进,但又发现自己制作的椅子坐着还不够舒服,于是通过调查、阅读、观看视频等,改善自己的设计。当学生再次展示自己的椅子时,大家发现,椅子还不够好看,于是老师带他们到家具厂参观,回来再次改进,这回做成的椅子令学生很满意。

这个故事很好地诠释了基于项目的学习过程。首先,必须有个真实的情境,这个情境可以由学生发现,也可以由老师设计。其次,必须引导学生发现有价值的问题,这是需要老师指导的,不是所有的学生都能发现问题,也不是所有的问题都是有价值的,在做椅子的过程中学生不断发现有价值的问题:稳定的结构、承重值、舒适度、美观性,这些问题都促使学生不断地去学习去改进。再次,必须通过实际制作产品去解决这个问题,这个产品可以是有结构功能的物件,也可以是一个方案。最后,就是必须对自己的产品有评价和优化的过程。这就需要学生向大家展示自己的想法或者作品,并利用这个产品去解决实际问题,而这其实是项目学习活动的重中之重,它包含了问题的系统设计与深度研究,需要学生有设计思维,并在解决过程中评价反思、不断修正,最终提出基于自身研究的最优产品。孩子们从开始萌发制作椅子的想法,到最后设计制作出令自己满意的椅子,拥有了自己的学习过程:观察、发现、思考、辩论、设计、体验、分析、反思、领悟、应用,是一个深度学习的过程。

我们不难发现,这三种学习设计都是以学生为中心的。它强调与真实的现实世界相联系,以问题为起点,为学生提供一个多维度的探索空间,鼓励学生和教师、同伴进行协作,综合多种学科知识与经验,解决真实的问题。这个过程激发学生学习的内在动力,让学生真正成为学习的主导者。这给我们一个启示:要让学习真实的发生,就必须要了解学生的需求,以问题为起点,设计让学生亲历其中的学习活动,为学生创造重要的学习经历。

(撰文:上海市奉贤区洪庙小学　何春秀)

如何面对基于未来的个性化学习

未来已来,随着信息化时代的到来,教育信息化 2.0 时代的步伐已经逐渐走入了教育教学领域。未来的个性化学习将会怎样,教育管理者、教师、学生、家长和社区都做好准备了吗? 试想:孩子们在校园内无拘无束地、泛在地开展线上线下学习,教室的布置多元化且功能齐全,教师不再只讲授知识,而成为一个课堂的总导演,学生根据自己的兴趣选课且大胆自信地展示学习的成果,家长远程同步获取孩子全天的学习生活实景。我们的教育目标、教师角色、学习环境、学习内容、学习方式都已发生或正在发生着重大变化,人们对通过教育改变未来生活所寄予的希望日益迫切,一个个性化的全新的教育时代迎面而来。

（一）到底什么是个性化学习

目前,国内外学者对个性化学习的理解因各自的研究内容、研究对象及研究方式方法各异,故缺乏统一的定义。参阅各类资料并结合对芝加哥地区各类学校的浸入式跟踪学习,我认为个性化学习是指:以学习者为中心,首先满足每个学生的学习需求、个人兴趣和学习愿望,根据每个学生的学习速度、接受能力、学习水平,将学生分成不同的学习社区,为每个学生提供定制的学习目标、学习路径、学习内容、学习方法、学习体验和学习环境,促进每个学生在学习上获取最大的成功。此外,个性化学习还提供了加强学生与教师、学生与同龄人之间的互动,以及与更高水平学生共同参与学习的机会,鼓励学生发挥更大的作用,并更多地投入到自己的学习中。

（二）应该怎么布置个性化学习的空间

在个性化学习中,"学校"不再仅仅被定义为一个单一的物理空间,不再是教室里摆满了一排排桌子,教师在教室前的讲台上或豪情奔放或机械地讲授,学生坐在台下倾听并忙于记笔记。学校内外、走廊通道、各类教室、图书馆都可以设计成一个供学生自主灵活学习的空间。比如在芝加哥郊区一个普通学校,其学校的建筑跟美国的其他学校基本一致,学校分成几个主要的区域,分别为正式学习区域如各班级教室;探究与创造学习区域如创新中心或叫作媒体中心;非正式学习区域如走廊、绿化带、开放性场馆、体操房和休闲场所等。无论在哪个区域,学校都配备了可移动、易于变换的桌椅设施,提供丰富的技术和资源,支持教师开展多样化的教学活动,促进学生的高级认知活动。

譬如说教室里除了讲台、课桌椅、电子白板和短焦投影等必备的教学设备之外,根据本班学生的实际情况和学习水平,将课桌椅随意调整摆放形状(见图3-1)。教室被老师和学生设置成分组教学区、游乐区、休息区、展示区、储物区、阅读区、制作区、讨论区、教具区、涂鸦区、情绪宣泄区(供课上情绪失控学生自我冷静的地方),每个区域都由老师和学生一起精心设计成适合的多样化空间,共同营造符合学生认知的学习氛围(见图3-2)。

图3-1　灵活的教室空间

图3-2　学生自主学习氛围　　　　　图3-3　多功能图书馆

各类非正式学习场所与正式学习场所相互融合,比如学校的图书馆已经不仅仅是单纯提供图书借阅功能了,而是成为综合性的学习场所,包括图书借阅、创客空间、媒体制作、STEM课程空间等功能,给学生提供更多的活动和交往空间,让学生在交往中建立人际关系,掌握行为规范,了解自己与他人的思想感情,以及提高控制自己行为的心理能力,促进学生的社会性成长,让学生在交往中获取更多的积极体验(见图3-3)。

（三）学生如何开展个性化学习

1. 培养学生的信息化学习素养是首要的

在学校为学生创建的个性化学习环境下，学生的学习方式与传统方式相比较，具有更强的自主性，对自我管理的能力需求不断提高。由于在个性化学习中，信息技术的应用程度不断加深，基于技术的网上学习更多，这就要求学生从小加强对信息素养的培养，不仅能熟练使用 iPad 或笔记本电脑的常用功能，掌握各类网上搜索技巧，熟练编辑文档，应用各类音频、视频、画图等学习工具，更重要的是能够在教师的指导下，选择学习中需要的各类学习软件，提高学习兴趣和数字化学习能力，培养用信息技术解决问题的能力。

2. 学习平台为个性化学习提供智能支持

在个性化学习中，很多学校都借助 Google Classroom，Schoology，Canvas 或其他学习平台开展基于学习社区的线上学习（见图 3－4）。以 Google Classroom 为例，一个班级就是一个完整的学习社区，所有的学习教程和资源已经完全数字化。学生可以在这里进行互动、访问资源，更重要的是，在需要时寻求帮助。学生通过 Google Classroom 在课程开始前或学习初期进行知识点测试，平台根据各学科测试的结果，自动将学生分成不同的学习等级，相同等级的学生形成一个学习工作站。系统为每个工作站准备不同的活动，学生在教师的指导下开展小组协作，大家一起讨论，互相尊重和信任，互相帮助，共同解决各类问题。通过在课堂上实施电台功能，可以为学生提供更多的互动机会，学生在课堂上发言更积极和自信，因为他们有机会在网络空间与同龄人互动，从而提高了他们在课堂上的参与度。教师与每个小组和每个学生密切合作，让学生有机会建立自己的技能，学会自我评估，并为他们提供个性化的服务。

图 3－4 Schoology 管理系统

3. 个性化指导更有针对性

针对已经掌握本课堂所学知识的少数高水平的学生,教师会给学生自主学习空间去探索,也可以将他们交给特殊教育老师(是指根据学生个性需求而特别辅导的老师)进行单独或小组提高辅导。而针对学习能力较弱的学生,教师就需要放慢速度,更有耐心地为这些学生提供一对一的学习指导,直到学生掌握所学知识为止。

4. 批判性思维学习有潜力

有些学校对学生开展基于项目的学习,这是一种促进学生驱动的探究方式,学生可以创建自己的基本问题并探索他们感兴趣的事物。基于项目的学习促进批判性思维、创造力、解决问题能力的培养,并增强每个学生创建自己的学习路径时的学习潜力。

(四) 在个性化学习中教师应充当什么角色

1. 树立以学生为中心的学习愿景

教师有效地树立以学生为中心的学习愿景,致力于为每个学生个性化学习提供帮助。学生对学习拥有更多的主导权、发言权,并与教师一起选择如何更好地学习。在个性化的学习方法中,教师的角色比以往任何时候都更重要。教师需要支持个人学习需求,培养独特的兴趣和优势,确保学生取得成功。教师更关心学生学习的内容以及他们如何获得知识。教师为学生创造学习机会,培养合作、问题解决和批判性思维等重要技能。帮助学生建立重要知识和技能的个性化学习途径,明确目标进展并努力实现目标。

2. 教师需要更深入的学习

教师的知识结构要更加均衡,教师的角色不能仅仅是课程的实施,要更多地承担组织者、指导者的角色。教师帮助学生定期完成发现问题和解决问题的任务,通过与学生的兴趣相联系来吸引学生。

教师要打破不同学科间的课程壁垒,实现学科之间的融合,使知识由分裂、封闭、单一走向整合、开放、多元。学科融合应改变单纯以逻辑组织课程内容的做法,强调以学习者的经验、个体生活和核心素养为基础,打破学科固有界限。优秀的教师总是试图将他们的教学与每个学生的独特需求相匹配。例如为高级学习者提供深入挖掘任务的选择,或者为学习困难的学习者提供额外的支持或修改已有任务,这在过去是不可能的。由于技术的支持,教师现在可以为每一个学习者提供强大的、个性化的学习体验,这对教师是一种激励和自我提升。

在个性化学习中,教师对学生的关注度更高,教师与学生将建立更牢固的关系,因为他们花更多的时间去了解学生和他们的长处、目标和兴趣。教师专注于如何让学生更好地学习,从而为每堂课、每个学生做精心的教学设计,在如何设计课程和教学方面变得更有创造性。教师每天有更多的时间和学生交流,教师要弄清楚究竟学生是否掌握相应的知识点,及时调整教学目标和方法,帮助学生更好地了解自己和他们未来的目标。

（五）在个性化教学中信息技术的角色与定位

信息技术是必备的学习工具。无论是在平板电脑、笔记本电脑或其他终端,信息技术都应该为课堂教学增添新的内容。个性化学习的目标是满足每个学生的学习需要。技术可以帮助学生填补他们的学习空白,通过更深入的探索促进他们的学习。技术可以将学生与相应领域的专家联系起来,使学生可以容易地撰写、修改和发表研究论文,为个性化学习提供便捷途径,技术作为实现个性化学习的工具,我们不需要担心学生学不会技术,他们是数字原生代,他们已经习惯了在成长的过程中手中拿着某种设备。我们不得不将课堂视为一个生态系统,技术必须与其他学习方式保持平衡。事实上,过度依赖技术意味着学习环境不是个性化的,因为所有学生都需要多种互动方式来展示他们对关键内容知识和技能的掌握。无论课堂上的技术如何,我们仍然需要老师,优秀的老师将帮助学生培养对学习的热爱,掌握成功所需要的内容和技能。

（六）家长和社区怎么支持个性化学习

随着社会的发展,学校不再是学生学习的唯一场所,正规教育与非正规教育的界限变得模糊,学校与社区会有更紧密的结合。这种结合体现在一方面学校的学生会利用社会资源进行学习,另一方面学校的一些资源会向家庭开放。一些家长对个性化学习感到兴奋,因为他们孩子的独特需求正在得到满足。鉴于学生的家庭和教师对学生的学习目标有共同的理解,他们可以一起协作来决定如何达到目标。个性化学习为学生提供了新的教育资源、新的学习机会和使用知识的新方式,同时学生还可以与周围的世界进行交流。家长将会有更多的关于他们的孩子正在学习什么和如何学习的细节,而不是只能等待学期末的成绩。这使家长能够更多地参与到教育孩子和在家帮助孩子学习的工作中来,学生可以用适合他们的速度学习学校为他们设计的个性化学习任务。家长有机会真正帮助老师更好地了解孩子们的长处、短处、目标和热情所在,家庭有更多的机会与学校建立合作关系。

（撰文:上海市闵行区教育局　康永平）

ThinkCERCA 五步批判性思维读写方法的运用

走进美国 K—12 学校,最耳熟能详的是师生口中的"Common Core",全称"Common Core Sate Standard"美国共同核心国家标准(简称 CCSS),是美国政府为了统一各州教育水平而推出的标准,也是不同学校教学以及美国标准化考试的依据。其中,Critical Thinking(批判性思维能力)是 CCSS 最重视的三大核心素养之一,"提高写作能力,在写作中体现批判性思维"是 CCSS 六大指标中的一项。

所谓批判性思维,是通过一定的标准评价思维,进而改善思维,是合理的、反思性的思维,既是思维技能,也是思维倾向。批判性思维的本义并非要去批判,而是从多个角度看待问题,更好地认识世界。如果把思维能力比作一个中央处理器,输入端包括阅读、沟通、研究等,输出端则包括辩论、演讲、写作等。其中的阅读和写作,一个是输入,一个是输出,是每个现代人的基本素养,也是美国教育的精髓——批判性思维的关键所在。

在美国学校,阅读和写作是所有学生的必修课程,学校普遍认为"阅读和写作是帮助孩子思考的学科,是一种学习批判性思维的过程"。学校从低年级开始循序渐进地加入这种思维训练,并注重将技术引入课堂主渠道,支持并帮助批判性思维的培养。笔者走访的很多芝加哥地区学校引入了 ThinkCERCA 技术平台,其五步批判性思维读写方法在读写课上的运用层次清晰、效果明显,受到学生喜爱,值得我们学习借鉴并本土化地运用到课堂教学之中。

(一) 什么是 ThinkCERCA?

ThinkCERCA 是一个培养学生精读,帮助学生学习写作、提升思辨能力的在线平台,也是一套教孩子批判性思维的方法。CERCA 五个字母分别代表"Claim(论点)、Evidence(论据)、Reasoning(论证)、Counterargument(反驳)和 Audience(听众)"。

(二) ThinkCERCA 五步法的具体步骤

1. Claim——提出论点

提出论点,就是提出个人的主张,并希望别人能够理解和接受它。很多人用"我喜欢""我反对"等提出自己的观点是经不起推敲的,因为最重要的是该用什么证据和推理来支持所提出的观点。在一所 ThinkCERCA 的合作伙伴学校——特许高中 Intrinsic School,公司创始人之一 Eileen Murphy Buckle 在为我们举行的讲座中举了很形象生动的例子。她出示一张"移民母亲和她的孩子"的照片,并出示某节课上学生发表的关于照片中母亲的论点。

论点 1:这个母亲是弱小的。

论点 2:这个母亲是强大的。

论点 3:这个母亲单枪匹马很弱,但对依靠她的孩子来说却代表着力量。

提出论点 3 的学生能够运用多种视角来分析信息,这就是拥有批判性思维能力的学生具有的宝贵技能。

2. Evidence——使用论据支持论点

明白该使用什么样的逻辑和证据来证明观点是非常重要的。当提出论点后要找到符合论点的证据,用可靠的证据保证论点成立。读写课中的证据可以从两方面寻找:(1)从文本、数据或其他信息中获取;(2)可以从自己的生活经验中获取。当然,如果尝试使用亲身经验作为论据,要确保所有的听众能够明白这个经验。比如说,"吃面包可以充饥"能作为证据,因为饿了吃过面包的人都知道它是一个准确的经验。

仍然以"移民母亲和她的孩子"为例,可以描述母亲的外表、神情等来支撑论点。

论点 1:这个母亲是弱小的。

证据:她的眉头是皱着的,她的眼神充满着关切和困惑。

论点 2:这个母亲是强大的。

证据:她的孩子依偎着她。

3. Reasoning——通过推理论证论点

推理是批判性思维中最具挑战性的部分。如果把证据比喻为身体的骨架,那么,推理则是支撑论点的肌肉。只有运用推理组织证据,才能支持所提出的论点,这是建立一个强有力论点的关键。特别注意不能把原因(Reason)和推理(Reasoning)这两个词弄混淆。原因(Reason)帮助构造一个主要的论点,运用证据支持你的主张,这是人的想法。而推理(Reasoning)是解释如何理解证据并将人的主张联系起来,它解释了为什么会这么想。举例如下。

论点 1:这个母亲很忧虑。

原因:她脸上的表情告诉我们她很忧虑。

推理:她紧皱的眉头显示她非常担心和焦虑。

论点 2:这个母亲很坚强。

原因:她脸上的表情告诉我们她很坚强。

推理:虽然她忧虑又悲伤,但她仍然紧抱着并照顾把她视为唯一依靠的孩子。

4. Counterargument——探讨反驳观点

反驳是另一种或相反的观点,是别人对所提出的论点的潜在回应。通常认为争论是消极的、愤怒的、对抗的。但是,基于证据的论证是人们运用批判性思维清晰表达的要求。比如全班讨论一次社会考察的计划,可能有人提出了相反的主张,反驳引发了学生之间的互动和交流,却可能催生出更好的观点。因此,从多个角度看问题,评估相反的论点可以让人增长知识。教师在组织论点时,应该评估并想到可能的反对意见。

5. Audience——选择读者或听众接受的语言

在阐述论点时,重要的是考虑向谁陈述观点。听众就是一群要向他们陈述论点的人,是写作的目标读者。在阐述论点时要考虑以下问题:读者对你的话题了解多少? 他们是否同意你的观点? 他们的价值观是什么? 他们担心什么?

Murphy 老师的讲座让我们深受启发。ThinkCERCA 的五步法确实能够快速地培养学生的批判性思维能力,让他们能够学会并且轻松地运用这些技巧,帮助学生成长和发展技能,使他们接受信息、批判性地思考信息以及有效地表达信息,更好地掌握批判性思维。

(三) ThinkCERCA 五步法的本土运用

ThinkCERCA 是一个支持培养批判性思维的技术平台,但也是一种有效的学习方法,无论在线上的技术平台还是线下的普通课堂都适用。教师在上读写课的时候可以尝试运用 ThinkCERCA 的理念方法。具体实施策略和步骤如下:

步骤 1:Connect,联系策略——转身和说话

向学生提出一个问题,例如:"机器人能代替教师上课吗?"教师提供一篇简短的文章,概述了该主题。然后,学生编写与主题相关的自己的想法和经验。

学生回答个人练习问题(2—3 句),然后转向周边的同学,分享他们的个人练习反馈。课内可以要求 2—3 名志愿者与全班同学分享个人练习反馈。

步骤 2:Read,阅读策略——理解检查分析

提供一篇包含更多信息的较长的文章,然后给出一系列多项选择题,以确保学生理解文章。学生独立回答多项选择题,与伙伴或小组讨论答案。

步骤 3:Engage,吸引策略——合作寻找证据

学生重新阅读文章时考虑原始问题,可以使用不同颜色的笔标记文章,一种颜

色标记支持问题一侧的观点,另一种颜色用于标记相对的观点。教师把小组学生分成两方,如一方跟着蓝色显示的方向走,另一方跟着粉色显示的方向走。每个小组分享他们的观点和笔记,解释为什么他们选择了这个观点。

步骤4:Summarize,总结策略——思考配对分享

这一步是总结,学生用教师给予的框架撰写自己的文章摘要。不完整的样本框架有助于他们写作完整的论文句子和补充支持问题双方的要点。给学生1—2分钟,让他们思考如何总结课文,并写出总结的初稿。两两配对,分享各自的总结,然后对总结进行修改。

步骤5:Build an Argument,建构论证策略——画廊行走

学生创建论点、整理论据以支持他们在问题上的立场。教师给每个小组发一些便签,然后把海报分成四个象限,分别标记为:论点、理由、证据、推理。学生独立地或以小组为单位对每个象限的内容产生想法。把想法写在便签上贴在海报对应的象限。学生花5分钟的时间在教室里四处走动(画廊行走),看看其他同学的想法。然后,以课堂形式讨论"画廊步行街"的发现,并记录下来。

步骤6:Create the CERCA,完成CERCA论文

正式创作CERCA论文。学生使用之前步骤中得到的总结完成论文。

总之,论点、论据、论证、反驳和适应听众是ThinkCERCA五步读写法的精髓,也是批判性思维最基本的元素。提出论点,然后提供有力论据,通过推理论证清楚地解释想法,重视反驳观点,考虑受众群体等,整个过程就是一个进行批判性思考的过程。比尔·盖茨对ThinkCERCA高度认可,认为其是教育界"改变战局的工具",并称赞它能帮助师生在写作过程中有效合作。中国广大教师可以结合本土实际,将其理念方法运用于线上或线下的教学实践。

（撰文:上海市罗星中学　彭素花）

一堂美国小学数学课的思考

随着 PISA 标准化测试的实施,以上海为代表的中国教育渐渐被世界所知晓,其中阅读、数学和科学三个方面尤为突出,我们看到自身优势的同时也要看到,我们在个性化教学方面还有些不足。下面以美国伊利诺伊州 53 学区的一所小学的数学课为例,通过一堂小学数学课堂个性化教学的情景再现,对这节课整个教学过程进行详细阐述,希望能引发大家一点思考。

(一) 学校背景概述

美国伊利诺伊州 53 学区 Brook Forest Elementary School 是美国一所"蓝带"学校(可以理解为重点学校),学校全体员工为五个年级大约 340 名学生提供服务。学校的教学设计旨在满足各种学习方式和需求,是一个以家庭为中心的学校。学校有丰富多样的活动和课程,以增加学生的学习和成功体验。同时学校在信息技术使用和应用方面非常普遍,信息技术和学科之间的融合程度很高,整体学生的信息素养要高于同学区其他学校。

(二) 教学过程再现

由于是分层走班教学,整个二年级的数学分为四个层次,其中 Level 3 是二年级的学生学习三年级的数学内容。本节课教学对象是二年级学生,教学内容是小学三年级数学,教师授课时间为 1 个小时(上午 10:50—11:50),地点设在常规走班教室,班级学生人数 10 人。学生分别来自同一年级的不同班级,上课前每个学生带好各自的 iPad 走进教室,数学教师事先已准备好小组的分组安排,将 10 人分成四组。学生根据电子白板上的分组名单,各自入座,每组人数不尽相同。

1. 教学导入(3 分钟)

教学导入环节是学生的热身环节。四个小组的同学,每组学生可以选择做的事有三类,有的学生做基于 IXL 数学 App 上的习题,有的是使用 iPad 在线学习 Prodigy 平台,有的则是练习老师发的竖式加减运算,每个学生的竖式加减习题是不一样的,老师用手机计时两分钟,并且在规定的时间内收齐所有的习题纸。

2. 正式授课

（1） 新课讲授（10分钟）

在新课讲授环节学生集中在一起，教师利用投影，在白纸上书写内容，如99+38。教师引导学生思考可以利用哪些方法进行计算，学生纷纷举起小手，教师等待几乎所有学生都举起小手，然后请其中一个来回答。学生提出的方法很多，有的先计算 $90+30=120$，再计算 $9+8=17$，最后计算 $120+17=137$；有的先计算 $99+1=100$，再计算 $38-1=37$，最后计算 $100+37=137$……老师引导学生思考，鼓励学生积极举手，在一题多解的思维碰撞和师生互动中完成了此次加法的新知学习。

（2） 小组活动（20分钟）

根据老师的任务安排，学生分组找伙伴，可以自己独立思考回答课本练习，也可以小组讨论共同解答。在此过程中，教师和学生的角色是多元的，学生获得的帮助是多方面的。授课教师通过在每个小组之间走动，发现学生的问题，及时提供必要的帮助。课堂中的一名助教老师在小组活动中充当授课教师的助手，给需要的小组学生提供帮助。学生自己也可以选择利用 iPad 扫描课本上的二维码，自主学习，每个二维码对应一个视频帮助文件，可直接进行视频点播，观看习题讲解。

（3） 巩固与分享（15分钟）

此环节小组成员做的练习是对加法知识点的巩固和提高。教师再次集中学生，用实物投影展示两个数的加法（999+99），教师引导一题多解，学生纷纷争抢作答。

（4） 总结与作业（10分钟）

在课堂总结环节，学生回到课前初始分组状态，未完成任务的学生继续完成刚才的加法应用题，已完成任务的学生使用软件平台进行游戏化学习与拓展。最后老师布置今天的家庭作业，其中完成作业的时间大约需要20分钟。

（三） 反思与思考

像上面的分层教学、个性化教学在美国的中小学是比较常见的。由于美国国家制定的课程标准是最低参考标准，根据各地实际情况不同，各学区制定和修改符合本学区的课程标准和课程实施要求，这样每个学区的课堂教学组织形式是多样且个性化的。上述小学数学课堂的教学过程，可以折射出美国课堂教学的一些共性。

1. 鼓励教育无处不在

学生是课堂的主人，学校、学区和家庭都为学生提供服务。学校正式学习空间和非正式学习空间环境中，处处有鼓励教育的温馨提示和保持微笑的鼓励图片。

基于项目的学习(PJBL)最后总有一个分享展示环节,目的是鼓励学生大胆说出自己的观点。在课堂教学的任何时候,只要学生有问题,都可以打断教师正在进行的活动,阐述自己思考的问题。数学课上教师鼓励学生举手,教师几乎等待所有学生都举起手的时候,才请学生回答问题。每当学生遇到困难时,教师鼓励学生思考来解决困难,同时通过反复举例讲解等给学生提供多方面的帮助。对特殊需求的学生的鼓励教育更是明显。

2. 个性化教学明显

为了更好地开展和实现个性化教学,在美国中小学数学和英语学科课堂分组学习是普遍现象。分组形式多数是基于项目活动,小组成员人数不等,有的小组只有1人,有的小组可能由多人组成。数学的走班分层教育,英语阅读的分组教学都是个性化教学的实际需要。教师通过不同的分组,实现师生个性化互动,提供个性化帮助。在整个教学过程中,学生的学习内容分层明显,学生可选择的个性化资源路径较多,有的通过 iPad 获取在线资源,有的通过 Google Classroom 获取老师的资源,有的通过 Google 云盘个性化存储和分享内容。最后教师的作业是分层的,学生可以选择多种作业呈现方式。根据一定的评估,学生可以选择在家上课,也可以选择在其他高年级的班级上课,学校提供这样的个性化教学服务。

3. 信息技术环境深度融合

在美国多数学区,学校信息技术基础环境由学区统一部署,侧重于瘦客户端和微服务。无线环境基本上是每个学校的标准配置,教师多数是通过移动电脑办公,学生多数是一人一个移动设备,教室里师生可以通过 Airplay 展示分享内容。学生通过移动终端可以选择多种不同的学习资源,如数学学习平台 IXL、家校互动平台 Seesaw 等。教师通过 Google 教育生态系统在线办公是非常高效的,可以通过 Google Drive 存储文件,通过 Google Docs 实现在线文档编辑、存储、协作和分享等,也可以通过 Google Classroom 进行课堂教学管理。师生的基础数据平台由学区统一管理和维护,多数学区使用 Skyward 平台整合多个应用服务,支撑了师生的单点登录验证和基本信息维护,给师生使用校园网络环境及相关教育资源带来极大的便利。

(撰文:上海市实验学校　王昌国)

站点轮换,让小组学习动起来

在美国学校参观访问,无论是高中、初中还是小学,甚至是学前班,你都会看到一种常见的教学组织形态:小组学习。本文从外部形态到内部组织,对中美课堂中的小组学习进行比较,期望对国内同行有所启发。

(一) 同样的课堂,同样的小组

当前在中国,初中和小学基本是固定班级,学生不动老师动;高中由于高考改革,开始出现"+3"学科走班。在美国,学生从初中开始全部走班,老师不动学生动。然而,不论是固定班级还是走班教学,在当今中美课堂,主要的教学形式还是班级授课制。

班级授课制又称课堂教学,是把一定数量的学生按年龄特征和学习特征编成班组,使每一班组有固定的学生和课程,由教师根据固定的授课时间和授课顺序(课程表),根据教学目的和任务,对全班学生进行连续上课的教学制度。

班级授课制可以大规模地向全体学生进行教学,一位教师能同时教许多学生,扩大了单位教师的教学能量,有助于提高教学效率,顺应了工业革命时期社会发展对教育的需求。然而,由于是全体学生共同学习,它强调的是统一性,难以照顾学生的个别差异。近年来,特别是在个别化教育呼声日隆的当今社会,班级授课制也面临着很多变革。小组学习,就是在班级空间里,化整为零的一种教学组织形式,介于整班学习与个别学习中间,受到了很多教师的欢迎。所以,就出现了上文中笔者提到的现象:小组学习无处不在。

(二) 同样的小组,不同的演绎

那么,同样是小组学习,中美的课堂有何差异呢? 我们不妨以一堂 45 分钟的课为例,作一个简单的比较,见表 3-1。

表 3-1　中美课堂差异性比较

时间	中国课堂	美国课堂
前 5 分钟	导入新课	导入新课
6—20 分钟	教师讲解	教师讲解
21—30 分钟	学生练习	学生练习

（续表）

时间	中国课堂	美国课堂
31—35 分钟	继续讲解	学生练习
36—40 分钟	学生练习	学生练习
后 5 分钟	课堂小结	学生练习

在中国,课堂基本上是一个"总—分—总"的结构,也可以看作是一个"新授—练习—巩固"的过程,是教师带领全班学生开展的一个教与学的过程。小组学习,作为学习形态之一,出现在"学生练习"环节中。其他学习形态还可能是集体诵读、个别问答、同桌互动等。

教师在"学生练习"环节使用"小组学习"时,基本上采用的是平行策略。即:班级内的若干小组,完成的是同一个学习任务,或者是从几个学习任务中挑选一个,在规定时间内完成。

反观美国的课堂,一节 45 分钟的课,教师的讲解可能只占三分之一时间甚至是更少,随后,留有足够的时间让学生开展小组学习。一般来讲,课前学生都会知晓今天的分组情况。一旦教师的集中授课结束,学生就自觉进入小组学习模式,直至课堂结束。

（三）站点轮换,让小组学习动起来

那么,我们不禁要问,整堂课学生一直在进行小组学习,他们在学习什么? 又是怎么学习的呢? 这就是我接下来要重点介绍的"Station-Rotation",即:站点轮换。教师围绕教学目标,设置 3—5 个学习站点,每个站点有明确的学习任务,学生在指定的时间里依次访问各个站点,从而有效达成学习目标。以美国伊利诺伊州 135学区 Orland Park Primary School 一堂数学课为例,教师把学生分成四个小组,提供四个学习站点让学生轮换学习,见表 3－2、图 3－5,分别是站点的学习任务分解和站点学习情况。

表 3－2　四个站点的学习任务分解

不同站点	任务	工具
站点 1	老师带领练习	马克笔
站点 2	练习题 3－2 和 3－3	铅笔、练习纸
站点 3	在 iPad 上完成练习	IXL 或 Freckle 平台
站点 4	完成学习小册子	小册子

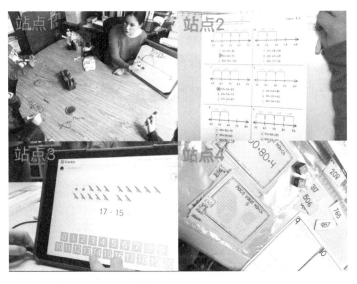

图 3-5 站点学习情况

通过分析,我们可以看出,美国课堂的站点轮换小组学习,其本质是架构了一个混合式学习平台,通过分组和站点轮换,细化出不同学习组织形式,如个体学习、小组合作、师生合作等。同时,又辅以不同的学习方法,如纸笔练习、在线学习、教师实时指导等。有效地满足了班级授课制框架内学生的个别化学习需求。

站点轮换小组学习让个别化学习和混合式学习在美国课堂真实发生(见图 3-6)。在中国,囿于较大规模的班额,个别化学习和混合式学习的实现,显得更为艰难。希望本文能给国内同行一点启发,让我们的课堂呈现更多的精彩。

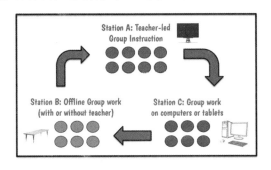

图 3-6 站点轮换示意图

(撰文:上海市宝山区行知外国语学校 朱萍)

一位美国生物教师如何用鱼虫实验培养
学生的批判精神

培养学生的批判精神和创新精神是美国高中教育的核心理念之一。很多的学区开展针对性的教师培训和教学研究活动,以提高教师的认知和课堂操作能力,对这一教育目标的要求远远超过对知识掌握的要求。"知识可以忘记,但是批判精神和创新精神将会对孩子的一生发展具有决定意义。"斯卡斯戴尔学区的高级主管John Webber博士这样说。那么,老师是如何在课堂上培养学生的批判精神呢?

鱼虫是常见的水生节肢动物,在美国的初中和高中阶段常常被用来作为生物实验的材料,特别是研究不同的化学物质对其心跳的影响,在美国乃至全世界的生物课堂堪称经典。研究的方法也比较一致,就是在实验前测量鱼虫的心率,施加某种化学物质后再测量其心率,然后将结论作为该种化学物质对其心率有无影响的依据。这个经典的实验能用来培养批判性思维吗?美国的生物老师在课堂上又是怎样做的呢?

首先,生物老师Neering提前布置阅读任务,要求学生阅读实验指导。在上课时,老师根据教科书的要求简单介绍实验的要求:学生先测量鱼虫每分钟的心跳次数,然后通过引流法移走鱼虫身边的部分或全部的溶液,替换一种实验用的化学溶液,学生可以在酒精或尼古丁之间选择一个,让鱼虫在溶液中停留一定的时间(如2分钟),然后再次观察并记录心率。

最后,老师在电子白板上呈现了一张表格,要求完成实验的同学上来把自己的数据填上去。

经过一段时间后,学生陆续完成了实验,并将自己的数据填好。所有的学生都完成了实验后,老师开始引导学生一起分析数据,结果学生都惊奇地发现:用酒精或尼古丁刺激鱼虫,并不能得到统一的实验结果。随后,老师把其他班级学生所做的实验数据也调出来,发现也不能得到非常明确的、统一的答案。比如施加酒精刺激,有一半多一点的学生认为鱼虫会心跳加快,然而剩下的学生则认为鱼虫会心跳减慢。为什么会有这些差异呢?

接下来,老师开始组织讨论,请学生提出办法来改进实验。经过一番讨论,学生形成了很多自己的改进建议,老师把它们都一一写下来,对不可操作的建议,受到普遍质疑的则删去,大家一致认为值得考虑的则采纳,最后形成如下的改进方法:

1. 设法使用鱼虫的培养液作为化学物质的溶剂,而不是都使用蒸馏水;

2. 确保所有的溶液是统一温度,特别是考虑显微镜下的灯光温度对载玻片的影响,要使用冷光源;

3. 在更换了溶液之后的5—15分钟内多次测量心率,求平均值,而不是只测量1分钟;

4. 替换其他的溶液,如咖啡因、肾上腺素、氯化钾、乙酰胆碱等来试试看;

5. 进行盲试或双盲实验,让所有的人,包括老师也不知道你到底用的是何种物质在做实验,减少主观思维对实验的影响;

6. 尽量保持所用的溶液是相同的浓度,比如将鱼虫周围的溶液全部吸干,否则浸润在鱼虫周围的溶液浓度可能就有显著差异;

7. 用一些鱼虫作为对照组,移去溶液,并用它原来的培养液进行同样的操作;

8. 设计一个新的方法来数鱼虫的心跳,比如用显微录像机录下来,然后通过视频慢放来计数;

9. 尝试让鱼虫减少运动,这样便于数心跳,也减少其本身运动导致的心率变化;

10. 使用相同的鱼虫,比如虫的年龄、大小、生活状态等要一致。

针对这么多改进措施,老师建议大家选择自己最感兴趣的一项措施做做看,如果现在不能做完,也可以在课后把10条措施都做一下,并提交实验报告。

在收集学生的实验报告后,老师进行了大量的统计,在一周后的另外一节实验课上,他对学生的实验报告进了分析和点评,并特别指出一个具有思考意义的结果:"几乎所有的学生都做了第7条的实验,在这个对照组中,根据统计结果发现,用原来的培养液代替从盖玻片下移去的培养液,也有70%左右的鱼虫心率出现了明显改变,这说明什么呢?你认为影响这个实验结果最主要原因是什么?"

大多数学生都发表见解,认为结果的不一致主要原因可能是计数误差造成的。因为这种鱼虫的心跳很快,每分钟大概有180—220次,而它又移动得很快,所以要精确计数是非常困难的。再加上个体差异、温度差异、运动状况差异、溶液浓度的细微误差等,结果自然就差异显著了。老师又补充说:"很可能这个实验数据需要使用标准的方法进行科学分析,如果我们学会使用高级的数学方法,可能实验就会理想一些。但是,我们这个实验的核心价值不仅仅是用来帮助你们获得所期望的兴奋剂、抑制剂、激素、无机盐等对心率影响的预期结果,更重要的价值在于通过这个实验,你们在探索活体生物对化学物质刺激反应的变化的时候,需要理解用活体生物做实验,研究者将会遇到的困难有多少。"

随后,老师通过幻灯片出示了最近一周有关报纸和杂志上介绍研究成果的文章,有的支持或反对以前的实验,有的提出新观点,如"哪种物质会引起癌症风险显著增加?""补钙能降低骨质疏松症发病风险吗?""补充的钙和维生素有多少能被身体充分利用?""某某食物能降低血脂吗?"等等。老师要求学生读这些报道时用批判性的思维来质疑它们,对别人的研究工作提出疑问。学生开始七嘴八舌地讨论开来了,问题就像井喷一样冒了出来,比如"这个实验是谁做的?""是谁支持的这项研究?""文中提到的项目有多少做过测试?""测试是在人身上还是动物身上?""是用什么动物来做的测试?""符合结论的实验成功率百分比是多少?""实验是怎样进行的?""这些实验经过盲试或双盲实验吗?""这些实验能在其他实验室重复吗?"等等。

至于鱼虫实验的预期目标"探究酒精或尼古丁对鱼虫心跳的影响",结论还是没有明确。对此,Neering 老师这样说:"我并不希望这个经典的实验练习直接带给学生我们所期待的结论,如果我们是希望学生去研究科学,而不是记住结论或完成菜谱式的实验操练的话,这个鱼虫实验已经给我们提供了非常有效的学习体验!至少,他们学会了怎样科学地质疑。"

(撰文:上海市电化教育馆　张治)

与孩子的天性合作，创造快乐的科学课堂

好奇、好玩、好动是孩子的天性，古今中外概莫能外。

我在美国接触的科学课为我们展示了如何与孩子的天性合作，创造快乐的科学课堂。

克里斯汀·吉利兰（Cristine Gilliland）是纽约市斯卡斯戴尔初中的一位科学老师，她教物理和生态课程。走进她的课堂，我发现她的讲台很乱，上面、下面、旁边摆满了各种东西，教室里其他地方也摆得满满的，在窗台上还架着望远镜，透过窗户正好可以看到鸟类喂食器，学生可以通过它观察窗外的鸟类（如图3－7所示），教室里还有一个低温鱼缸，是用来观察斑马鱼产仔的……这里是孩子的天堂。

图3－7　窗台上的望远镜

我听的第一节课，恰好是她准备给学生上"运动和力"，这节课的主题是如何让物体动起来。她准备给学生各种玩具和生活用品，有陀螺、夹子、魔术飞圈、小车、弹簧等，两人一组，让学生一起去摸索。看着这么多好玩的东西，学生早就蠢蠢欲动了，但是，她很有耐心地讲解规则：1.不要扔或丢这些物体，除非得到吉利兰老师的同意；2.不要让物体掉到桌子下，如果这种情况将要发生，你要尽力接住它；3.小组成员轮流做；4.玩得愉快！学生可以按照任何他们想要的方式玩这些东西，但是，必须要记录下来探索的结果，把结果填在一张表格上（见表3－3），这就是这节课的作业。

表3-3　实验记录表格

姓名＿＿＿＿＿＿＿＿＿＿＿　　　　日期＿＿＿＿＿＿＿＿＿＿＿

盒子编号# 物体名称	你怎么让它动了	物体怎么动了	你想到了什么

　　学生拿到这些东西,尝试用各种办法玩,有的研究如何让玩具瓢虫弹起来,有的捏捏夹子,有的玩小车⋯⋯特别是那个魔术飞圈,在教室内到处飞,学生玩得不亦乐乎。老师在教室内走来走去,不时和学生一起玩,不时问学生一些问题,或者指导学生如何观察,而学生并没有忘记他们的任务,他们很认真地填写那份表格。

　　一番热闹之后,吉利兰老师开始组织讨论交流,学生争着举手介绍自己的发现,他们这堂课形成的共同结论是要施加力才能让物体动起来。接着老师开始做新的演示:她首先拿出一个牛顿摇摆架(Newton's Cradle),把一个钢球拉高,放下后碰撞其他四个球,于是这些球就都动起来了。不过她不会忘记自己是个科学老师,也不会忘记自己该做什么。她首先让学生假设,一个球拉起来后放下,其他四个球会怎样运动,如果两个球拉高,当中的球会怎样动,如果五个球一起拉高又会怎样呢?⋯⋯这些问题激发了学生的好奇心。老师让学生做出假设,再一起观察实验,验证假设。正当我以为这节课的精彩到此结束时,突然,她像个魔术师一样,从讲台下拿出一个电吹风,插上电源,打开开关,正当学生迷惑时,她不知从哪里弄出一个乒乓球,放到电吹风上吹起来,乒乓球怎么也不会掉下来,也不会飞走。这是为什么呢?然后她转换电吹风的风口角度,直到乒乓球掉下来。她问:"为什么这样就会掉下来呢?"学生都被这神奇的表演吸引了,大呼小叫,课堂就像个儿童游乐场一样。她突然停下来,问学生:"如果我放两个乒乓球,会怎样呢?"

　　显然吉利兰老师没有打算直接告诉学生结论是什么,理论是什么,但她有效激发了学生的思考,让学生在玩中学、做中学,学生经历了好奇、猜想、观察、验证、推理的科学学习过程,感悟到无法用语言表达的知识。

　　我第二天再去听吉利兰老师上课,她接着上次的内容,开始讲力学了。她通过多媒体提供了很多生活的情景照片,让学生分析了重力、浮力、弹力等,她拿出一个垃圾桶做成的风力感受教具,对着每个学生的头弹了一下,让学生感受风力。然后她脱去外套,让学生和她一起感受肌肉的弹力,接着她拿出弹簧和弹弓,让学生拉拉看。参与、体验是她非常看重的学习过程。没有体验的课堂难免枯燥,要让学生通过体验,自己感觉到力学的知识,自己建构科学的概念。科学课堂是快乐的,在快乐中学、在快乐中玩、在快乐中悟,这样的课堂对孩子充满了诱惑。

"我喜欢上科学课。"一个孩子主动走过来告诉我。

尊重孩子的天性是教育应有之道。教师依据孩子的天性设计课堂活动,有助于增加孩子的好奇心和学习欲望,从而取得更好的课堂和教学效果。

（撰文：上海市电化教育馆　张治）

第四章

教育孩子需要一个村庄

【本章导引】

美国的教育体现在方方面面,呈现出了一幅优美的风景画:"教育孩子需要一个村庄。"这个美丽的村庄,就是美国的社区。在孩子们成长的社区里,图书馆、博物馆、艺术馆、体育、公园、郊野河道,乃至高校、企业、科研机构,直至美国的很多政府机构,都向孩子们提供了教育支持。

在《每一个学生成功法案》(Every Student Succeeds Act)的明确要求下,社会和家庭、学校一样肩负教育的责任。可以说,美国的爱国教育是从爱社区做起的。

这个村庄的美好景致归功于美国的协同教育,这种协同共生营造了一个良好的教育生态,让我们走进它,了解它。

和而不同,协同共生

"协同"一词是由德国著名物理学家哈肯(Hakan)创立的,专门从系统演化角度来研究自然界,研究人类社会各子系统在外界物质、能量、信息的作用下产生非线性相互作用而形成协同效应的机理与规律,我们在研究教育系统中应用这一理论,故称协同或协作教育。每一个人都在不同人生阶段接受来自家庭、学校和社会的教育,三者产生的总效果才是最终真正的教育。因此,在教育中必须考虑到校内教育和校外教育的影响与配合。应克服来自家庭、社会的负面影响与干扰,加强正面教育的配合,这样才能提高整体教育的质量与效果,也就是说通过协同教育才能提高教育整体的质量与效果。结合我在美国两个月的访学考察实践,拟从社会场馆、社区、高校科研机构、企业和民间组织等几个方面讨论教育中的协同意识,期待形成多元统一的协同教育生态。

（一）公共社会场馆是协同教育的重要载体

无论是在中国还是在美国,图书馆、博物馆、艺术馆、实践基地等公共社会场馆都是协同教育的重要载体,是学校教育的有机补充。这些机构承载着社会教育功能,已经成为了真正的校外课堂,这在美国是一种社会共识,所以各地在立法和政策上给予社会机构多种支持。各种机构作为一种社会教育平台,为人们的终身学习创造了良好条件,学校的老师可通过预约免费带领学生进入艺术馆、博物馆参观学习,把知识课堂延伸进艺术馆、博物馆,便利地进行历史、文化、艺术的现场教学,还可以结合自身资源安排和实施各类教育。

1. 社会场馆重视对儿童的教育

美国没有纷繁复杂的亲子班,但各种类型的博物馆、艺术馆和图书馆无不将儿童视为重要的服务对象,争相推出各种适合儿童的活动,可以说是真正做到"从娃娃抓起"。他们把知识融入游戏中去,通过简单的游戏让儿童学会各种各样的知识。在这里,孩子们将学会管理世界。孩子们可以用自己的小手亲自体验和感受,触觉拉近了孩子们和科学、历史、自然的距离,激发了孩子们的兴趣,让他们得到全方位的感知和认识。小观众们直接与展览互动,通过观察、触摸、使用和实验等手段来激发兴趣、启发灵感,培养创造性思维。在芝加哥儿童博物馆的 Tinkering 实验室有不同的齿轮、滚珠、滑槽和其他松动部件。孩子们选择锤子、电钻、螺丝刀、锯子等,制作各种手工艺品,工作人员可以在孩子使用工具时提供帮助,孩子们的感知和动手能力在不知不觉中提升。

2. 社会场馆大多针对青少年设立"学校项目"

配合展览内容,一些美国博物馆、艺术馆、图书馆设计了大量适合青少年的课程,老师可以带着学生在展厅直接授课,学生不必花大量时间看枯燥的课本,而可以通过玩游戏、知识竞赛等形式系统生动地学到许多知识。在芝加哥图书馆,除了传统的图书借阅区之外,大部分设备和桌椅是可以自由组合的,每一个小空间根据不同的功能来精心设计,有自由阅读空间、动手创意空间、沟通会议空间、个人独享空间、休闲畅想空间等。很多图书馆还设有媒体中心,提供科创课程和 STEM 课程供学生学习和体验;针对一些临时展览,教育部门还会聘请专门的讲师现场授课,完全打破了图书馆安静、严肃的学习气氛,给学生一种全新的体验和感知。图书馆的创新中心已经成为一个支持公共学习,支持培养信息素养、创新素养和文化素养的综合学习空间。

(二) 社区是协同教育的纽带

这里所说的社区包含校内小社区和校外大社区两个概念,社区教育可以直接促进社区成员的成长,社区教育通过指导社会生活、传递社会文化、教导先进知识技能等手段推动其教育对象养成文明习惯、认同社会规范、培养社会角色,从而促进其个性发展、激发潜在能力、刺激其个人素质的全面提高和终身发展。

1. 校内小社区助推学生的个性化教育

所谓校内小社区是指美国的校内教育就是把一个班级形成一个学习型社区,学生是社区的主要成员,大家集思广益、共同策划、公共约束,在教室文化氛围、环境布置、学习互助、社会交往等方面共同学习,从而培养学生的社会交往能力。在校内小社区中,根据每个学生的学习需求、个人兴趣和自我愿望,以及每个学生的学习速度、接受能力和学习水平,又将学生分成不同的学习社区,为每个学生提供定制的学习目标、学习路径、教学内容、教学方法、学习体验和学习环境。学习方案的设定具有灵活性,以期促进每个学生在学习上获取最大的成功。此外,个性化教育还提供了加强学生与教师、学生与同龄人之间的互动,以及与更高水平学生共同参与学习的机会,鼓励学生自己发挥更大的作用,并更多地投入到他们的学习中。

2. 校外大社区是学生课外活动的大熔炉

由于美国是一个以社区为活动单位的国家,校外大社区则是学生居住地所在的社区,包括居住地及其附属的设施场馆,如社区文体中心、教堂、社区图书馆等,这与我们的社区教育是居委会和社区学校的概念完全不同。社区教育可以间接提高社区成员的生活质量,促进所有社区成员的发展,提高他们的文化、修养等素质,而自身素质的提高对于生活质量的提高有很大帮助,保证了社区教育的可持续性发展。

我们在 Park Village 社区,跟随社区自治委员会主席参观了他们的社区文体中心,该中心面向本市居民提供各类锻炼设施,中心实行会员制,会员可以到中心的室内外场馆参与各种锻炼项目,困难的家庭可以提出申请,在社区委员会审核后免费参与各种体育活动,从而弥补美国学校校内运动场所匮乏,课间学生休息时间过短导致的体质不均衡的短板问题,形成家庭式自主加强体育锻炼的模式。

美国的社区协同教育与社区公共图书馆的发展有很大的关系,社区公共图书馆在政府、社区和民众的共同努力下取得了长足的发展。社区公共图书馆的兴起和发展,极大地刺激了公共教育的参与和诉求,奠定了美国社区文化教育及全民读书运动的基本格局。社区公共图书馆是美国学校教育的延伸,每周末图书馆根据本社区的学生、家长的需求开展各种主题活动,家长们带着孩子来交流育儿经验,增进学校之外的交流。此外,图书馆还专门为小学生提供下午 3 点后的校外阅读、看护和学习辅导服务。如:Forest Park 图书馆只有 13 个专职的工作人员,其中 5 个具有教育和图书馆专业背景,其他 8 个是流动的社区志愿者,是具有博士学位的教授、工程师。目前 92%的人把社区公共图书馆看成重要的协同教育资源,更显示出社区公共图书馆在美国社区协同教育中所发挥的重要作用。

(三)高校科研机构、企业和民间组织的高度社会责任感

教育只靠学校、社区及公共场馆的协同还是偏弱的,教育的感知度无法提升。在科技发达的今天,需要将高校、科研机构的科技特长,企业和民间组织的社会责任感共同聚集起来,常年坚持组织中小学生参加力所能及的社会公益活动。美国社会注重培养学生发现、分析、解决问题的能力,尊重学生的个性发展和独创精神,更注重学生公德心和公益精神的点滴养成。教育的内涵、教育的创新能力和科技含量因此得到快速提升,提高了学生的创新实践能力。

1. 政府牵线汇聚 STEM 教育协同资源

美国白宫、国会、教育部以及各州教育立法、行政部门统筹颁布法令,不同背景的官方机构、非营利机构、大学、行业协会,甚至专门成立的 STEM 教育组织等均积极参加 STEM 战略的制定和实施。STEM 连接平台上的数据显示,该平台已拥有了超过 5000 家机构注册,并提供一个可分类搜索的数据库以供查询。该平台还与各组织机构紧密合作,提供一系列的资源以支持各组织机构在 STEM 学科发展的投

资和建设。种类丰富、数量众多的社会组织构成了美国开展 STEM 教育的中坚力量,也使美国的科技人才培养有了坚实的组织保障(见表 4-1)。

表 4-1 参与 STEM 教育的社会机构

机构类型	机构名称
政府	国会、白宫、教育部、国家科学基金会(NSF)、国家海洋与大气管理局(NOAA)、国家航空航天局(NASA)
大学	哈佛大学、麻省理工学院、加州大学伯克利分校、约翰·霍普金斯大学
非营利机构	美国国家科学院(NAS)、工程院(NAE)、美国科学促进会(AAAS)、考夫曼基金会、史密森学会
专业协会	工程教育协会(ASEE)、国防工业协会(NDIA)、美国建筑协会(AIA)

2. 高校、科研机构的协同意识

学科的学习不仅仅需要基础的学科知识,更需要学生进行实验和动手实践。一些高校、科研机构和社会组织也积极参与到协同教育中,创设相关的模拟实验室或提供学科教育的设备。美国国家重点实验室费米实验室就专门建立了完全向学生开放的实验室——粒子对撞机实验室,学生可体验从设计到开发应用的全过程,在真实的高科技实验环境中感受科学的魅力,以此激发学生对学科的学习兴趣。同时,费米实验室还承担学校教师的培训任务,为教师配备相应的硬件服务和教学资源,鼓励学生到实验室里进行探究学习。

3. 企业和民间组织的自发性社会责任感

美国的许多企业和民间组织在商业上获得成功的同时,都愿意主动为社会承担相应的责任,尤其体现在协同教育上。如:IT 巨头 Adobe 公司成立了专门培养多媒体软件设计与开发人才的基金会;爱荷华州立 STEM 咨询委员会与微软公司联合创办微软 IT 学院项目,为学生提供就业能力、数字能力的培训服务;很多社会机构和民间组织会在小学放学后,在校内免费开设许多课程,供有兴趣的学生选择;谷歌公司开发的 Google Classroom,为全美的学生和教师提供一站式学习、管理、评价工具服务;伊利诺伊州数学与科学学院 IMSA,它在其学术课程中招收了具有学术成就的 10—12 年级伊利诺伊州学生,每周三是科学课程研究日,学生去医院、大学、企业、公司等机构跟着导师学习,导师是各行业一线的科研人员、大学教授、公司高管等,学生在各行各业的真实环境中进行研究,在研究中获得成长。

美国协同教育中和而不同、协作共生的协同机制和模式值得我们去认真探索和思考,其中不乏有体制和机制的问题和观念分歧,但教育的共同目的是一致的,都是以学生为本、以学生为中心,为学生适应未来教育而提供更好的服务,同时调动各种资源,引导社会共同形成协同教育的氛围,为学生的终身发展承担应有的社会责任,培养适应未来社会发展的人才。

（撰文:上海市闵行区教育局　康永平）

培养数字时代的合格公民

——美国中小学数字公民教育培养的途径和启示

　　数字时代的到来,改变了人们的生活方式,人类数字化生存图景已然浮现。当今时代的青少年是信息时代的"土著",智能设备、社交网络和多媒体技术正在以激进的方式改变他们的生活环境。美国中小学生数字公民教育在政府、学校、家庭、社会力量的支持下,形成了良好的数字公民教育协同体系,共同帮助学生在未来变幻莫测的网络世界里健康成长。美国教育界非常重视中小学生的数字公民教育,形成了政府、学校、家庭、社会力量广泛参与的多元互动格局,并将数字公民教育纳入了学校的课程体系。

　　展望未来,这是一个激动人心的时代,但对于学校、家庭、教师来说这也是一个令人不安的时刻。网络是一把"双刃剑"。一方面给人们的生活带来前所未有的便利和精彩,另一方面各种信息良莠不齐、泥沙俱下,特别是很多虚假、暴力、黄色信息混杂其中。中小学生耳濡目染,很容易受到不良信息的侵害和诱惑,产生道德失范,引发不良行为。根据益普索组织《2018 年美国家庭报告》,美国青少年遭受网络欺诈的情况显著上升,2018 年高达 27%,而 2011 年仅为 15%。

　　大多数美国家庭都拥有移动和互联网设备,孩子在上学前就已经接触到了智能手机、平板电脑和其他电子设备。同时,美国中小学基本已经普及了移动终端和无线网络,所有年龄段的学生都可以在学校使用数字设备接入网络。因此,美国教育界很早就开始关注、研究和实践数字公民教育。

　　在现实世界,法律规章、道德规范和行为准则约束着人们的言行举止。在虚拟数字世界,青少年如何正确地使用数字工具来促进学习和交流,实现自我发展?如何保护隐私、与别人友好相处?需要遵守哪些道德规范和行为准则?这正是美国数字公民(Digital Citizenship)教育研究的范畴。美国青少年数字公民教育在政府、学校、家庭、社会组织的支持下,形成了良好的数字公民教育协同体系,帮助学生能够在未来变幻莫测的网络世界健康快乐地成长。

　　(一) 概念与内涵界定

　　2016 年 6 月,美国国际教育技术协会 (The International Society for Technology in Education，简称 ISTE）发布了《国际教育技术学生标准》（ISTE International Standards for Students），明确提出数字公民是未来数字时代每一个人的基本生存方式，并将合格的数字公民定义为：能够充分意识到在网络世界中生活、学习和工作的权利、责任和机会，并安全、合法、符合道德规范地使用数字化信息和网络工具。《国际教育技术学生标准》制订了合格的数字公民的四个指标：（1）建立数字身份（Digital Identity）和数字信誉（Digital Reputation），意识到虚拟数字空间中言论行为的持久性；（2）采用正确、安全、合法和合乎道德的行为和技术；（3）理解和尊重知识产权；（4）确保个人的数字隐私和数字安全。这些指标明确了信息时代数字公民应有的责任和义务。

美国著名的数字公民教育学者 Mike Ribble 在《学校中的数字公民教育》一书中提出数字公民的九大要素，被纳入国际教育技术协会国家教育技术标准，为美国教育界广泛接受和采用，成为美国学校数字公民教育的重要指南，包括：数字准入（Digital Access）、数字商务（Digital Commerce）、数字沟通（Digital Communication）、数字素养（Digital Literacy）、数字礼仪（Digital Etiquette）、数字法律（Digital Law）、数字权利与责任（Digital Right & Responsibilities）、数字身心健康（Digital Health & Wellness）、数字安全（Digital Security）。

（二）　美国中小学生数字公民教育的特点

1. 研究先行、政府引导，营造了良好的社会环境

美国教育界在 20 世纪 90 年代就开始提出数字公民的概念，并诞生了一批数字公民教育的研究成果，如 Digital Citizenship in Schools：Nine Elements All Students Should Know，Raising a Digital Child，Digital Citizenship：The Internet, Society, and Participation，Cyber-risk and Youth：Digital Citizenship, Privacy and Surveillance，Ethics and Digital Citizenship 等，为推进美国数字公民教育奠定了基础。

2015 年，美国召开了第一届"数字公民素养峰会（Digital Citizenship Summit）"。2016 年，美国国际教育技术协会发布的最新《美国国家教育技术标准》一书中，将"数字公民"作为一项专项标准同时列入系列标准中。

美国教育管理部门以标准、规范的形式将数字公民教育融入教育规划中。从1998 年起，美国政府先后颁布了《儿童在线保护法案》（Child Online Protection Act）、《儿童在线隐私保护法案》（Children's Online Privacy Protection Act）、《儿童互联网保护法案》（Children's Internet Protection Act）等法令保护儿童隐私，鼓励学校开展相关的数字公民教育。2015 年 12 月，奥巴马签署了《每一个学生成功法案》（Every Student Succeeds Act，ESSA），要求美国中小学要为学生提供信息技术工具

与培训,要积极引导学生正确的使用信息技术工具。美国政府颁布的这些法案对中小学开展数字公民教育起到至关重要的作用。

美国多家大型互联网公司也纷纷在自己的产品和服务应用条款上增加了旨在保护青少年网络安全的条款。很多公益组织也积极参与儿童使用互联网标准的制订,为数字公民教育的实施创设了较好的社会环境。

2. 社会参与、多方互动,建设丰富多彩的教育课程

美国很多社会公益团体和组织直接参与到数字公民教育的实践中,开发了大量免费的、在线的数字公民教育课程,供学校、家长选用。谷歌、微软等公司专门围绕其产品应用开发了专题式的数字公民教育课程。这些课程都致力于帮助学生和教师掌握互联网时代的数字素养和公民技能,帮助 K—12 阶段的孩子在瞬息万变的世界中茁壮成长。

其中,美国著名的独立非营利组织"常识教育组织(Common Sense Education)"开发的数字公民教育课程最受欢迎。该课程采用完全免费共享的方式供学校和家长选用。课程目标明确、内容全面系统,提供了从幼儿园到高中 12 年级完整详备的课程体系,涵盖了"网络安全""隐私安全""人际关系与沟通""网络欺凌""数字足迹与信誉""个人形象与身份""信息素养""创意所有权与版权"八个主题。每一主题课程都有实践案例、学习资源、活动建议、教学工具包和家长资源包。另外,网站上还有教育专家推荐的适合学生观看和参与的各类多媒体节目,如电影、游戏、电视节目等,并对这些节目提供等级评分与观看建议。

3. 家校协同、合作育人,发挥家长的正向引导作用

因为中小学生很多时间是在家里上网,所以美国教育界普遍认为在数字公民的教育上父母起着举足轻重的作用。重视家校合作,成为美国数字公民教育的共识。因此,美国教育部门、社会组织、学校都积极提供指导家长的数字公民教育实践指南以及相关培训。例如:2010 年,美国教育部门发布了《家庭指导孩子上网指南》(Chatting with Kids about Being Online),旨在帮助家长指导孩子培养良好的上网习惯,涵盖了社交媒体、个人隐私保护、知识产权、网络欺凌和计算机安全等主题,每个教育主题都配有相关的视频资源网址,让父母可以更直观的学习。《家庭指导孩子上网指南》还特别提醒父母在帮助孩子培养良好的网络行为习惯中以身作则、榜样示范的重要性。

美国很多学区会印一些指导手册,明确了家长在学生上网中的责任和应对策略,指导家长如何引导孩子正确使用网络、保护隐私、安全上网等。为了让学生健康合理地使用网络,很多学校还要求学生和家长共同签订《家庭网络使用协议

书》,要求学生承诺:正确合理地使用网络,在遇到网络欺凌、网络欺诈、网络暴力时要第一时间告诉父母,征求父母意见。

4. 学校重视、知行合一,注重理论与实践相结合

学校系统的数字公民教育是数字公民教育的主阵地。在美国,从幼儿园开始,基本上每个学生都有一台平板电脑或笔记本电脑,信息技术已成为美国中小学课堂学习不可或缺的一部分,教会学生在校正确使用网络,做一个合格的数字时代公民就尤为重要。

(1) 数字公民课程

美国很多中小学已经将数字公民教育纳入学校教育之中。在课程内容上,大部分学校都会选择免费公益网站提供的学习资源包,也有学校会使用学区统一订购的电子教材,这些内容往往有很强的实时性,关注的都是信息时代的热点问题。在教学方法上,一般会以现实生活中的典型案例作为载体,引导学生迁移认识同类现象,在实践互动类活动中让学生智慧碰撞,提出解决现实问题的对策与方案。在教学手段上,教师会选择多样化的教学方式,如数字化学习、项目式学习、游戏化学习、小组合作学习等,特别注重通过线上线下相结合的方式,通过实践应用完成教学目标。例如,教师在讲"密码安全性"主题时,并不是简单地介绍影响密码安全性的因素,而是通过一款"密码测试"的在线游戏,在游戏中融入了设置密码的技巧,学生通过游戏闯关的形式进行参与和实践,从而学习到影响密码安全的因素。

(2) 数字公民海报与指导手册

在美国,很多学校的墙壁上都会张贴合格数字公民的宣传海报(见图4-1)。可以让学生在耳濡目染中强化数字公民意识,形成正确的行为习惯。这些海报内容简单易懂、目标明确,主要是提醒学生在上网时要保护隐私、尊重知识产权、遵守相关法律、远离网络欺凌、安全上网等,对学生的上网行为正面引导和激励,并且给出了具体、可操作的建议。

很多学校还会印发《数字公民

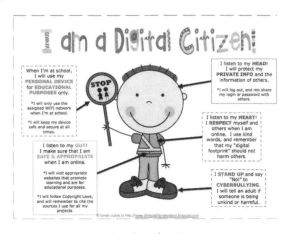

图4-1　美国中小学数字公民海报

上网指导手册》,一般有四部分内容:(1)学生如何安全上网,如何保护自己隐私,同时要求学生遵守法律和尊重知识产权;(2)学校推荐的学习网站地址,并对每一个学习网站的特点、用途有具体的介绍;(3)学生需要掌握的数字工具,并提供工具的下载地址和学习视频;(4)要求学生签署并遵守《数字公民条约》,条约内容是学生做一个合格数字公民的责任和义务。

5. 学区培训、转变角色,促进教师数字素养提升

2017 年,美国国际教育技术协会更新的《国际教育技术教师标准》中提出,教师必须胜任帮助学生成为数字化时代负责任的公民的能力,并能够利用新技术帮助学生获得成功。随着混合式学习席卷美国,信息技术已经与各学科教学深度融合。数字技术的迅速迭代,对教师提出了新的要求和挑战,教师只有积极转变角色,成为合格的数字公民,才能正确地激励和引导学生提升数字公民素养。

为此,美国各学区都非常重视教师数字素养的提升,一般都设有一个信息中心,负责推进、指导和处理学区的信息化工作,同时承担对学区教师开展信息化技能培训和业务指导的责任。学区信息中心会定期对教师开展培训,让教师掌握信息化课堂教学技能和数字公民教育的知识,鼓励教师成为数字公民的典范,以身作则地引领学生成长。有些学区还会邀请专业机构或公司企业,对学区教师信息化水平和数字素养进行评估和认定,从而确定教师是否拥有开展数字化教育的能力。

(三) 美国中小学生数字公民教育的启示

2018 年 4 月,我国教育部发布的《教育信息化 2.0 行动计划》指出:"智能环境不仅改变了教与学的方式,而且已经开始深入影响到教育的理念、文化和生态。"数字时代来临,信息技术对学生的学习和生活都产生了巨大的影响。

1. 加强数字公民教育的实践研究和政策引导

目前,关于数字公民教育的研究成果主要集中在欧美国家。我国教育界关于数字公民的教育研究和实践相对比较少,缺乏优质的数字公民教育资源,也很少有学校开设专门的数字公民教育课程。随着信息技术对教育的影响越来越大,我国教育界亟需开展数字公民的教育理论和实践研究,教育管理部门要制定相关政策,指导学校数字公民教育工作的开展,努力提升中小学生数字公民素养,使中小学生能安全、负责任和合乎道德地使用技术。

2. 加强多方互动共同营造数字教育协同空间

美国的数字公民教育呈现社会化、全民化、数字化的特点,政府部门、研究机构、社会组织、互联网公司、学校、教师、父母等全社会的力量广泛参与,形成了一个共同育人的大社区,共同促进学生数字公民素养提升。

现在我国越来越多的孩子从幼儿阶段就开始接触手机或平板电脑,数字公民教育只靠学校是远远不够的,数字公民教育作为一个社会问题,需要教育部门、互联网公司、学校、教师、家长、社会组织等多方力量共同参与,形成一个全社会共同育人的大环境,才能真正塑造学生的数字公民意识与行为。

3. 建设系统全面的数字公民教育课程体系

美国中小学数字公民教育课程体系完整、内容丰富多彩、资源形式多样,课程形式有视频、动画、海报、文章和游戏等,这得益于像 Common Sense Education 这样的社会公益组织提供的大量免费在线资源。因此,教师在教学过程中,可以方便地获得免费数字资源,把教学的精力聚焦到引导学生探索实践上,而不用花费大量的时间去搜索教育资源,从而起到事半功倍的效果。

系统完整的课程是学校教育的载体。因此,应该发挥政府、学校、社会组织等多方力量,齐心协力共同建设优质丰富的数字公民教育资源,为学校数字公民教育提供资源保障。

新时代贯彻党的教育方针就要落实立德树人的根本任务。数字公民教育对中小学生培养网络道德品质、养成良好的网络行为、成为数字时代的合格公民起着重要的作用。我们要加强数字公民教育的探索和实践,从而为构建文明和谐有序的数字世界作出贡献。

（撰文：上海市崇明区教育学院　黄宁宁）

从 NCLB 法案被替换看美国教育
对公平和个性的价值追求

No Child Left Behind Act，简称为 NCLB，是 2002 年 1 月 8 日由美国前总统乔治·沃克·布什签署的一项美国联邦法律，该法案意为：《不让一个孩子掉队》，又被称为《有教无类法案》。NCLB 法案的主要目的在于缩小中小学的学习落差，以实现教育的公平和均衡。

在我看来，NCLB 法案在加强教师准入机制、提高学科教学质量、缩小区域发展差异等方面具有非常强的指导意义，与我们国内现在的某些提法不谋而合。例如以下几点。

1. 教师质量——NCLB 法案要求一定时期内，所有教师达到法案所定义的"非常合格"——包括完成州证明和执照。新教师必须满足以下条件：至少拥有学士学位；小学教师必须通过全州考试，证明其在阅读/语言艺术、写作、数学等小学课程基础领域的学科知识和教学技能；中学教师必须通过全州任教学科考试；其他教师必须拥有学士学位，并通过全州的学科知识和教学技能考试。

2. 加强学科评估与绩效——州政府及地方学区持续评估 3 至 8 年级学生在阅读和数学学科的表现，且各州都要参与全国教育进步评估。学生的评估结果通知家长，学校需要为所有学生的表现负责。成绩测验按照种族、英语学习（精通程度）、身心障碍、经济地位等进行数据统计，学生参与度须达 95%。

3. 强化公立学校，提供家长和学生更多选择——未达"年度适当进步"的学校学生，提供机会前往学区内其他更优的公立学校；允许低收入家庭学生运用补助款，参加辅助性教育服务（公私立机构均可），包括家教、课后辅导活动；州政府必须建立遴选机制提供辅助性教育服务机构从业者的进入标准。

这项法案推行一段时间后，2015 年 12 月 10 日由奥巴马总统重新签署，改名为 Every Student Succeeds Act，简称 ESSA，即《每一个孩子都成功法案》。

那么，与 NCLB 法案相比，ESSA 法案到底在哪些方面更胜一筹呢？用多米尼克大学为我们进行英语培训的 Mark 老师阐述的一张"简笔画"，就能说明一二。

Mark 老师说,教育就好比是一条河流,带着学生往前流。中间是主流,旁边会有一些支流。NCLB 法案要求所有的学校、所有的学生都必须沿着主流往前走,谁也不许掉队。联邦和州,每年都通过学科绩效和评估,检测学校是否达到"年度适当进步"(Adequate Yearly Progress,简称 AYP)。如果没有达到"年度适当进步",学校则会面临问责,并必须把真实情况告诉家长,家长有权提出转学申请,让子女到 AYP 更好的学校就读。对学习评估比较弱的学生,政府会给予小组辅导的机会,帮助该生进步。这项法案的出台,使得所有的学校及学生,都必须接受联邦政府进行的学科绩效和评估,并在评估中取得满意的成绩,这就对学校和学生产生了很大的压力。而 ESSA 法案,允许学生可以从支流发展,只要符合孩子的个性和才能,他都是成功的。

我们不难窥见近十年来美国基础教育的价值追求:兼顾教育公平和个性发展。

1.《美国教育部 2014—2018 战略计划》中提到:为了更好地为学生服务,让他们为迎接 21 世纪的机遇和挑战做好准备,教育的使命是通过卓越的教育方案和提供平等的教育机会,促进学生提升成就和为全球竞争力做准备。美国教育部将执行国会通过的法律,以促进学生的学术成就。教育部将教育的决策权归还给最接近学生的人——家长、教育工作者、各州和地方社区。与家长、学生、教育机构、学区和各州合作,以促进教育的提升,并确保所有学生都能平等获得教育。

2. 美国政府同时认为,美国的每一个州都有自己独特的教育挑战和机遇,而且,就像其他领域一样,最好的教育解决方案将源于自下而上的解决,而不是自上而下的授权。ESSA 反映了这一现实:各州必须在改善美国每一个学生的教育方面起主导作用。

3. 用 ESSA 替代 NCLB,就是为了使教育更加以学生为中心,以满足每个儿童固有的独特需求为出发点。学生应该有获得各种各样教育的选择权。

4. 评估是为了保证不同的学校都能有较高的教育绩效,但美国已反思评估方式,并作出如下改进:

(1) 评估标准适度灵活。为了体现科学性和便于统一执行,人们往往倾向于建立一个整齐划一的评估标准,这种思维方式对人的个性发展是不利的。例如:怎样考虑经济落后区域受教育者的发展水平? 如何对身心障碍学习者进行更个别化的评估? ESSA 在保留"年度适当进步"测试的同时,对经济欠发达地区和身心障碍者开辟出单独考量的空间。

(2) 评估主体下移,给被评估者更多的评估权和被评估权。NCLB 法案对学校的评估(AYP)全部基于联邦政府的测试结果,受到了很多州的抵制。建立州、学区,甚至是校本化的评估方式是大势所趋。就我们访问的多所中小学来说,除了每年参加州里面组织的 PARCC 考试外,学校还自主开展 MAP 测试,及时主动全面地了解本校学生的学习状况。

（3）扩大评估内容。评估内容限制了学生的学习内容,"考什么"就"教什么","怎么考"就"怎么教",在美国也是如此。NCLB 仅以阅读和数学成绩评估学校绩效。于是越来越多的证据显示,学校将其他科目的教学时数转移给阅读和数学。据一项统计数据显示:从 1999 年到 2004 年,在美国学校中,平均每周阅读教学增加 40 分钟,而社会研究教学减少 17 分钟,自然科学教学减少 23 分钟。

（4）更加多元的支持方式。NCLB 最受诟病的也许就是它的支持方式。为表现差的学校提供小组教学的经费,或者让学生转学到考评成绩较高的学校,这种支持策略真的能让学生获益吗? 首先政府并未考核小组学习的品质,其次,转学也并没有想象的那样简单。好的学校未必愿意接收,而低收入家庭的学生也不敢转到学费较贵的学校。

从用一把尺子衡量所有的学生,到鼓励每一个学生都收获属于他自己的成功,这就是 No Child Left Behind Act 到 Every Student Succeeds Act 的进步。这是 NCLB 法案被替换的原因,也是美国社会发展对教育的呼喊,更是每一个生命个体对教育的呼喊。

（撰文:上海市宝山区行知外国语学校　朱萍）

美国的评估机制带来的启发

未来学校是第三次工业革命挑战教育的选择,是新的教育组织形式、新的教育方法、新的教育评价方式的综合体。未来社会需要怀有好奇心的人、敢于批判的人、勇于探索的人、具有创新能力的人、善于合作的人。社会的需求就是未来学校育人的方向。美国社会凭借强大的信息技术力量,为各类学校提供功能强大的评估平台。对于学校而言,这些评估平台如同汽车的"方向盘",保证了学校育人与社会需求的一致性。由于信息技术的融入,评估的内容、评估的结果、评估的效率与传统的评估已不可同日而语。现代技术对个性化、精细化的教学,学生学力趋势化的预测提供了有力的支撑。

(一)MAP 学业评估平台支撑着个性化、精细化的教学

MAP 学业评估平台是由 NWEA 公司研发的。其中的测试题库和评估体系是根据美国国家课程,由各州的教育机构和常春藤大学的共同合作来设计完成的。MAP 平台主要用于评测英语、数学、科学等学科,帮助学生从不同起点向美国同年级学生看齐,其中包括英语阅读进展的情况。通过平台可以对学生的学习内容、学习技能、学习方法以及批判性思维能力、阅读和表达能力、团队合作能力等进行综合分析。评估分析既可以作为教师对学生学习的过程性评价,及时调整教学目标;也可以作为学生入学前的甄别,为分层教学或个性化教学提供科学依据;更能为高校录取提供必要的数据。MAP 平台分别有两套软件支撑。

一是 MAP Growth 软件。这是一种基于网络的电脑自适应学业测试软件,可以反映学生在一段时期内的学习成长情况。如果一个孩子正确回答了一个问题,那么下一个问题的难度将会增加;反之,如果回答错误,那么下一个问题的难度将会降低。此类评估对于表现优秀的学生极富挑战性,同时不会打击能力较弱的学生。

二是 MAP Skill 软件。这款软件为教师提供实时的学习监测与更加细化的教学方法建议,帮助学生找到适合其成长的个性化学习路径。软件对有困难的学生会告知有哪些缺失,对于游刃有余的学生会提供更多的指导建议。

(二)多元、灵活的招生制度支撑着教育生态环境

美国高校普遍认可的高校升学考试有两种:学术才能测试,即 SAT(Scholastic

Assessment Test）和美国大学考试项目，即 ACT（Amercian College Test）。前者侧重考查学生的批判性思维和解决问题的能力，每年举办 7 次；后者侧重考查学生对中学阶段知识的掌握程度，每年举办 5 次。全美 4000 多所高校绝大多数把 ACT 或 SAT 作为录取的重要参考指标。美国高校招生制度的最大特点是 SAT 或 ACT 成绩并不是被高校录取的唯一条件，还需考查学生高中的学习成绩、高中教师的推荐信、社会实践活动情况等，见表 4 - 2。

表 4 - 2　美国大学的录取依据

就读高中	课程难度	年级排名	平均成绩	SAT 成绩	国家荣誉	申请论文
推荐信	课外活动	种族多元	体育活动	超级录取	红包项目	ACT 成绩

我们发现美国招生制度具有丰富的评价元素和灵活多样的评分方式两种特征。这根无形的"指挥棒"指引着中学课程的多样化，使得学生选择多样化和教师教学多样化，学生的学习积极性和创造性得到充分的发挥。同时，它又是一根"承重棒"，支撑着未来社会的教育生态。

通过六十天的考察，我对未来学校有四点想法：

第一，上不封顶，培养精英。学生的潜能我们无法想象。在美国同一个学校，各种课程的难度差别很大。有的学生修了大学的一大半课程，有的学生只上完了普通高中所要求的基本课程。2018 年 7 月芝加哥大学官网发布消息，取消 2023 届（2019 年入学）申请人提交标准化考试 SAT/ACT 成绩的强制性要求，而更多地考虑申请人在高中阶段的综合学习、实践情况。目前，美国已经有 850 多所高校取消了提交标准化考试成绩的硬性规定，其中不乏排名前 50 的大学。

第二，全程记录，关注趋势。学习是一个成长过程，美国中学阶段的年级排名在高考录取中也扮演了重要的角色，它包括平时考试、作业分数、选修课程。美国大学招生办在审核申请材料的时候，还会注意你的学校成绩的发展趋势，从而综合各个方面的情况做出最后的判断。美国高校招生考试录取制度的多维度给学生和学校都带来了比较充分的自由度和可选择性。

第三，社会活动，培养责任。学校首要的任务是培养合格的公民。学生是否具有社会责任感，不仅关系到学生自身能否成才，而且关系到社会的发展与进步、和谐与稳定。在校期间，通过参与社会活动，学生更重视价值观的表达，体验同情心、职业、社交、自尊等需求的满足。

上海自 2017 年实行高考制度改革起，改变了过去一考定终身的局面。通过二依据一参考来评价学生的三年发展情况，产生了良好的社会效应。面对未来学校

的发展,以及社会对人才的需求,相比美国的基础教育,我认为我们的高考制度仍然有许多值得思考的方面:

● 适当提高高校依据综合评价表录取考生的参考力度,适应未来社会对人才的需求;

● 加强诚信教育,让社会实践活动真正有效落地;

● 提高社会宽容度,建立容错机制,鼓励学校创新实践;

● 打通基础教育和高等教育的学生成长数据,完善个体和学校的教育评估体系。

2016 年,包括所有常春藤大学的 80 余所美国大学统一建立了一个新的大学申请系统 CAAS(The Coalition for Access, Affordability and Success),新系统表明学校对人才的新渴望,他们希望招收到更多具有批判性思维、人文修养高、演讲能力强的学生,而不单单是学术背景优秀的学生。

(撰文:上海交通大学附属中学　徐捷)

从高等院校校企合作看未来教育的三个重点

在美国旧金山的考察中,让我印象颇深的是对斯坦福大学与加州大学伯克利分校的考察。加州大学伯克利分校负责学生创新创业孵化中心的 Naeen Zafar 教授专门介绍了斯坦福大学、加州大学伯克利分校以及东北大学的校企合作带给学校教育的发展变化。在我看来,美国高校的校企合作催化了学校教育的"三大变化"。

(一) 变开放:学校教育与企业发展相得益彰

斯坦福大学是由斯坦福先生与他的夫人珍妮创立的私立大学,这对夫妇在建立这所大学之前创立了太平洋铁路公司,积累了财富。斯坦福大学鼓励大学教授创业,促进了硅谷诸多世界著名企业的产生。与此同时,许多著名企业的领导者到斯坦福大学任教,又吸引大量创业与创新人才到硅谷发展,促进了硅谷每隔十年就会产生技术变革。校企合作,使学校变得更加开放,促进学校教育与企业发展相得益彰。

硅谷为什么会有上千家世界著名的企业(如谷歌、英特尔、苹果公司)云集于此? 这主要得益于大学推进企业发展,企业发展又影响大学教育。硅谷在 20 世纪 60 年代还是一片果园,20 世纪 70 年代产生了一些使用硅这种材料制作半导体的企业,20 世纪 80 年代个人电脑企业兴起,20 世纪 90 年代因特网技术公司大量涌现,21 世纪以来无线网络、移动技术、大数据系统等相关企业得到发展。硅谷每隔十年就会产生有关产业发展的革命性变化,与大学作为企业创新技术的基地、企业作为推进大学教育发展的动力密不可分。

无线电实验室的领导者 Fredrick Terman 被认为是硅谷之父,他带领团队到斯坦福大学进行电子工程方面的研究,1946 年成为工程系主任,之后成为该校的领导者,将学校教育与企业发展之间相互促进的价值充分展现。斯坦福大学鼓励教师将研究产品进行商业化,制定了一些初创企业与大学合作的政策,包括如何将大学的研究成果运用于企业的知识产权保护等。斯坦福大学在 Terman 的引领下加强了大学教育与企业之间的联系,他认为大学教授创业或帮助企业创业,能更好地促进大学、企业的发展。同样,谷歌公司的创立者也是斯坦福大学的教职人员。大学教授创业,既赢得了收益,回到大学教学又更具有实践指导意义。在斯坦福大学的教师中,有许多人曾是硅谷里一些大公司的 CEO。加州大学伯克利分校(美国公办学校排名第一,现有在校学生 4 万余人)也鼓励教授创业或参与企业的创新。学校鼓励教授和学生创业,形成自己的知识产权。为此学校专门建立有一个创新创业孵化中心,毕业生在这里可以有六个月的时间创立企业与孵化运行。

(二) 变灵活:学校教育促进学生创业与企业孵化

得益于美国大学教育参与并促进企业发展,企业发展又为学校教育提供智力支持与实践基地,使得大学教育变得更加灵活多样,学校教育成为促进学生创业与促进企业孵化的基地。

加州大学伯克利分校专门开设有学生创业课程,指导学生建立科技公司。诸多企业就是通过学习创业课程以及得到创业孵化中心的帮助而得以创立。例如 ZOOSK 公司就是学生在创业课程的课堂学习后创立的,现年收入 2 亿美金。ChemiSense 企业也是这样创立的,主要生产可穿戴空气质量监测仪,用于监测空气质量。这个创业课程每次一般安排三个小时,一个小时教授授课,一个小时分析哈佛商学院案例,一个小时进行创业体验活动。这个课程的结业不是通过考试,而是让学生向客户或投资人展示自己的创意来获得投资。通常学校会安排一个导师带4—5 个学生,教学生如何将自己的创意或主张转化为一个企业的 GDP 增长点。这个课程的导师有许多是风险投资家,能够指导学生真正地进行创立企业的操作。还有许多导师是著名企业的高管,他们免费来指导学生,同时享受作为伯克利大学教授的荣誉感。大学与企业合作的模式在伯克利大学被广泛运用。

美国的大学通常建立学生创业孵化中心来鼓励在校生及毕业生创业。我们经常听到"孵化器或加速器"这些概念。所谓孵化器,是指为新创办的企业提供物理空间和基础设施,提供一系列的服务支持,进而降低创业者的创业风险和创业成本,帮助其将产品或服务打入市场,一般可以由政府给予补助;加速器是加速企业发展的服务体系,可以从天使投资及种子基金中获得资助。美国有 15 个著名的孵化器,政府对小型商业创新研究的补助大致在 7 万美元,但需要通过竞争才能获得。政府的补助主要是用于企业建立的第一个阶段,之后企业争取风险投资进行资助转化。2005 年由 Paul Graham 创立的 Y-Combinator 孵化中心,产生了 8 家著名的独角兽企业,获得 12 万美元的孵化资金。大学生的创业往往有机会获得诸多风险投资。

加州大学伯克利分校的学生获得的投资数在全美排名第三。目前该校创业中心也接受一些初高中生来校进行探究活动,一般为期六个星期。学校鼓励学生具备创业意识,并给予创业方面的诸多指导。

(三) 变新颖:企业推动学校教育内容与方式变革

在加州大学伯克利分校,数据科学是最难学的学科,然而这个学科在企业发展以及未来技术发展中占有重要地位,成为该校最有吸引力的课程。该大学有 1.3 万多名学生学习这门课,一个课堂的学生数就可以达到 1300 余人。

未来的工作会发生许多变化,因此加州大学伯克利分校需要做出教学内容的改变,以及思考如何借助企业技术的发展去推进教学方式的变革。对于他们来说,需要研究未来还会有哪些工作,然后给予学生相应教学内容的调整。未来哪些工作会产生,哪些会消亡,需要教育工作者加以认真思考与应对。随着信息技术的发展,越来越多的在线教育课程与平台的开发,不断影响未来教育包括大学教育的发展,大学教师的角色也在不断发生变化,许多大学都在开发线上网络课程。许多课程都可以通过网络在线学习,教师在课堂里主要帮助学生进行讨论。麻省理工学院就有 1689 门课程借助网络技术在网上授课。未来大学生的学习,可能前两年在线学习,后两年再进入大学学习,这样可以大大减少学习成本。MOOC(Massir Online Open Course)网络在线学习的趋势正变得越来越明显,一个电子电路的网上课程,已经有 15.5 万人登记在线学习。

在大量企业参与学校教育的过程中,基于项目的学习变得越来越重要。为满足未来的人才需求,培养学生的批判性思维与开展基于项目的学习变得很重要。美国的东北大学就有一个 5 年制的项目学习,总共安排六次学习,每次在不同企业进行项目研究,边工作边学习。这种学习方式变得越来越普遍,大学生在学习过程中也可以得到一些报酬,这种方式能够帮助学生更好地面对未来的发展。

美国高校的校企合作催化学校教育变革,不仅仅影响高等教育,也正在影响中学教育的变革。诸多中学也正在进行创业方面的教学与研究,由有创业经历的大学教师或进行过创业的人员进入中学来指导学生进行创业方面的课题。校企合作也不仅可以在高校与企业之间进行,同样也可以在中学与企业之间进行。企业技术人才进入学校指导学生进行 STEM 学习,同时,有潜质的学生进入企业进行探究活动,能够为未来人才的培育、更好地推进技术变革提供动力。

(撰文:上海市青浦区教育局　姚为民)

美国高校录取标准对高中生学业规划的影响

在宁静优美的山路上,我与一位美国高中生 Haichun 开始了攀谈,话题是如何设计自己的高中生活。

Haichun 现在 11 年级,在美国纽约市 Scarsdale 高中读书。她和美国其他同年级的孩子一样,即将面临高考。在最近的假期或双休日,她走访了耶鲁大学、哈佛大学等高校,与高校的招生部门老师见面,与自己的课程顾问交流,以确定自己未来的方向。在家长的帮助下,经过高中课程顾问的指导以及与美国高校方面的多次接触,她也逐渐明白了美国高校的招生方法。她与我的交谈也让我从中了解了是什么在无声地影响着美国高中生的日常学习。

绝大多数美国高校的录取标准是"平时成绩+高考成绩+综合素质"的"三合一"式的选拔评价方式。美国高校相信如果学生的过程是正确的,那他的结果也应该是正确的。高校是否录取你,是否给你奖学金首先是看你的 GPA,也就是你在高中阶段的学习表现。GPA 是记录了你在哪里学习、学习了什么课程以及在课程中表现如何的完整档案。GPA 的英语全称是 Grade Point Average,意思就是平均成绩点数(平均分数、平均绩点),美国的大学尤其是那些名校希望能全面了解高中生的学习过程,所以 GPA 是大部分高校较为看重的一份证明。既然 GPA 是高中阶段的平时成绩,不同学校难免有不同的评分标准。为了消除不同老师打分的标准差异,学生可以采用两种方法对 GPA 成绩加以说明,一是在成绩单或是推荐信以及读书计划中说明这种 GPA 实际上的评分标准是否严格;二是在提供成绩单的时候,列明这样的成绩在全班或是全年级所排的名次以及百分比(当然这得取得学校的官方文件证明)。正是因为有了 GPA 的绩点要求,所以任何时候松懈了,都将直接影响大学入学的成绩。可以看出,美国高中生每天的学习过程即是高考的过程,学习的表现就是高考的结果。

美国高校录取时也要看学生的 SAT 成绩。SAT 被称作学术能力测验(Scholastic Aptitude Test)或学术评估测试(Scholastic Assessment Test),是由美国大学委员会委托美国教育测验服务社(Educational Testing Service,简称 ETS)定期举办的世界性测验,作为美国各大学申请入学的重要参考条件之一。SAT 测验分为 SAT 理解测验（SAT Reasoning Test，简称 SAT Ⅰ）和 SAT 学科测验（SAT Subject Test，简称 SAT Ⅱ）。SAT Ⅰ 考试时间为 3 小时，主要测验考生的语文、数学推理能力；SAT Ⅱ 主要测验数学、物理、化学、生物等学科知识。最近包括英国在内的许多其他国家的大学也开始承认这项考试。在美国并不是每一所大学都需要这个成绩，更多时候还是将其作为参考性质的。美国的高中生通常要参加三次 SAT 考试，选取其中最好的那次成绩提交给高校招生部门参考。虽然 SAT 考试是公司性质的机构提供的有偿服务，但是，其公信力还是相当高的，很多大学都会参考高中生的 SAT 考试成绩。还有部分美国大学会参考 ACT 成绩来决定是否给予奖学金。

SAT 是美国高中生的所谓的"高考"科目之一，但能否读四年制大学并不取决于一个 SAT 分数。美国大学重视创造性、问题解决能力等 21 世纪必备的基本素养，如何发现学生具备这样的素养，一项重要的评价依据是学生参加过的社团实践或课外活动。美国的高校非常看重学生的课外活动，他们不希望招一个只会读书的"书呆子"，而是希望通过社团或课外活动发现有特色的学生，所以，美国高校面试通常会问学生的日常生活、假期安排、社会活动情况、科技创新或参加研究的经历等，从而了解学生学科成绩之外的样子。为了能被名校青睐，很多高中生都自觉参加社会活动和科技创新实践，这既是一个人成长的过程，也是成功的结果要求。Haichun 打算在今年暑假为自己创建的 Co-link 环保社团策划几项大的活动，包括义演，拍卖自己的艺术作品来募集资金，在中国、德国、日本和美国发展社团的分支机构，举办中美环境教育论坛等，她希望这些活动在实现自己愿望的同时也能被用来向大学证明自己的理想和能力。此外，很多高中生还要参加大学先修课程的学习，进一步提高自己的竞争力。

综合来看，美国高中生如果要进入名校读书，需要从一开始就设计自己的学习路径，规划自己的课程，全方位地锻炼自己，并且慎重地对待每一门科目、每一次讨论、每一次作业、每一次考试。学生如果一段时间不学习，或者在某一个学科上逃过课，又或者在某一门自己不喜欢的必修课上心不在焉，这些都会在学生的 GPA 中表现出来。所以，没有可以完全放松的时候。"在美国，如果你想出色，你肯定得很勤奋，因为每一天都和'高考'挂钩，你的过程就是你的结果。"Haichun 这样告诉我。除了完成各种科目的学习目标之外，美国高中生必须设计自己的日常活动，组织一个环保社团或是参加科技创新活动，这些都完全由学生自己选择。学生选择参加活动的情况直接影响他的大学录取结果，为了应付考试而"一心只读圣贤书"，会让学生失去得更多。高校招生规则发挥了"高考"指挥棒的正效应，正是这个重要的规则影响着美国高中生的学业规划，影响着美国高中的办学原则。美国高校的录取规则导致美国的高中更关注学生的过程性习得，而不是结果导向性学习成绩。基础教育的目标不仅是让学生学到什么，更是让学生学会探索，为将来持续一生的学习打好基础。

（撰文：上海市电化教育馆　张治）

教育家该为中小学课堂做什么?

我在美国的中学观课,对他们的教材和教师参考用书印象深刻。教材是最重要的教学资源,每套教材的编写都凝聚了学科专家、教育专家、优秀教师的智慧与研究成果,体现了时代的教育价值追求。它能否提供培养批判性思维的示范材料,能否提供培养批判性思维能力的方法,能否设计培养批判性思维的活动,对培养学生批判性思维能力有着非常重要的影响。本文从教材入手,对美国近 15 年比较有影响的 30 余套教材(包括生物、英语、数学、科学、社会等)进行考察,分析教材中要求的批判性思维的技能,以探寻培养批判性思维的途径与方法。

在所考察的教材中,每套教材都充分认识到批判性思维的重要价值。许多教材开宗明义:"批判性思维技能的发展是成功的公民必不可少的素质""那些具有批判性思维的人,会更准确地研究信息、作出决定,在接受一些结论之前,会评估、讨论与分析结果的合理性。批判性思维的人能够认识并区分问题,能够研究策略以便解决问题。"批判性思维是对信息和观点的理性判断。在我研究的每套教材设计中,编者把批判性思维作为教材主线进行贯通,系统安排批判性思维技能的训练,并设计相应内容让学生经历批判性思维的综合练习,培养学生批判性思维能力。

(一) 批判性思维的基本技能

关于批判性思维的基本技能,我们先从 30 套教材中随机选择 6 套进行统计。6 套教材见表 4-3。

表 4-3　选取的 6 套教材名录

书名	作者	出版商	中文书名
American Government	Steveen Kelman	Holt, Rinehart & Winston	美国政府
A History of the United States	Daniel J.B oorstin, Brooks Mather Kelley	Prentice-Hall	美国历史
American Literature	Jeffrey D.Wilhelm	McGraw-Hill	美国文学

（续表）

书名	作者	出版商	中文书名
Biology：The Dynamics of Life	Alton Biggs，Chris Kapicka，Linda Lundgren	McGraw-Hill	生物学：生命的动力
Biology：Exploring Life	Neil A.Campbell，Brad Williamson，Robin J.Heyden	Nersey：Pearson Education	生物学：探索生命
Chemistry：Concepts and Applications	John S.Phillips，Victor S.Strozak，Cheryl Wistrom	McGraw-Hill	化学：概念与应用

　　这6套教材中,在节练习、章复习中都有明确以"Critical Thinking"的技能训练为目的的内容,6套教材中出现的批判性思维技能总个数有 75 个左右。其中出现频率较高的基本技能如表4-4所示(个别词语意思相同,进行了相应归并)。

表4-4　6套教材中出现频率较高的批判性思维基本技能

教材　批判性思维技能	1.美国政府	2.美国历史	3.美国文学	4.生物学:生命的动力	5.生物学:探索生命	6.化学:概念与应用
Comparing and Contrasting	●	●		●	●	●
Analyzing	●		●	●	●	
Recognizing Cause and Effect	●	●	●	●	●	●
Hypothesizing	●		●	●	●	●
Drawing Conclusions		●	●	●		
Distinguishing Fact from Opinion	●	●	●		●	
Problem Solving	●			●		
Interpreting	●		●	●	●	●
Identifying Cause and Effect		●	●		●	
Applying	●			●	●	
Evaluating	●		●		●	

　　其他的词还有 Fomulating Models，Inferring，Synthesizing，Demonstrating Reasoned Judgment，Connecting，Sequencing，Classifying，Illustrating，Making Decisions 等。

（二）批判性思维内容的分类

尽管在不同教材中,批判性思维出现的内容有很大差异,但仔细分析,这些内容有共同的成分。从这些教材的内容上分析,关于批判性思维技能有三个层面:(1)共有的,在各种教材中都出现的内容;(2)具有典型的领域性的内容,如社会学、科学、数学、英语(文学)等,有各自学科领域的批判性思维技能;(3)学科特殊的批判性思维技能,如社会学领域的政府与历史,科学领域中的生物、化学、物理,数学中的代数、几何、微积分等,到具体学科,又体现出具体的学科特殊性。后两层面可以合并研究。

1. 批判性思维的一般内容

在美国中学教材中关于"批判性思维"技能或内容的,涉及比较多的共同词有:Comparing and Contrasting(比较与对比),Analyzing(分析),Identifying Cause and Effect(识别结果与原因),Recognizing Cause and Effect(辨析结果与原因),Hypothesizing(假设),Interpreting(解释),Distinguishing Fact from Opinion(区分),Evaluating(评估),Applying(应用)等。这些内容基本上覆盖了批判性思维的基本技能。也就是说,在美国中学阶段(5—12年级)的教科书中,已经开始全方位地培养学生的批判性思维的基本技能。

这些内容在不同的学科中有具体的含义。例如在《美国政府》中:Comparing(比较)与Contrasting(对比)都包括检查事件、情形、观点之间的相似性与差异性。Comparing(比较)在相似性与差异性两个方面都要关注,而Contrasting(对比)只关注差异性。Analyzing(分析)是将某一事物分解成部分,并检查这些部分之间的关系。Hypothesizing(假设)是形成对一个事件、情形、问题等的可能的解释。一个假设不是一个已经得到证明的事实,它是一个基于可能的证据和新的证据检验基础上的猜想。Evaluating(评价)包括评估(Assessment)某件事情的意义和重要性。Identifying Cause and Effect是解释不同事件之间关系的一个内容,导致事件的发生的行为是原因(Cause),那个行为的后果(Outcome)就是结果。重要事件可以有许多原因与结果。

而在生物学教材中,通过对组织的观察与分析,可以获得两个或更多物体或情形之间的相似性或差异性。当你要检验这些物体或情形之间的相似性时,你将使用Comparing(比较),当你要检验这些物体或情形之间的差异性时,你将使用Contrasting(对比)。Recognizing Cause and Effect指的是,当你观察到一些事物发生并尝试去回答为什么会发生这种现象,这种现象是怎样发生时,你已经观察并得到一个结果,并推断出一个产生这个结果的原因。

2. 批判性思维的特殊内容

由于学科的特殊性,我们看到,在具体学科中,批判性思维的内容与学科具体特点相结合。例如在社会研究、文学等教材中有 Responding(回应),Setting Purposes for Reading(有目的阅读);在生物、化学、物理等教材中有 Observing and Inferring(观察与解释),Interpreting Scientific Illustrations(解释科学例证),Calculating Magnification(计算倍率),Graphic Organizer Chart(画形体轮廓图),Interpreting Chemical Structures(解释化学结构),Using a Graph(使用图表),Using a Table(使用表格),Interpreting Chemical Formulas(解释化学方程式)等;数学、物理教材中有 Problem Solving(解决问题)等。

(三) 批判性思维的核心技能

尽管批判性思维的基本技能在中学阶段的教科书中都能找到,但这些技能的侧重程度,往往受学生的年龄与学科限制,不是每个学科都要实现所有技能的培养,也不是所有的技能都要在中学阶段培养。也就是说,应结合学科特点,在传授知识的同时,恰当地培养学生的批判性思维能力。

在《美国历史》教材中,关于批判性思维的技能培养,在每节课练习中有"Critical Thinking",在每章结束的复习中,有"Taking a Critical Look",出现频率较高的词如表4-5所示。

表4-5 《美国历史》教材中出现频率较高的批判性思维关键词

词	节(次数)	章(次数)
Recognizing Cause and Effect	29	16
Making Comparisions	18	21
Drawing Conclusions	21	12
Identifying Central Issues	16	7
Determining Relevance	11	5
Predicting Consequences	7	6
Recognizing Bias	7	5
Expressing(Explaining)Problems	9	3
Demonstrating Reasoned Judgment	5	7
Recognizing Ideologies	8	3
Testing Conclusions	5	4
Identifying Assumptions	6	3

《美国政府》教材中,每节课复习中有"Critical Thinking",每章复习中有"Critical Thinking Skills",出现频率较高的批判性思维关键词如表4-6所示。

表4-6 《美国政府》教材中出现频率较高的批判性思维关键词

	节(次数)	章(次数)
Drawing Conclusions	29	9
Drawing Inferences	28	10
Predicting Consequences	22	3
Making Comparisions	21	4
Expressing Problems Clearly	21	7
Making Decisions	13	4
Determining Cause and Effect	11	0
Recognizing Cause and Effect	6	1
Demonstrating Reasoned Judgment	11	2
Understanding Point of View	10	3
Identifying Central Issues	7	4
Identifying Assumptions	6	2

在《生物学:探索生命》教材的每章复习中有"Critical Thinking",出现频率较高的批判性思维关键词如表4-7所示。

表4-7 《生物学:探索生命》教材中出现频率较高的批判性思维关键词

	章(次数)
What's Wrong with These Statements	36
Comparing and Contrasting	30
Relating Cause and Effect	27
Making Generations	24
Problem Solving	14
Developing Hypotheses	13
Evaluating the Impact of Research	9
Evaluating Promotional Claims	7

从上面的统计中可以看出, Recognizing Cause and Effect, Comparing and Contrasting（Making Comparisions）, Drawing Conclusions, Predicting Consequences, Expressing Problems（Problem Solving）, Demonstrating Reasoned Judgment, Analyzing, Evaluating 等批判性思维技能都是各教材重点训练的内容,这些技能都是批判性思维的核心技能。

（四）生物学教材特色个案分析

美国的中学生物学教材都是采用彩色铜版纸印刷,印刷精美、内容丰富、形式活泼、图文并茂。虽然基于共同的国家科学课程标准,但不同的出版社、不同的版本区别很大,有的按照生态这条主线编写,有的按照生理这条主线编写,有的按照分子生物学的主线编写,不管形式区别有多大,其中关于科学教育的本质却都表现出高度的一致性。教材注重学生科学精神的培养,注重通过科学课程的学习培养学生的创造性思维和批判性思维,注重科学世界观的建构和对生命本质的理解。几乎每一本教科书都有1000多页,非常厚重,携带起来很是费力。美国教材价格昂贵,基本上一本都要几百美元。因此很多教材都是循环使用的,学校会统一买好放在图书馆,只要买上一次,就可以使用很多年。哪个学生要学习这门课程了,就借一本回家,等学完了还给学校就行。因为教材太重,携带不方便,绝大多数学校还在教室里放上几本,供学生随时查阅使用。因为教材是借的,所以学生不允许在上面乱写乱画。正是基于这种原因,他们相对应的课堂教学活动是让学生整理知识、整理笔记,美国老师上课要准备大量的学习材料,有的是概念比较表,有的是核心问题填空,有的是思考题,有的是概念图制作,学生通过各种各样的活动建构自己的概念体系。表面看上去只是将很多概念性的知识从书上整理到活页纸上,但其中经历的过程却不止于此。知识整理重构的过程建立在理解基础上,是对概念世界的再组织,所以学生在其中经历了整理过程和创造过程。

美国基础教育从小就培养学生使用活页纸的习惯,打孔器更是随处可见,便于学生将自己的笔记、作业、参考资料、研究记录等打孔整理。阅读时不能在书上乱画,有了心得体会,就用活页或便签记录。更重要的是学生会通过读书笔记的整理得到真正"属于"自己的知识。在学习过程中,教科书是最重要的资料来源,但学生也可以通过老师的教学或其他资料整理知识。

美国生物学教材的教师用书是一个教学操作手册。出版社精心研究过老师上课最需要什么,首先是在教师用书的开始部分详细介绍教学理念。包括以下内容:一是简述课程的核心理念、编者的意图,包括如何把握科学教育的真谛,如何使用教材等最基本的原理,把如何支持个性化学习,确保每个学生都成功的理念传达给教师;二是国家科学标准如何体现在教材中的详细说明,比如教材的第几章、第几页体现了国家科学教育标准的哪一项要求,以确保老师能明确标准及其具体体现;三是科学应用能力标准与教材的联系点体现在哪些章节;四是说明哪些部分有科学探究技能的体现,包括观察、推理、判断、测量、计算、分类、使用图表、使用模型、提出科学问题、设计实验、做出科学假设、形成操作性概念、控制变量、分析数据、归纳结论、交流结果、评价和修订等,涉及科学研究过程中的每一个细节;五是列出批判性思维能力培养在各章节的具体体现,包括比较和对比、应用概念、解释图表、做出判断、问题解决、类比推理等思维过程;最后是信息组织技能,包括概念图、对比表、维恩图、流程图、循环图等,为教师理解科学概念体系背后的能力培养和思维发展做出了非常细致的分析,帮助教师不只是传授科学概念,而是培养具有创新精神和探究能力的人。

在教师用书的正文部分是缩小了的教科书,每一页都有,在微缩教科书旁边的空白处则添加了教师使用的详细说明。页面旁边标注了章节的重点、核心概念、可以使用的问题导入、可以使用的情景建议、可以使用的激发学生思考的话或问题、可以使用的网络资源、可以使用的视频资源及其简介等,还有对评价的建议,告诉教师如何判断学生达到了学习目标。针对每一个知识点,如有思考题,则会提供思考题的答案,或答案要考虑的方面;如有练习题,则提供答案并给予适当解释;如有实验,则提供详细的实验操作指南和操作要点;如有最新的进展,则提供核心观点和可以进一步查阅的参考书或杂志;对每一个知识点还有非常多的教学和活动建议,提醒教师这里可以如何来培养学生的批判性思维,如何使用这一部分内容培养学生的动手能力、创造性等。如果它提供了挂图、投影片、PPT等,则会告诉你这些资料的编码,便于教师寻找。这样做的理念是克服教师差异,减少教师收集资料和教学研究的时间,让教师更专注于教学实施。教师用书后面会提供常用的工具和资源。可以说,大多数教师根本不用再花时间去找资料,这些资料足以上好每一堂生物课。

(五) 课程教学资源服务机构分析

笔者进一步研究教师的教学资源,发现美国出版社的服务非常专业,他们可以组织大量的教学素材、课件、挂图、教具。他们提供的配套资源,特别是教学课件都是便于教师进行修改的,尤其是制作课件可能用到的高清晰度图片、视频素材等,这样可以满足教师的个性化教学需求。同时他们也开发相关的教学软件,通过网站供会员用户使用。

例如美国的生物课程重视实验,出版社就和教学服务公司合作,提供菌种、引物、酶等实验用品包括一些工具和仪器。当然这些产品和服务会收取一定费用,但是你会发现这些产品和服务非常周到和贴心。

总而言之,几乎是教师能想到的、教学可能用到的资源他们都想到了,而且想得更多、做得更好,出版社和资源服务企业集中了最优秀的研发团队来建设资源。如果企业帮助教师推出成熟的教育技术,以及准备充分的、高效的教育资源,让教师把力气用在课堂组织技巧上,不失为更加经济高效的一种做法。

企业和学校合作,帮助推进教学课件、教学挂图、教学软件、视频资源等的制作,这样可以更高效地提高整个社会的教育生产力。教育专家要用他们的智慧来开发教材、普及理念、培训教师、创造技术、研制教具、开发资源,从而保证国民教育的整体质量。我们需要提高教育专家的产品意识,把复杂的理论开发成易操作的产品。我们需要大力扶植我国的教育科技公司,促进教育科研产业化发展,促进高质量教育资源的开发、教学仪器和教具的开发,促进智能化教育软件的开发、教育培训产品的开发,甚至寓教于乐的教育游戏的开发。美国哈佛大学教育学院研究生院的"为了理解的教育"教师培训项目,其产业化市场就做得非常成功,也产生了巨大的社会效益。我们也应该增加教育专家的服务意识和产品意识,逐渐改进教育科研评价机制的不足之处,这未尝不是一件值得考虑的事情。

不要希望每位一线教师都成为教育专家,教育专家要尽力帮助每位教师都能达到教育目标,这样才能使教育质量得到保证。

(撰文:上海市电化教育馆 张治)

美国校园中的菜园

位于美国夏威夷州火奴鲁鲁市的 Ponaho 学校是一所著名的私立高中,学校教育质量优异,在全美都非常有名。Ponaho 学校的校园非常优美,整个校园就是一个精致的大花园。这所著名的私立学校管理严谨,数十名物业雇员在学校随时待命,校园里每一片草坪、每一株花草都精雕细琢,独具匠心。

但是在一排教学楼前面,我发现了一小片菜园,里面种着大葱、茄子、西红柿、黄瓜、萝卜、玉米等。蔬菜长的不算好,有几个果实稀稀拉拉的挂着(图4-2)。

图4-2 Ponaho 校园中的菜园一景

Ponaho 学校以培养贵族气质著称,为何在整洁的草坪上种植蔬菜?为了绿化美观?似乎解释不通。为了收获点蔬菜?好像更不值得。那么这所管理理念先进的学校到底在做什么呢?我决定深入了解这片菜园的来龙去脉。

经过仔细打听、深入交流,我终于弄明白了,学校为了增加学生的农学知识,提高学生的责任意识,特地安排了这些设施。让园艺社团的学生或其他有兴趣的志愿者自己决定种什么,并且自己去种植和管理。如果你认为这仅仅是发展兴趣,那就错了,这项工作还有更深刻的背景。种菜当然不仅仅需要种子和力气,还需要肥料、水分、设施等一系列的东西,这些东西能否增添点科技含量,那就看学校师生的创造性了。为了体现生态农业和循环经济的理念,他们在校园里又建设了相关的堆肥设施,学生将生活垃圾收集起来,借助生物和环保的知识加以利用,产生的虫子用来喂鸡,鸡粪和其他有机垃圾用来堆肥,不仅减少了垃圾的产生,还解决了生态农业的肥料、饲料问题(图4-3、4-4、4-5)。

图4-3　泔脚料堆肥设施

图4-4　堆肥场背面

图4-5　堆肥场正面

种菜需要浇水,夏威夷四面是海,淡水非常珍贵,于是他们就决定收集雨水。他们建设了雨水收集系统,经过一套复杂的雨水收集、沉淀、净化装置,收集的雨水不仅可以用来浇菜,还可以用来浇灌草坪和洗涤(图4-6、4-7)。

用雨水进行浇灌,用生活垃圾发酵生虫,虫子喂鸡,而鸡粪和其余的有机垃圾用来堆肥,就这样,从整理土壤到购买种子,从播种到管理,从收集雨水到堆肥、喂鸡,整个生态农业链在学校完整地建立起来了。不仅节约了资源,减少了垃圾,还美化了环境,增加了产出,获得了生态蔬菜。所有的这些东西,都安排在学校恰当的位置,标注清晰,一目了然。

参与种植的学生在个性地成长,其他师生也在欣赏中认识蔬菜、了解农业、参与环保、感受美丽。这些活动融入了多少科学设想,也许无法统计,但是一代人的创造力因此得到培养,环保理念因此深入人心。这片简单的菜园凝结着学生的心血和汗水,更凝结着学校的育人智慧。

图 4-6　雨水收集设施　　　　　　图 4-7　蔬菜种植场

后来,在罗得岛州的布朗大学,我又看到一片菜地,这片菜地方方正正,像模像样,里面有塑料菜棚,偶尔看到没有收割的菜还留在田里(图 4-8、4-9)。为什么大学校园里也有菜园?几经打听,原来这里是布朗大学城市环境学院的一个创意。菜园开放的对象不光是学生、教职工,而且包括周边居住的人,这就是风靡美国的社区菜园了。美国人很爱园艺活动,享受人与自然的亲近,有强烈的环保意识。社区菜园的出发点是在城市的一定区域建立供都市人种菜种花的地方,目的首先是为了获得绿色的有机蔬菜;其次是让都市人有机会获得劳动的体验,感受自己种植和收获的喜悦;第三是促进邻里沟通和交流,促进社区的和谐发展;第四是为了加强人类与环境的亲近,减少蔬菜水果等长途运输的燃料消耗等。

在美国、澳大利亚、新西兰等发达国家,社区菜园已成为都市里一道独特的风景线。社区菜园的口号是:想种菜吗? 来吧,这里为你提供服务。

图4-8 布朗大学都市环境试验基地　　图4-9 布朗大学校园内的社区菜园

　　布朗大学位于罗得岛州,占地143英亩,学校在一座小山上。这里土地稀缺,优美的校园坐落在狭小的山路旁边,各院系就安顿在数十幢从周围邻居买来的建筑内。据说学校曾多次想把这块菜地收回,用来扩建校舍,最终还是没有收回。现在要想在这片菜地申请到种菜的资格那可要排队很久。

　　布朗大学城市环境学院的学生在校园里开辟菜园主要还是为了开展研究工作。他们开辟出社区菜园,提供种植相关的技术服务,不仅可以为大学校园的师生,也可以为周围社区的居民提供社区菜园服务。首先,增加了居民的生活情趣,其次,可以用来研究这项活动带来的环境、人文、社会功能。所以,他们在这片菜地的突出位置立着标牌"都市环境试验场"。这片菜地不仅实现了社区菜园的功能,更是大学关注社会热点、与时俱进最生动的体现。学生不是仅仅在象牙塔里继承理论知识,而是积极投身丰富的社会实践,把社会热点引进校园,开展都市环境试验。学生提供技术服务,收集实验数据,同时也可以象征性地收费,探索一种新的商业模式。同样是校园,同样是菜园,布朗大学城市环境学院的学生提供了都市社区菜园服务,这种大学的菜园体现了大学接近社会,引领前沿文化的时尚,蕴含着丰富而独特的教育价值。两片菜园,让我们看到了中学校园纯朴的科技活动和育人价值,也让我们看到了大学校园的学习接近现实、紧跟热点,充满人文关怀的立意,对于现代都市生活诸多问题提供了一个富有创意和人文精神的解决方案。

　　两所学校、两片菜园、两种环境,两个看上去迥然不同的目标,但是都在校园里成为了风景,成为了文化的符号。这让我想到我们的校园该营造怎样的物态文化的话题。校园该怎样美化,有人以整洁为标准,有人以美观为原则,有的要求华贵,有的则追求简单,但是说到底,要以教育为目的。让校园的一草一木都能传递精神和知识,成为学校育人理念的无声教科书。

学校的菜园不仅仅是学校的环境美化问题,更是对教育本身的理解。学校提供的仅仅是一个空地,而学生的理想和责任可以在这片空地上自由的生长,最终收获的是更深刻的知识和责任,是教育的明天。

校园中的菜园让我明白,留白是一种伟大的教育艺术!

（撰文:上海市电化教育馆　张治）

美国教育中的志愿精神

（一）教育界处处可见教育的守望者

我们参观费米实验室是在一个断崖式降温的日子,刚刚踏出车子就被湖边的寒风吓到了,然而之后的过程却让人感觉到暖意融融。参观是由一个团队好几位成员协作,环环相扣带领大家进行的。印象最深刻的是一位 70 多岁的志愿者,这位老妇人是一位化学学科的专家,在退休前做过 5 年的高中化学教师,退休后的 20 年作为费米实验室的志愿者,带领着一批又一批的参观者去了解这个实验室。起先,她用非常清晰且缓慢的英语向大家了解,是否能够听懂她的表达。这样的语速,对英语初学者是非常友好的。大致介绍了实验室之后,她拿出门捷列夫的化学元素周期表和希格斯玻色子的科普宣传彩页,用浅显易懂的语言向大家讲述实验室最重要的研究,即探索自然界最微小的部分,了解宇宙是如何形成和运转的,提高人类对物质和能量的基本属性的理解。在带领大家参观加速器、中控室的过程中,老太太精神矍铄、健步如飞,讲解清晰有条理。望着她,想象着她在带领孩子们参观的时候,一定也是这样耐心、细致,深入浅出、竭尽全力地让学生理解微观世界的。

在之前的几次参观中,我们也遇到过机构或者公司的志愿者,比如库克郡法庭中帮助学生建立人生理想的法官们。那天,我们有幸参与到法制教育项目中,这是一场结合哥伦布节进行的教育活动。刚好 10 月份是意大利裔的活动,由库克郡教育宣传办公室组织,通过 JCCIA（Joint Civic Committee of Italian Americans,意大利族美国联合会）和律师协会安排了两名法官志愿者参与教育活动。年长一点的男士是已退休的法官,年轻一点的女士是在职的法官。他们分别从自己的经历出发,与学生分享了自己的成长经验,以及从事法律事业的感触。他们就学生提出的问题,给出了很诚恳的回答和建议。女法官说自己来自很传统的家庭,父母没有很高的学历,但是给予她教育上的支持,使得她能够实现梦想。当学生问到做法官能够有多少薪水时,她回答说工作不应该和薪水有太大的关联,关键是工作需要带给人成就感,要有改变世界的信念,要有正确的职业发展观。另外一个学生问到是否有过特殊情况导致无法上庭,男法官说自己当律师 8 年、当法官 25 年的期间,尽管有过病痛,但从来没有不坚持上庭的经历。这样的职业观、责任感,深深感染了参加教育活动的学生,给他们现有的学业发展及人生规划提供了方向和指导。

这一段日子,我们感受到美国的社区、公司、机构对教育的支持,感受到志愿者们为教育全心的付出。教育的发展中需要多元的智慧和资源,教育守望者就是其中不可缺少也不可替代的一部分。

(二)校园中参与接待的学生志愿者

一路参访学校的过程中,接待我们代表团的除了校长、老师之外,还有一支学生志愿者队伍。在伊利诺伊州数学与科学学院,带领我们在校园参观的主要是一名学生志愿者,她落落大方地介绍学校环境和课程开设,对于团员们提出的各种问题也尽可能给出真实客观的回答。在 Orland Junior High School 参观时,校方安排了不少学生和我们一起互动,学生向我们展示了 Loker(书包柜),我们也向学生了解他们的课程和兴趣爱好。我们尤其感兴趣的是在学习中笔记本电脑和学习软件的使用情况,学生向我们演示了各种 App 和软件平台的功能。同样的,在 High Point Elementary School,也有孩子们参与接待,尽管接待我们的只是 4 年级的小学生,但他们积极又耐心的态度、大方又清晰的表达,都给我们留下了深刻的印象。我们观察到一个细节,校长给参与接待的每一位学生一个 Engage 的标签,可以作为周五学校举行的万圣节派对的入场券,用以鼓励从事志愿者工作的学生。

参加芝加哥大学实验学校的高中开放日活动时,我们看到了很多学生和家长担任志愿者,在楼道各处引导参观,或者在大厅回答参观者的提问。另外,我了解到高中生也常常会在其他机构、公司中担任志愿者,志愿者工作可以由学校推荐,也可以根据兴趣自行报名参加。芝加哥大学实验学校接待我们的三个女孩,一个由学校推荐去芝加哥工业与科技博物馆参与志愿者工作;一个在自己所在的社区帮助照顾孩子,陪伴孩子写作业或者看管孩子在游乐园玩;还有一个给初中部的学生辅导数学。此外,我们在麦考米克故居访问时,也看到了一个大学生模样的男孩带领游客进行参观。

(三)我们需要志愿精神

志愿者没有报酬,所做的志愿服务内容有些琐碎,究竟是什么信念,怎样的人生观、价值观支撑着他们的行为呢?我向提前从银行退休后热心参与社区公园治理的 Kevin 做了一个访谈,他说他就是单纯地喜欢做一些公益的事情,比如之前曾带领小孩子踢足球,是觉得和孩子相处很快乐。现在参与社区治理,是因为他愿意看到自己居住的社区更和谐、更美丽。为此,他愿意投入很多的时间和精力,从原来简单地帮助来健身的年轻妈妈照管小朋友,到后来成功地在社区公园中开办了托儿所。积极参与社区建设,做社区的主人翁,是他的志愿精神。

我们的教育除了帮助孩子获得知识外,更重要的目标应该是教导他们在徐徐展开的人生中更好地做自己,为世界、为人类做有意义的事情。就像芝加哥大学实验学校的宗旨所说:"The Laboratory School ignite and nurture an enduring spirit of scholarship, curiosity, creativity, and confidence. We value learning experientially, exhibiting kindness, and honoring diversity——学校需要点燃学生并使其具有持久的学术精神、好奇心、创造力和信心,重视体验式学习,表现友善,并尊重多样性。"

我想,未来教育不是仅仅依靠技术,而更多的是对于"人之所以作为人的意义"的思考与理解。志愿精神是互助、不求回报的精神,让"奉献、友好、互助、进步"融入未来教育的每个环节,人人都追求社会和谐境界的实现。

(撰文:上海市复旦中学　韩静)

第五章

美国学校学习空间的重塑

【本章导引】

信息技术的发展为人类开辟了新的生存空间——虚拟网络空间。人类社会开始同时拥有两个空间：现实物理空间、虚拟网络空间。各种信息在现实物理空间和虚拟网络空间发生多向流转、即时交流和互相交换，深刻改变了人们认知和生存的方式，"海内存知己，天涯若比邻"的图景成为了现实。

2013年，美国奥巴马政府启动"连接教育"，旨在让美国学校每一个教室都能够连接高速互联网，使美国所有学校的教师和学生可以利用全球数字化优质教育资源，了解全球信息，使教育的空间无限地拓展、延伸和扩大，学生在现实空间与虚拟空间中同时进行学习，从而为基础教育转型奠定了基础。

近五年，社会进入"互联网+"时代，大数据、虚拟现实等新技术快速进入美国学校，面向未来，学习的思想、内容、方法等都发生了变化。在技术的支持下，美国学校重构了教育的环境、重造了教育的内容、重塑了教育的流程。透过本章一组文章，我们可以看到，技术革命引发了美国学校学习空间的变革，美国中小学积极打造信息时代的互联、共享、互动和灵活多样的学习空间，提供丰富多样的教育资源和个性化的学习支持。学生学习空间在现实和虚拟并存中无限拓展，企业颠覆了传统认知，掀起了VR热潮，社会组织和机构如费米国家实验室大力支持中小学科学项目。

教室是一个精心策划的门户网站

教室是学校的细胞,有未来教室才有未来学校。就像细胞组成器官,未来课堂的组合、扩展、演化,构成未来教学。教室是"教与学"发生的最基本的空间,没有未来教室的构建就谈不上未来教育。那么未来教室会长什么样呢?

美国的教育者是这样回答的:"教室就是一个经过精心策划的门户网站,学生可以在这里获得资源和知识。"一间小小的教室,如同一个有机的、流动的生态场,连接了教师、学生、技术、资源、教学模式,打开了新的学习时空。

(一) 重构教室学习空间

美国教室空间重构的基本原则是,空间灵活而具体,氛围鼓舞人心,设施反应灵敏,不强调空间大小统一,更关注"开放、亲密、广阔、专注"的氛围。教室一般具备以下几个功能分区。

1. 教学中心区。一般铺设一块大地毯,学生可以席地而坐,地毯前面设置电子白板、投影仪和小白板,供教师对全班集体教学时使用(见图5-1)。

图5-1　教室的教学中心区

2. 小组活动区。有五六张小桌子,也可以使用孩子的课桌拼起来,可以根据不同任务快速布置成不同的形式。

3. 辅导教学区。1—2 个半月形桌子,供教师分组教学或个别辅导使用。

4. 阅读区。一般有书架、地毯、小沙发等。

5. 教师备课区。有教师办公桌和电脑。

6. 储物区。有平板电脑充电车,教材、教具和教学资源柜,学生储物柜。

7. 学习成果输出区。一般为教室墙壁。

教室空间的重构为不同的学习模式奠定了基础。

(二) 重构教室的"智慧性"

实现教室的"智慧性"有两种模式。第一种是从技术的角度来实现教室的"智慧性",强调 AI、VR、物联网、大数据等各种新兴技术的应用。比如我们参观的英特尔公司正在研发 Real Sence 项目,用于课堂教学行为数据的采集与分析,识别学习者的个性特征、自动评估学习结果等。AltSchool 研发的系统则可以按需推送学习内容给学生。第二种则认为技术应该以不引人注目的方式支持学习。强调智慧教室应整合各种资源,提供多种技术工具,支持教与学方式的灵活多变,支持丰富的学习体验,利于交流、协作和共享,增强学习效果。

从我们参观过的各学区来看,美国智慧教室普遍采用了第二种模式。虽然外观上似乎少了科技感,但背后却有一个软硬件的技术生态链在全方位提供支持。硬件上各学校给低年段孩子(幼儿园至小学二年级)配备了 iPad 或者 Google 平板电脑,三年级以上一般使用 Chrome Book 笔记本电脑。各学区使用的软件系统更是一个巨大的生态系统,常用的软件有学习管理系统、工具类软件、教学管理系统等。

- 学习管理系统:Google Classroom、微软教室、苹果教室等。

- 工具类软件:Word、PPT、Sheet 软件等,常常集成在 Google Classroom、微软教室、苹果教室等学习管理系统中。

- 教学管理系统:Power School、Skyward。

- 社交分享展示系统:Seesaw。

- 教学软件系统:教学软件系统由学区审核后提供学校使用,数量巨大,比如135 学区给小学低年段老师就提供了 260 多种软件资源,有 EDpuzzle(视频学习软件)、HelloCrayon(低幼龄儿童绘图软件)、FooPlot(数学函数绘图器)等。而且大量的学习软件集成在 Google Classroom 中,进入 Google Classroom 后可以非常方便地调用。

- 学习资源系统:在线教科书和其他课程资源。
- 在线测试分析系统:MAP、SAT、ACT 等。
- 评价系统:CAAS、MTS 等。
- 行为数据的采集与分析系统:Intel Real Sence 等。

美国课堂使用的软件最大的特点就是它们的集成性和接口开放性,各种工具之间可以有机地联合起来,形成一个统一的课堂技术生态系统。

(三) 重构教师技能配置

在技术重构的学习空间中,教师的角色有了重大的转换。教师主要是学习的指导者,帮助学生完善学习的方案,鼓励学生间恰当的合作,为学生取得创造性的解决方案而喝彩。所以教师的技能也要重构,如何对学生进行深度指导,开展个性化教学,与学生建立更紧密的关系,是教师当前的主要任务。

因此,一个教室一个教师,这样的模式已经满足不了新的学习要求了。目前,在一个教室中配置多个教师,已经成为美国小学、初中课堂教学的一个趋势。芝加哥地区 Orland 中学校长 Dr. Edward Boswell 告诉我们说,合作教学模式是将来发展的趋势,Orland 中学在一些课程上已经实现教师团体共同备课、协作教学的形式,而且学区和伊利诺伊州已经有团队教学的指导和相关培训。

创新性的教师资源配备在美国渐成气候,一般教学教师组的团队角色和分工如下:

- 教师(Teacher):负责课堂教学。
- 团队教师(Team Teacher):在团队教学中开展工作。
- 协助教师(Co-teacher):协助课堂教学教师或团队教师的工作(协助教师与团队教师的不同在于,协助教师辅助其他教师教学,是辅助的,团队教师则是在团队教学中负责一个组或者一个项目,与其他教师无主次之分)。
- 综合特教教师(Integrated Special Education Teacher):对特殊需求的孩子开展教育(针对身体或学习障碍等)。

(四) 重构课堂学习模式

在重构的课堂空间、信息技术和教师资源的支持下,美国教室打开了传统教室封闭的时间、空间和有限的资源,重构了课堂学习的模式,见图 5-2。美国中小学混合式教学已经是课堂的常态了,小组合作学习、个性化学习、探究式学习、翻转课堂教学、基于问题的学习等,成为了美国学生基本的课堂学习方式。

图 5-2　重构的课堂学习模式

1. 开放了时间

学生不再被要求在同一时间学习某项共同的内容。学习采用探究式学习、小组学习、站点轮转式学习等模式,打开封闭统一的课堂时间;学习采用混合式学习、在线学习、翻转课堂等模式,打开了封闭的校内学习时间。

2. 开放了空间

各种学习模式都开放了教室空间,学生不再整齐划一地坐在课堂里,接受教师传授知识,而是可以用自己最习惯和最舒适的方式投入学习中。而且有些教室故意模糊了教室和外在空间的界限,来激活学生的创造力。

3. 开放了学习资源

在线学习和线下学习的混合,极大拓展了传统课堂极其有限的资源。教师资源的增强,小组互动模式的大量使用,加强了学生与学生、学生与成人之间的连接和关系,成为学生发展创造性思维的关键环节。

重构的课堂学习模式,创新的教育手段,磨炼了学生的设计思维,让学生学会了创造性解决问题,也让学生在个人兴趣的框架内,提高沟通和批判性思维的技能。

(五) 重构学习的价值

学习是有社会属性的,学习的目的在于输出价值。学习的效果应该通过价值输出来体现。所谓学习价值输出是指对他人产生积极的影响,例如一个学习总结、一篇文章、一个报告、一个创意、一幅画、一个工艺作品,甚至是参与小组讨论的发言等。价值输出式的学习被认为可以极大地增强学习的效能。

美国学校教室的墙壁已经变成学生的学习成果输出中心了(见图 5-3)。其中锚图(Anchor Chart)是美国教室里最常见的成果展示形式。锚图是将知识进行总结提炼出来的提纲、方法、策略、思路的整理,再搭配简单的图文。学生绘制了大量锚图展现了他们的思考,并与同伴和老师交流。

图5-3　学校墙壁贴满成果展示

另外值得注意的是在线展示工具Seesaw的广泛使用,据了解该软件目前被应用于超过100个国家的20万个教室,覆盖从幼儿园到高中的K—12阶段。学生可以通过照片、视频或图画、文字的方式在Seesaw平台上把他们的作业分享给老师、父母和其他同学。Seesaw背后的驱动原理在于,如果受到多方关注,学生在学业上的表现会更好。其根本是价值输出式的学习,增强了学生的学习效能。

以上就是我们在美国走访了几所中小学得来的感受。考察中我们深刻地感受到,近年来美国基础教育的教室变化是非常大的。由美国教室的变迁,我们或许可以观察未来教室的走向、思考影响未来教室的关键因素,从而揣摩、勾勒未来教室的大体面貌。窥一斑而知全豹,美国教室的变迁,背后是美国基础教育理念、教学模式、教育技术的全面更新和发展。因此,对美国教室的深入考察,不仅能帮助我们借鉴并构建中国的未来教室,也有助于我们把握世界教育发展的脉搏。

（撰文:原上海师范大学附属第三实验学校　赵钺）

教室成为学习真实发生的自由空间

这次美国考察，我们参观了很多美国小学，发现学校的走廊里设有属于每一个孩子的柜子，墙壁上到处张贴着五颜六色的海报，角落里摆放着一些桌椅；走进教室，发现教室被桌椅、书架等分成几个区域，有阅读区、集中学习区、小组学习区、个别辅导区……教室里讲台已经不存在了，取而代之的是教室一角的教师办公桌；桌椅不再是被排成一排一排，而是一组一组地摆放着，甚至于有些椅子被健身球代替；传统的黑板不见了，替代它的是白板；教室里靠近白板的地上总会铺着一张地毯。而孩子们呢，或两个人坐在走廊的地上，共同完成一张海报阅读；或三个一群坐在地毯上讨论；或一个人坐在座位上借助 iPad 看视频、读文章；或几个人围着老师，听着老师的讲解，每一个孩子都沉浸在属于自己的学习空间中。这样的空间给人的感觉是非常自由的，学生在这样的空间里学习非常的专注投入。

这样的空间似乎有一种魔力，吸引着孩子。这是为什么呢？

（一）灵活的座位更好地支持学生个性化的学习

当国内教室里的桌椅可以根据学生不同的身高调整高度，以便学生更好地坐在那里听课的时候，美国教室的桌椅已经发生了翻天覆地的变化。

1. 不同的桌椅满足不同学生的需要

美国教室里的桌椅样式各异，有三角桌、高脚桌、折叠椅、高脚椅、豆袋椅、摇摆椅等，五花八门。而这些不同样式的桌椅能满足不同学生的需要，摇摆椅和健身球可以为多动症孩子提供行为矫正上的帮助，能促进孩子主动调整坐姿，并为腿部、背部提供轻度运动，这样的桌椅和特殊孩子的身心发展相匹配；高脚桌和高脚椅比较适合高年级的学生，可以让学生时而站着、时而坐着，变化姿势；矮桌子和坐垫更适合低年级的学生，他们可以坐着，可以跪着，也可以趴在垫子上，丰富的触感更有利于低年级孩子个体的学习。

当学生的需要得到满足时，他们的感觉是安全而自由的，他们的思维也是自由的。

2. 不同的座位支持不同学习的发生

各式各样的桌子可以自由组合，或两个两个，或三个三个，可以拼成圆形的、方形的、长方形的或者扇形的更大的桌子。孩子们没有固定的座位,可以自由地组成不同的学习小组,在桌旁、在地毯上、在角落里等地方开始学习和讨论。

这样的座位设置是相当灵活的,学生可以找到最适合的地方开始学习,学习上需要帮助了,可以到个别辅导区的座位上请老师做个别辅导;需要安静看一本书的,就躲在地毯的一角或角落里的豆袋椅上进行;需要完成一份笔记,可以趴在地上进行;需要和小伙伴一起完成任务,可以找一个角落坐下来慢慢研究。这样的座位设置也更具协作性,学生可以很快地找到自己小组的伙伴,看着同伴的眼睛,倾听同伴的表达,阅读着同伴的肢体语言,分享和合作更加真实地发生。小组的成员和座位一样,不是固定不变的,这种交互式和不断变化的座位设置和成员组成,积极地刺激学生的学习行为,能帮助学生保持专注并更快更好地学习。灵活的座位促进了师生互动和同伴学习,让学习在互动中真实地发生。

（二）灵动的墙面更好地支持非正式的学习

走进美国小学,你能看到走廊、教室的墙上贴满或挂满了各式各样的海报。这些墙面上的海报大小不一、形状各异。经过教师的设计,墙面变得富于变化、十分灵动,无形中形成了一个环境,使它和学生日常的生活融合在一起,每天触动着学生已有的经验。学生正以自己的方式,以自己的感官经验,自发地感受到墙面海报所要传递的信息,也让学习就这样非正式地自然地发生。

1. 提高思维素养

在美国,学校里几乎每一堵墙都会说话,很多学校公共走廊里张贴着鼓励学生成长的海报。例如图5-4的"INSTEAD OF ... TRY"海报在9个方面引导学生用Growth Thinking来面对学习中遇到的问题。

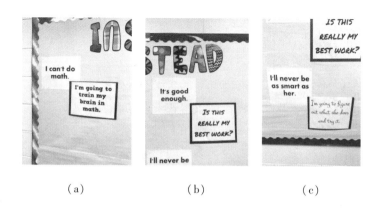

（a）　　　　　　（b）　　　　　　（c）

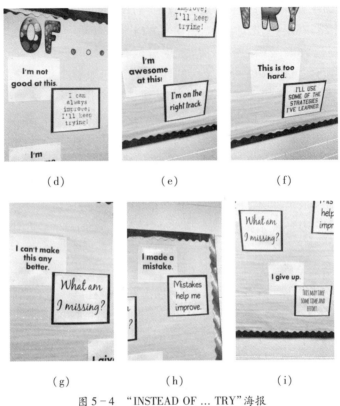

（d）　　　　　　　（e）　　　　　　　（f）

（g）　　　　　　　（h）　　　　　　　（i）

图 5 - 4　"INSTEAD OF … TRY"海报

图 5 - 4(a)：我做不了数学 vs 我要用数学训练我的大脑。

图 5 - 4(b)：足够好了 vs 这是我最好的作品吗?

图 5 - 4(c)：我永远不可能像她一样聪明 vs 我要弄明白她是怎么做的,然后尝试。

图 5 - 4(d)：这个我不擅长 vs 我总是能够进步,我要不断尝试。

图 5 - 4(e)：这个我特擅长 vs 这是我好的状态。

图 5 - 4(f)：这个太难了 vs 我要用一些我学会的策略。

图 5 - 4(g)：我不能做得更好了 vs 我是不是哪方面没有做?

图 5 - 4(h)：我犯了个错误 vs 错误使我进步。

图 5 - 4(i)：我放弃了 vs 因为这需要时间和努力。

学生每天都能看到墙面上的这些字,在无意或偶然的学习中,慢慢学会换一个角度去思考问题。

有的学校会将自己的培养目标张贴在墙面上,也会将一些激励学生的话语巧妙地布置在墙面上。例如有的学校在走廊墙面上放了一面镜子,镜子上贴了"LEADER"一词,镜子左边写着 MIRROR MIRROR ON THE WALL,右边写着THERE'S A LEADER IN US ALL,孩子们经过这里照照镜子,每天很有仪式感地告诉自己,自己就是 LEADER。这样一个有趣而精巧的设计,无痕地点燃了孩子们的梦想。

2. 指导日常行为

图5-5是学校的大厅 Hallway 和卫生间 Bathroom 里的海报,写的是有关这两个地方的一些行为准则,细小却非常具体。

（a）Hallway 海报　　　　　（b）Bathroom 海报

图5-5　Hallway 和 Bathroom 的墙壁海报

像这样引导学生良好行为规则的海报以简洁的语言、对应的图片、明亮的颜色吸引了小学生的注意。对于小学生而言,图片比文字更"令人回味",它是奠定各种联想的基础,也是让孩子在非正式状态下学习的一种方式。

3. 提供学习支架

美国小学教室里的海报很多是关注学生学习的,其中关于学习的方法、操作路径、学习步骤方面的海报是最多的,几乎每一个教室都会有十几张,而且会根据学习的进度不断补充和更新,比如在阅读时怎么思考和修改作文的要点、哪些地方需要字母大写等。这些海报有意无意地成为了孩子们自主学习的支架。

在一个科学教室里,教师在八个小组的座位上方分别挂上了"Explore It\Illustrate It\Reserach It\Organize It\Watch It\Write It\Read It\Assess It"八个词,并在小组共同的工具盒里放上各个小组的学习步骤,而这八个环节和具体的任务是一般科学学习的方法,教师设计得相当巧妙,将海报和学具卡片变成了学习支架。而学生在完成具体任务步骤的同时,无意识地学会了这八个方法,久而久之,学生能活用这些支架开展研究学习。

教室是最能反映一个国家教育状况的地方,这并不是说设施设备越高级越好,而重点是教师是如何将教室创造成灵活的空间来辅助学生学习的。

4. 选择合作伙伴

在一所初中的教室外面,我们看到墙壁上是一块长长的白板,板上什么也没有,只有淡淡的书写痕迹。我们询问了学生,原来这块白板是用来进行个别学习的,有不会做的题目,他们可以寻求伙伴的帮助在白板上演算;有的同学喜欢挑战难题,也会找伙伴或者老师一起在白板上演算讨论。灵活的空间给了学生灵活的学习方式,校园里、教室里,学习正在真实地随时发生。

(三) 灵通的教室更好地支持学生主题性学习

美国学校里除了 Home Classroom,还有各种专用空间,如 STEM 教室、创客空间、编程教室、媒体中心、艺术教室、小剧场等。有些地方根本称不上教室,因为那些空间没有墙壁,是开放的或半开放的。这些空间专用设备齐全,其中的桌椅可以重新组合,非常灵活管用。孩子们在这样灵通的空间里,开展各类主题式的、项目化的学习。

1. 提供专业的任务基地

教师会根据学生学习的需要,灵活地创建各种活动区域,为各种学习任务提供支持。一所学校的创客中心里,我们看到材料区域堆放着很多废旧材料,设备区域摆放着印刷机,几个工作台上摆放着孩子们没有完成的作品(见图 5 - 6)。

图 5 - 6 一所学校的创客中心

原来,这几个星期孩子们正在根据一个故事设计道具和场景,他们每天要到这里设计、制作、印刷。对于这个周期比较长的项目,创客空间无疑给孩子们提供了灵活而有效的场所。

2. 创设有趣的学习场景

我们在 135 学区一所学校的侦探活动中看到,老师将教室设计成一个犯罪现场,学生通过扫二维码获取案件线索,然后进入悬疑侦探的场景中发现、捕捉信息,和小伙伴整合线索、讨论案情、完成推理,并在 iPad 上形成报告,报告要求线索清晰,推理要符合逻辑。这样的空间设计和学习任务、线上支持的紧密结合,让学生更加投入,更好地将新信息和经验固定在脑海中。

3. 拓展多元的空间功能

很多美国学校的图书馆已经不是传统意义上的图书馆,而是变成了媒体中心甚至创新中心。这不是简单地改了一个名字,而是图书馆的功能发生了变化。如小学的图书馆所有的书架下面都装有滑轮,可以自由移动,而图书馆被灵活地分成了各式阅览区、创客空间、社会情绪课程的私密空间等七八个区域。多元的空间支持学生在不同领域的学习,通过确保环境的灵活性,可以尽可能地消除物理的(例如墙壁和桌子)、虚拟的(例如技术障碍)、文化的(例如学习态度)的限制,让学习真实地发生。而老师所扮演的角色,就是这种学习空间的设计师,负责为每一个孩子提供真实的自由学习空间。

（撰文:上海市奉贤区洪庙小学　何春秀）

费米实验室中小学科学项目

——科研机构科普好榜样

美国著名的费米实验室(见图5-7)是仅次于欧洲核子研究中心的,世界上第二大高能物理研究实验室。费米实验室的目标是通过研究原子的世界,寻找宇宙形成和运转的秘密,探索物质和能量的基本属性。费米实验室的加速器技术举世闻名,可以将质子加速到接近光速,从而帮助物理学家探索物质、空间和时间的奥秘。

图5-7 美国费米实验室

费米实验室没有围墙和保安,对所有人开放参观。费米实验室教育办公室负责人接待了我们并向我们介绍了费米实验室科普教育工作的历史。费米实验室第二任主任,诺贝尔奖获得者里昂·莱得曼非常重视对公众进行科普教育,因此成立了费米实验室教育办公室。费米实验室注重与社会团体、学校开展合作,通过科学教育,开发教师和学生的科学潜力。延续至今,形成了费米实验室重视科普教育的传统。费米实验室承担着向公众普及科学知识、提供科学教师培训和开展学生学习实践的责任。

(一) 教师培训项目

费米实验室的口号是:"A teacher can influence a generation of students,一个教

师影响到下一代人的培养。"

费米实验室非常重视对科学教师的培养,因此设立了教师资源中心,目标是通过开发教师潜能,让其成为优秀的科学教育工作者,从而影响更多的学生。

费米实验室主动了解教师学习的需求,针对科学教师的职业能力发展,开发了教师系列课程,有完整的教师培训方案。教师培训方案以州规定的科学教育标准为参照,向教师介绍如何进行科学观察和实验,让教师深度参与费米实验室的科研项目,组织教师定期研讨,帮助教师加深对核心内容领域的认知,体验科学实践过程,为教师提供各种学习资源。

每年寒暑假,费米实验室都开设科学教师系列培训课程。教师在这里学习,通过考核,可以拿到学分(美国教育部门规定教师每五年必须修满 120 个学分,州教育部门每五年审核一次,审核通过才发新的教学执照)。美国的暑假特别的长,有3 个月,因此每年有很多教师利用暑假时间在这里进行培训学习。

(二)学生培训项目

费米实验室的口号"Training the next generation of science and technology talents,培养下一代科技人才"。

费米实验室为 K—12 的学生提供参观和动手实践的学习机会,设立了"莱得曼科学教育中心",专门负责 K—12 学生的科学课程的开发。为了了解学生的实际需求,莱得曼科学教育中心与地区课程委员会、学校行政人员、教师和教授保持着密切的联系,并与他们积极合作,开发适合 K—12 教育的学习内容,为学生提供高品质的科学、技术、工程和数学学习课程。

今年,莱得曼科学教育中心有 69 个学习项目,不同的学习项目针对不同的年级,内容丰富多彩。学生通过动手实验、户外观察,体验科学实践的过程。每周的周一到周六,包括寒暑假,莱得曼科学教育中心都对学生开放。这里每个月都有一个主题活动,学生深度参与实践,在竞争和荣誉中体验科学实验的快乐。同时,学生在这里学习的材料、书籍、刊物都是免费的。莱得曼科学教育中心每月举办"Ask a Scientist"活动,让学生与科学家、工程师面对面的交流,听科学家讲解更专业的内容。莱得曼科学教育中心还积极走进学校,经常举办各种科普讲座。

(三)公众开放项目

费米实验室成人科普的目标是改变人们的认知,促进社会的进步。

费米实验室非常重视面向成人的科普,每周向公众开放六天,每周三接受团体预约,由专业讲解人员引导团体进行深度参观。费米实验室经常举办各种面向公众的科学讲座,还有一些以家庭为单位参加的科普活动。费米实验室有自己的官方网站,上面有每个月教师培训、学生学习、公众开放活动的具体安排,教师、学生和其他民众提前在网上申请,通过预约以后参加各项活动。

美国民众对靠纳税人税收建立起来的科研机构都比较关注。我们从接触过的美国民众那里了解到,他们对费米实验室基本上没有批评态度,反而都是相当支持,很少听到负面评价。这与费米实验室注重与公众形成良好的互动是密不可分的。

费米实验室不仅开放实验设施与场所供公众参观学习,还非常注重通过网络与公众形成良好互动。在费米实验室的官方网站上,经常有民众提出各种各样的问题,特别是很多青少年喜欢问一些科学的问题,费米实验室都会一一解答。比如:有学生问费米实验室会不会产生电离辐射,对身体造成什么影响?工作人员就把辐射的原理、成因,以及费米实验室的测试数据报告一一陈述。还有些人的问题已经远离了科学的范畴,比如费米实验室对伊利诺伊州经济发展有什么贡献?工作人员就把经费使用数据、科学家的消费情况一一展示出来。可见,费米实验室对于民众的提问十分重视。

这种公众科普教育对于社会的贡献是巨大的,科学精神与科学思维方式会潜移默化地影响人们。

第一,潜移默化的爱国主义教育——让听众产生强烈的爱国情怀

这种科普教育的作用效果非常明显,特别能激起学生的爱国热情和民族自豪感。解说的教师自豪地告诉学生,几十年来费米实验室成绩斐然、硕果累累,取得了多项世界顶尖研究成果,引领了世界高能物理科学的发展,创造了多项世界纪录,走出了诺贝尔奖和国家科学奖获得者,对人类高能物理科学的发展做出了巨大贡献。当教师讲完以后,学生都发出了赞叹声,由衷地为国家的伟大成就而自豪和惊叹。学生可能没有完全理解费米实验室科学研究的内容,但是学生通过了解其科学成就所获得的自豪感、自信感和认同感,深刻地影响着学生的精神面貌。

第二,实践体验的教师培训——让更多教师快速成长

费米实验室研发团队注重与学校科学教学的实际相结合,将教师的科学教育培养方案进行体系化和标准化,形成了对科学教师培训的系列方案、计划、教材、课程。他们对教师进行规范化的培训,注重理论与实践相结合,特别是注重对教师动手能力的培养,强化了在职教师的动手实践能力。

每年有大量教师申请到这里来参加培训,费米实验室有严格的管理制度和考核标准,培训过程认真、规范。费米实验室为每个培训教师建立档案,有完整的过程性评价,既保证了培训的质量,又与教师的实际需求相结合,深受教师的欢迎。

第三,寓教于乐的科普教育——让更多学生爱上科学

费米实验室的最终目标是培养下一代的科学家。通过自主研发的创新课堂形式和科学实验内容,费米实验室努力教 K—12 的学生动手做科学实验,并让学生在户外动手实验的过程中亲近自然、理解科学。自己动手完成科学实验,充分激发了学生的好奇心,训练了学生解决问题的能力,培养了他们的创新精神。

(撰文:上海市崇明区教育学院 黄宁宁)

基于技术驱动的美国中小学混合式教学新进展

随着美国技术平台的丰富以及海量的教学软件的开发与运用,美国中小学混合式教学正在发生新的变革,由此带来了班级授课制下兼顾个性化差异教学的新进展。这里所说的混合式教学,是指在一堂课里,教师根据学生的学习进展差异化情况以及不同的教育内容安排,将学生分成不同的小组进行教学;或者根据不同的教育内容,在同一课堂里进行混合式内容轮换教学。

（一）混合式教学的组织形式走向多样性与常态化

美国公立中小学的课堂教学,与大多数国家教育一样,长期存在着教师讲、学生听的现象,教学形式呆板、机械,较多照顾中等生,而缺乏对优等生以及特殊需要学生的关注,造成诸多优等生向中等生转化、差生变得更弱的情况发生。为满足学生的个性化差异性学习要求,近年来美国越来越多的公立中小学在技术的推动下大力推进混合式教学,并趋向常规化与多样化。

美国公立中小学混合式教学多样化,体现在根据学生学习程度、个性差异与教育内容的不同,形成了多样化的分组,使同一课堂教学出现了多样内容的混合式教学。主要有如下几种分组混合式教学组织形态。

第一种是基于翻转课堂的分组混合式教学。如一所私立男子高中的英语教师Kent Doyle,用两年时间进行英语翻转课堂混合式教学,授课前学生看教师布置的视频或练习,在课堂教学时,老师根据学生对视频的理解程度,进行不同层次的分组学习:已经完全理解的学生分在一组,布置新的学习内容;理解一部分、还有一部分不理解的分在一组,进行针对性解惑;不怎么理解学习内容的安排在特殊需要组,教师轮流进行指导,关注学生的个体需要。

第二种是基于不同教学内容的分组混合式教学。在课堂教学中分成三到四个小组,一个小组进行教师小组教学,一个小组进行创客空间学习或小组讨论学习,一个小组进行在线学习,一个小组进行小组合作分享式学习等。

第三种是基于分层内容学习的分组混合式教学。课堂教学中根据学生的学习层次分成难易不同的几个组,每个组学习不同的学习内容,在教师指导其中一个组的时候,其他组或进行游戏,或讨论学习,或进行在线学习等,且这几种形式的学习每组都轮到一遍。

第四种是基于学科教学内容和学习差异进行整体混合式教学。主要表现为两种形态:其一是一节课分成不同时间段进行学习,如一个时间段观看视频或在线学习;一个时间段借助移动设备进行绘图或音视频编辑学习;一个时间段进行集体汇报或集体讨论学习。其二是进行集体或分组学习学科理论之后,整体迁移进行实验操作或其他内容的学习,将理论授课教室与实验操作教室放在一个大的教室或邻近相通的教室进行。

以上四种混合式教学组织形式往往不是单一发生的,更多的是多种混合式教学组织形式同时发生或交叉发生,这就使得美国中小学混合式教学变得多样化,并且美国公立中小学的混合式教学借助丰富的技术平台与网络资源,已走向常态化运行,而不是为了"课堂表演"去推进,这是非常了不起的变化。如我们考察的美国芝加哥学校,他们的数学、英语教学课堂完全显现了多样的混合式教学,如一节数学课分成三个大组,在一个大教室里分成不同区间由三个教师授课,每组的学习内容层次各异,但均有视频教学、在线学习、交流讨论等学习内容。每个学生上课随身携带学习电脑,且上课都借用 Google Classroom 在线学习平台进行。一所高中的学生在混合式教学环境中,让借助技术平台的学习方式无处不在,非常引人深思。

(二) 混合式教学的课堂环境走向灵活性与规范化

美国中小学混合式教学的课堂环境变得越来越灵活,不仅表现在教室环境布置的灵活性,而且表现在课时安排的灵活性、在线学习的灵活性、教师辅导的灵活性、学生学习方式的灵活性等多个方面。其混合式教学的课堂环境并没有因为灵活安排而变得杂乱无章,学生也不会随意走动,每一个学生在混合式教学中都安排了适合自己的学习内容,并且遵守教师的规则要求,学生按教师事先制定的规则分组并且在不同组之间转换学习内容,显现了混合式课堂环境的规范化运行。

在混合式教学的课堂,教学时间变得灵活。多明尼克大学教育学院指导的一所高中,一节英语课时间定为 75 分钟,每节课分成五个部分进行混合式教学,教师在每个组进行轮换指导,如有一堂英语文学课,学生被分别安排进入了自我阅读、小组间朗读、写作、听读写、文字修改工作五个学习小组,每组安排学习 15 分钟,教师轮换进行指导;下一堂文学课,教师根据上一节课学生的学习差异情况再进行分组指导。芝加哥地区的 Holy Trinity High School 的核心课程授课时间,一节课变成了 90 分钟,进行分小组的混合式教学。如一节英文课分成四组,一组由教师指导如何撰写论文,一组单独撰写论文,一组由学生分小组讨论,一组学生阅读并注释与主题内容有关的信息文本,教师在小组之间进行轮换指导。伊利诺伊州 53 学区的 Brook Forest Elementary School (K—5 年级公办学校)的数学课采用 60 分钟混合式教学,英语课采用 90 分钟混合式教学,且 3—5 年级有针对学业水平优秀的学生进行集中混合式教学。混合式教学的空间环境相当灵活，大部分学校的教室都配备多媒体教学设备，教室里的桌椅呈现圆形、四方形、三角形等多样编排，有的还放有吧台式的高脚蹬座椅、沙发等，学生上课根据自己的小组编排进行排座。教室安排也很灵活，不少学校的物理、化学、生物学科的理论学习教室与实验教室安排在一起，或者是相通的。

在混合式学习的教室里，让我们感到吃惊的是尽管每个学生的学习内容不同，每个孩子的学习程度也有差异，也不是所有小组都有教师指导，但我们很少看到学生随意走动，他们都在自主或合作式地完成学习任务。这是因为教师在推进混合式教学过程中，都形成了一套比较完整的规则来约束孩子们在个性化的学习过程中应遵守的要求。在理性思考层面上，美国研究学者总结出了混合式教学主要运行的规范特征：由教师主导的小组指导学习、合作学习、创客空间学习、基于项目的学习、个性化辅导、展示与实践等。在操作层面上，教师已经能够娴熟地运用诸多规则来引导在混合式教学实施中的学生个性化学习行为。对于混合式教学的分组，如果只是学习内容不同，没有层次差异，教师对学生就进行随机分组；如果学生之间存在较大层次差异，就根据考核情况进行分组，教师在进行混合式教学前，确定分组情况以及每组需要学习的内容，有的教师在授课前将分组情况与学习规则直接用PPT形式展示在白板上。对于分层学习的学科混合式教学，学校都制定了明确的学生在不同层次之间转换的规则，如果学生经过一段时间的学习，考核能够进入较高层次的，就随时进入较高层次的小组进行学习；如果在较高层次跟不上进度，考核结果变弱了就会降低层次。

除了上述的美国中小学混合式教学新进展外，还有混合式教学的师生互动走向多元化与多层次；评价反馈走向及时性与针对性等特点，在此就不多作阐述了。总的说来，在技术驱动下美国中小学混合式教学变得越来越常规化，在不同年级都被大量地使用。借助技术平台与海量的网络教育教学资源，混合式教学可以让教师更加关注到每一个学生。由于每个学生学习某一内容的学习注意力集中时间是很有限的，通过分组学习内容、采用不同学习方式（在线学习、游戏学习等），不仅可以完成不同学习任务，而且能够让学生在学习时更加集中注意力。不同层次的学生在一个班级里学习，显现教育尊重每一个学生的权利。混合式教学，正是在技术驱动下得到了更好的发展，能够更有效地照顾学生的个性化学习。

（撰文：上海市上海中学　刘茂祥）

美国中小学学习空间的设计

　　建构主义强调学习者的主动性,认为知识不是通过教师传授得到的,而是学习者在一定情境下,借助他人的帮助,通过意义建构的方式而获得的。建构主义提倡在教师的引导下,以学习者为中心的学习,教师是过程中的帮助者、引导者。教师作为帮助者,不仅要激发学生的学习兴趣,还要创设符合教学要求的学习情境,而这些学习情境有的是体验式的学习空间,有的是非正式的学习空间。学校或教师通过重新设计教室,实现传统的正式学习的教室空间再造,将正式的学习空间向外拓展,让学习不仅发生在传统课堂上,还发生在学校的任何场所,如图书馆、实验室、社团中心、科创中心和教师个人工作室等。无论何时何地,整个校园都将是一个开放共享的学习空间。

　　今天的学习者喜欢积极的、参与式的、体验式的学习,他们在多样化的学习空间展示自我的学习风格,激发学习的兴趣,促进他们的创新。空间的改变会改变教师的教法,学习者的学习方式也会发生改变,非正式的学习空间可以更好地促进学习者之间的探索、沟通、协作和分享。现如今,21 世纪人才培养有着新的培养目标(4C 目标),学习空间已经成为美国中小学的基础学习环境和流行的服务模式。目前在美国伊利诺伊州的多个学区,初中和小学的教室、学校的图书馆、学校的特色教室,甚至走廊都已实现完美转型,这些地方都已经成为学习者新的学习空间,并且学习空间的服务策略呈现多样性。

　　(一)　基于需求建设学习空间

　　建立一个提高学习效率的空间的初始条件是了解空间应该实现什么样的教学活动。空间的打造是为学习者服务的,空间的设计和建设是一项系统工程,要确定空间必须满足的活动需求,对空间的使用模式和服务方式分析显得至关重要。

　　美国中小学借助信息技术对空间进行了重新的定义与设计,进行了很多的探索与实践,以适应学习者的个性化学习和小组合作交流的需求。图书馆不再是传统意义上只能单纯地借阅图书和具有藏书功能的场所,而是变成创新中心(Innovation Center,如图 5-8 所示),这在很多学校成为了标配,由学区统一规划实施。其中图书馆信息技术支撑基础环境已是常态,图书馆功能不再单一,而是融合了不同学科的教学功能。在这里,学习者个人有遐想的独处空间,小组合作有自由沟通的学习空间,简单微型课堂有便捷的实施空间。各空间设计风格各异,整体美观大方,图书陈列的书桌可根据需求进行移动,变换"阵型"。学习者根据实际需求,自由移动桌椅重新整合,实现空间里的空间变换,一切以学习者的需求来重新定义和再造。让学习者沉浸在舒适的环境中,自由地享受美好的沟通、交流、合作、创新过程,让教师感受到生活中的教育、教育中的生活两者是可以相容的。

图 5-8 Innovation Center

（二）基于实际重造传统空间

教室是学习者活动的主要场所。通过在美国不同学区的学校实地考察,我们发现传统教室的布置形式已经悄然褪去,教师为主导的课堂几乎消失,以学习者为中心的课堂教学已成为主流,分组和分层学习已是常见现象。尤其在小学阶段,每节课学生都进行分组合作学习和个性化学习,分层教育是很多小学课堂教学的常态。

这些现象折射传统教学模式的转变,包括学习者角色和教师角色的重新定位以及传统课堂环境的重新定义。例如伊利诺伊州 53 学区的 Brook Forest Elementary School,学校规模小但独特,是一个以家庭为中心的学校。教室空间被划分成功能活动区、图书角、扇形辅导区等区域。教室里课桌摆放灵活多样（见图 5-9）,多数是以教师实施小组教学和学习者小组合作为目的,便于小组同伴间的讨论和互助,同时也便于教师自由走动和学生小组轮换。

图 5-9　创新教室空间

教室空间是一个整体,学生在任何地方都可以形成小组,表现形式多样。有的围绕桌椅,有的聚拢墙角,有的以地为席。小伙伴们不拘泥形式,有的在地面上躺着、趴着,有的坐在桌面上,有的坐在特殊的椅子上(皮球和摇晃椅)等。像 STEM 特色教室,教室空间不局限在教室内部,学习空间已经延伸至走廊外,学校利用无线校园、移动终端等信息技术重新打造学习空间,实现学习空间的独享、共享和延伸。

上述学校正是美国中小学学习空间建设的一个缩影。面向 21 世纪的人才培养目标,学校里的学习空间正在发生转变,可延伸到任何地方,学习者能随时随地学习。每个空间的设计和再造,都会体现以人为本的设计,基于学习者需求的设计,以及丰富多样的个人学习环境。学习空间设计让创新成为一种可能。

（撰文:上海市实验学校　王昌国）

美国中小学强化学生行为习惯养成的法宝

在芝加哥培训考察的日子里,我们有幸走进了美国不同学区各类 K—12 学校。基于个性化学习的改革,任何一所美国学校都看不见像国内那样整齐划一的秧田式桌椅摆放和大班授课现象,教室内学生都以小组形式入座和学习,每一节课内小组间会有多次流动轮换任务,上课模式也是混合式教学,有时需要用 iPad 或手提电脑,有时要进行小组讨论、小组活动等。教师对学生的坐姿没有硬性规定,以学生舒适为主,不断鼓励学生随时提出质疑。大多数学校对二年级及以上学生的数学和英语学科进行分层走班上课。到了中学,按照自己的选课情况走班学习,一人一课表。美国学校没有 10 分钟课间休息,仅给出 3—5 分钟时间供学生轮换上课地点、取放学习资料。可以说,整个校园一直是涌动的。理论上说,这样的环境应该热闹非凡。但是所到之处给我们的印象是:校园井然有序、动静相宜;学生礼貌阳光、规范得体。带着些许的敬佩和好奇,我们一路观察着、寻找着、交流着,最终把视线聚焦在了无处不在的一张张校园海报上。

图 5－10　墙上的海报

让墙壁"说话"是美国校园文化一道靓丽的风景线。走进美国的任意一所中小学,你都会看到走廊、教室的墙上贴满或挂满了各式各样五颜六色的海报、标语等,其中很大部分融合了对学生行为习惯要求的内容(见图 5－10)。

细观不同的海报,我们发现美国学校与国内最大的不同就是——把规范要求量化、细化、可视化、可操作,非常务实接地气。以笔者观察到的芝加哥地区部分中小学为例,墙壁海报大致有以下特点。

(一)愿景目标引领

美国联邦政府将教育权基本下放给各州。美国各州纷纷对学校的品格教育进行立法和指导,主要特征有:(1)注重培养学生良好的人格特征;

（2）注重培养学生必要的公民规范;（3）培养学生的传统美德;（4）重视"公平"。因此,笔者到访所见的每个学区、每所学校都对学生提出了体现品格要求的愿景。所有的学校都会用3—5个核心词表达,希望学生成为对社会有用的未来公民,在美德、素养等方面要遵守规则要求,其中包括对行为规范的要求。核心词以各种学生喜闻乐见的形式呈现在大厅、走廊、教室、体育馆、餐厅等。如135学区Orland Junior High School 为学生制定了"Generosity（慷慨）, Respect（尊重）, Integrity（正直）、Truth（求真）"的愿景目标,并把它提炼成"GRIT"缩写形式,呈现在校门口、媒体中心、教室、办公室、走廊、校刊等各种空间（见图5-11）,让学生抬头可见、耳熟能详,学校的培养目标就是要学生做拥有"GRIT"素养品质的人,在无痕中让学生了解并强化了学校的愿景,使师生首先做到了思想上达成共识、追求上目标一致。

图5-11　"GRIT"标语

（二）细分场景可操作

135学区High Point Elementary School是一所苹果公司认证的小学。该校为学生制定了"Responsible（责任）,Kind（善良）, Respectful（尊重）,Safe（安全）"的愿景目标。四个核心词的愿景目标不仅随处可见,而且将其内涵细化分解为每一处场景、每个活动空间的不同具体行为要求,从教室、卫生间、走廊到操场、体育馆等,一一列出,告诉学生在相应场景应该如何做到"责任、善良、尊重和安全"的目标。图5-12、图5-13是该校将四个核心词在卫生间、走廊大厅的细化、量化的具体要求。

- In the Bathroom（在卫生间中）

I'm Kind & Respectful:我要给别人一定的私人空间,废纸只能扔在垃圾桶。
I'm Responsible:发现问题即刻给老师汇报;便后要洗手;用完厕所要冲水。
I'm Safe:我要保持卫生间的干净和干燥;要慢走（不能奔跑）。

201

图 5-12　在卫生间墙上的海报

图 5-13　在走廊大厅墙上的海报

● In the Hallway 在走廊大厅中

I'm Kind & Respectful：列队行走；尊重在学习的人；安静地等待直到轮到自己；见到朋友要微笑,挥手致意。

I'm Responsible：管好自己的双手；不随意去走廊上走动。

I'm Safe：要慢走(不要跑)；时刻小心。

图 5-14　教室里的行为海报

再比如美国一所学校对学生提出"Safe,Responsible,Kind"三词要求。学校在教室这个学习的场所,对这三个词作出了如下细化的要求(见图 5-14)。

(1) Be Safe：管好我的手、脚,保管好私人用品；管理好我自己的个人空间。

(2) Be Responsible：保持室内音量；保管好自己的学习资料；学习活动完毕清理好物品。

(3) Be Kind：体现自己应有的风度；设身处地为别人考虑；用善良的语言交谈。

(三) 注重量化、可视化

学校把训练学生的音量大小作为必不可少的教育内容。开学之初,老师专门培养学生控制音量,并且用数字标注不同的音量程度,每个教室常会贴着一张五级音量表的海报(见图 5-15),让学生强化铭记不同的场合需要调整的声音音量。

图 5－15　五级音量海报

在与美国教师的交流过程中,笔者详细了解到具体每种音量的用法。

0. 安静。安静的情况适用于:考试、自己独立学习、默读等。此时的孩子需要给自己和他人提供一个安静的学习氛围。

1. 耳语。耳语的情况适用于两人讨论或悄悄话。此刻的声音应该只有彼此能听到,既能让对方听见,又不会影响其他人。同样,在家时如果父母有重要的电话,也需要孩子保持"1"的音量。

2. 小组讨论。小组讨论可以稍微大声,这样能让坐在对面的孩子听到,但也不可以影响其他组的孩子。但是一般来说,小组讨论到激烈的时候总有孩子大叫,此时应该提醒他们:嘘,现在是小组讨论时间!

3. 演讲。演讲的声音应该自信而洪亮有力。老师在演讲的时候常常站在教室的最后面,并且提醒他们——如果我听不到,就说明你的声音不够大哦!

4. 户外。户外是孩子们释放精力的地方。此刻的孩子可以无拘无束,尽情奔跑大叫。大叫和玩耍可以让孩子释放精力,等回归课堂的时候反而更能集中精神。

(四) 激励评价跟进

美国学校十分注重对学生行为习惯的正面引导和培养,海报内容都用充满正能量的语言鼓励学生,而不是简单地用"Don't"(不准)来做指令。浸润在这种激励赏识的文化氛围中,学生始终充满自信,觉得自己是棒棒的,从而唤起学生更优秀的行为表现。如图 5－16 所示海报上写着"你是一个探索家、你是一个创造者、你是大家的朋友、你是一个领袖、你能改变世界、你很重要、你很勇敢",给予学生积极的心理暗示。

图 5-16　充满正能量的海报

在 Orland Park Primary School,一进校门,迎面而来的是一条欢迎语,同时又是一条充满正能量的寄语海报,设计巧妙,有趣易懂,海报上写着:"当你踏入这所充满爱的校园,把你自己当作这个杰出家庭的特别一员!"

学校非常注重对学生行为表现的跟进式评价。每个教师手里都有小小评价表,每天对学生做出即时评价(见图 5-17)。学校每月都安排至少一次周五下午的全校性庆祝活动,对在践行核心发展目标方面表现好的学生给予表彰,表扬行为表现优秀的学生,并及时与家长联系,让学生时刻得到精神上的鼓励和认可,懂得人生的道理。

图 5-17　小小评价表

总而言之,美国的行为规范要求具体、翔实、有趣,每一条孩子都可以遵照执行,看起来琐碎,却是维护学校纪律的最基本的要求,孩子们就在执行这些细致规矩时,不知不觉地学会了遵守规范和纪律。美国校园海报在对学生行为习惯的养成训练中,起到了春风化雨般无痕相融的重要作用。

最好的教育是在潜移默化间,行为习惯的养成,需要一点一滴的积累和强化。美国虽然没有专门的德育处、班会课等,但他们利用有限的教室和校园空间,创造出了教育的随时性、扎实性和无限性,值得我们学习借鉴。

(撰文:上海市罗星中学　彭素花)

美国教育中"VR 热潮"带来的启示

　　VR(Virtual Reality,虚拟现实)是指利用电脑或其他智能计算设备模拟生成一个三维的虚拟环境,主要目的在于创设一种生动、逼真、交互自然的信息环境,从而使得参与者能够与虚拟环境融为一体,获得沉浸式的角色体验。VR 作为一项开拓性技术,未来的市场被资本和用户看好,在各领域的应用都有着巨大潜力。在美考察教育信息化期间,我们发现,VR 与教育行业的结合已经取得了不小的进展。

　　(一) 亲身体验美国教育领域中的"VR 热潮"

　　在高等教育领域,我们在多米尼克大学教育系 Dr. Ben Freville 的主持下体验了多项技术工具的使用,其中就包含 VR 技术,我们利用头盔和手柄,在虚拟现实世界开展互动(见图 5-18)。

图 5-18　体验 VR

　　在基础教育领域,我们访问了位于伊利诺伊州的 93 学区,该学区在教育技术创新方面颇有建树。北伊利诺伊大学教育技术学博士 Karen Ladendorf 女士为我们做了技术创新讲座,让我们感受了 VR 在教学中的运用。Karen Ladendorf 女士在学区的教育创新部门工作,研究新技术如何促进教育的发展。

　　据介绍,93 学区每所学校都有 VR 设备,支持在科学、地理、历史等学科课堂使用。第二天,我们实地走访了学区的多所学校,在斯特拉特福德中学,我们亲身体验了穹顶球幕架构的 VR 虚拟环境。

在社区教育领域,我们走访了美国最重要的科学研究中心之一费米国家实验室,来自世界各地的高校和实验室的约 2500 个科研用户在费米实验室开展他们的研究。几十年来费米实验室取得了多项研究成果,并带动了相关技术的发展。该实验室为学生和教师提供技术讲座、实验和课程,并使用 VR 技术向师生展示较难现场演示的先进实验。

(二) 美国各界对 VR+教育的重视和支持

几年前,美国发布了《下一代科学教育标准》(Next Generation Science Standards,简称 NGSS)。这一新标准是美国在 21 世纪颁布的首个全国性的科学课程标准,对美国乃至全球未来的科学教育产生了深远影响。VictoryVR 公司迅速跟进,根据《下一代科学教育标准》设计虚拟现实课程,目前已完成 24 个初中课程单元和 24 个高中课程单元。每个课程单元都包含原创、引人入胜且信息丰富的 VR 内容,包括 5—6 个 VR 体验和 3 个评测,具体类别为以下元素:虚拟实地考察(1—2 个);交互式游戏/学习活动(1 个);教学故事——VR 漫画书、剧场体验或 VR 旅程(2 个);教师演示/实验(1 个);评测(用云技术进行记录保存)(3 个)。

苹果公司创始人乔布斯的遗孀劳伦·鲍威尔·乔布斯向华盛顿领导力学校(Washington Leadership Academy)捐赠了 1000 万美元用于 VR 项目。这笔资金是超级学校项目大赛十个办学奖之一。超级学校项目大赛面向全美,要求教师、学生和服务者想出关于 VR 在现代化高中应用的创意。在宣布大赛启动时,劳伦·鲍威尔·乔布斯说:"当前高中的架构是 100 年前制定的,从那时起就一直没有任何创新,是时候做出改变了。"

美国教育科学研究所为小企业及其合作伙伴提供最高 105 万美元的资金支持,用于研发具有商业可行性的 VR 教育科技产品。此外,还对面向所有学生并有助于办学和提高学习成绩的 VR 研究项目提供补贴。

美国教育部推出了高达 68 万美元奖金的 EdSim Challenge 挑战赛,鼓励参赛者设计下一代的教育 VR 环境,以提高学生的职业和技术技能。

《地平线报告》是美国新媒体联盟(New Media Consortium,NMC)组织每年发布的关于信息技术及其在教育中应用情况的前瞻报告,该报告每年发布两个版本:高等教育版和基础教育版。2018 年 2 月,新媒体联盟被美国高等教育信息化协会(EDUCAUSE)收购。

自 2004 年起,《地平线报告》每年都邀请世界各地的专家开展研究,从未来教育面临的挑战、教育发展的趋势和将会驱动教育变革的技术三个方面展开预测。

每一年《地平线报告》所预测的挑战、趋势和关键技术，都是全球学校教育研究人员、教育管理和决策者以及中小学校长持续跟踪和关注的。该报告可谓是全球学校教育信息化的风向标。2017年地平线报告中，将VR技术列为未来的关键技术之一。报告指出，以学生为中心的学习方式正席卷全球，诸如VR这样可以增加更多学习体验的工具将日益得到重视，它可以使学习更真实，进一步增加学生的参与度。

（三）美国VR+教育的特点

美国的VR+教育，重视学习的递进。一方面，针对同一个知识点，不同年段的学习内涵和要求是有差别的，随着年段的递增，内涵与要求也在递进。另一方面，即使是同一年段，根据学习认知的通常规律，学生对于学习概念的理解也不可能一蹴而就，可以设计学习"支架"，使得在本年段对VR概念的理解逐步提升和递进。

美国的VR+教育，强调学习的实践。学生如果没有经历自主学习实践，在失去探索乐趣的同时，也就无法完全理解学科知识的本质精髓。

在低年段，比如小学阶段，VR可以帮助学生在学习结束并且记忆开始消退之时来强化学习。VR能让孩子们再次回到学习的实践体验当中，重新获得兴奋点。它还提供了潜在的学习递进支撑。在某个案例之中，教师提问："大家还记得我们在动物园里看过的大象吗？让我们通过VR，看看它们在自然栖息地的不同习性表现。"学生如果没有亲眼看过某些场景，会很难理解和谈论它们。比如有的学生从未见过大海，就可以通过VR来参与实践体验，追随自己的兴趣并培养想象力。

在高年段，比如中学阶段，VR除了以上优势，更有助于创建学习环境和提高学生参与度。创建学习环境对于加深理解至关重要，当被VR引入具体的环境中体验时，身临其境的感觉会带来理解力的递进提高，这种经验非常宝贵，对学生来说尤其如是。

提高学生参与度一直是优秀教师追求的目标。VR可以协助教师，为学生提供体验学习的新方法，甚至通过实践学习，创建出自己的3D虚拟世界，而不是单纯地体验现有的VR作品。

（四）VR+教育发展中需要注意的问题

首先，要在VR+教育中取得更大的成果，离不开信息科技的进一步发展。在硬件方面，部分主流的VR设备目前还存在设计缺陷。在软件方面，目前真正符合课程标准的VR资源，其数量也远远不能满足我们的需求。以VR设备显示效果为重点，计算能力和资源建设为基础，存储和通信能力为辅助，结合材料科学、人体工学和必要辅助功能，任何一个环节的技术突破，都会推动数字化学习环境的优化，促进 VR 创客人才的培养。

此外,VR 技术非常适合学生进行自主探索,但要避免一味强调学生的自主探索,而忽视教师引导作用的发挥。教师能力的高下,往往体现在这一点。我们在观察美国教育信息化时,发现课堂"散而不乱"。教师通过适当的提问和精心设计的小组任务单,在看似松散的课堂中,引导学生能力不断攀升。对于美国课堂我们不仅要观其形,更要明其意。徒具外表的模仿,只会造成"散而不立",学生不但无法提高到一个新的水平,还容易偏离培养目标的要求。

(撰文:上海市复兴中学　奚骏)

从五棵"树"的三问三答看美国教育文化

在美国学习期间,经常有机会到学校、社区,甚至是政府机构参观访问。一抬头、一转眼的不经意间,我常常会看到建筑物的墙上"长"着一棵树。它或许是涂鸦,或许是粘贴,有的形似,有的神似。看得多了,我便做了一个小小的统计,试图从"一棵树"上探寻美国的墙面文化。

(一) Where:树常常长在哪里?

第一次看到"树",是在美国著名的费米实验室。我们在实地参观了加速器和控制室后,跟随工作人员的脚步,来到距离实验室主体建筑威尔士大楼西南约 800 米的丛林深处。这里是费米实验室所属教育办公室负责的学生实践基地,名为"莱德曼科学教育中心",在过道的墙上,我看到了一棵铭牌树(见图 5-19)。

图 5-19 铭牌树

深褐色的枝干上部,是一个苹果造型的透明底板,底板上整齐地排列着数十个金色的铭牌。底板好似树冠,铭牌就是那一片片叶子,阳光透过窗户玻璃照射进来,闪闪发光。

10 月 13 日,是芝加哥的"Open House Day",我们也兴致勃勃地按图索骥,前往市政府公布的各处老建筑进行参观。于是,就在芝加哥歌剧院的大楼里,邂逅了第

图 5 - 20　绿萝之树

二棵树——绿萝之树(见图 5 - 20)。

这棵树给人一种极其简约舒适的感觉。设计者巧妙地利用办公室里的一根柱子,用棉线勾勒出一个漏斗状的结构,在网线的里面,围绕柱子挂了两圈绿萝,上圈大,下圈小。碧绿的叶子垂荡下来,远远望去,好清爽的一棵树。

一天,我们访问了芝加哥 93 学区的 Elsie C. Johnson 小学。该校校长热情地接待了我们,带我们一一参观学校的内部设施。一走进学校的图书馆,我们便被墙上的一棵"纸盘树"吸引住了(见图 5 - 21),大家纷纷拿出手机"咔咔"地拍了起来。

图 5 - 21　纸盘树

这是一棵极大的树,几乎占了整面墙。上面粘满了纸盘,有上百个之多。凑上前一瞧,这些圆圆的纸盘上,画着各式各样的图案。有的是一个小孩的脸,有的是西瓜,有的是星空,没有一个纸盘上的图案是重复的。如果你仔细看,还会看到树脚下,有个孩子的剪影,一手拿着画笔,正打算把纸盘贴到树上呢。

第四次、第五次看到"树",都是在图书馆,图 5 - 22 的这棵树在橡树溪社区图书馆,图 5 - 23 这棵树是在芝加哥公立图书馆。

图 5－22　金属树　　　　　　　图 5－23　善良之树

橡树溪社区图书馆里的这棵树,材质上跟费米实验室"莱德曼科学教育中心"的那棵差不多,褐色的树干,金属的叶片。芝加哥公立图书馆的这棵树,颜色更加鲜艳,只见一朵又一朵硕大饱满的橘红色花朵从天花板上挨挨挤挤地倒挂下来,远远看去,就好似茂密的枫叶。树干上还贴着一个图示,上面写着:"The Kindness Tree(善良之树)。"

(二) What:树上有些什么?

让我们来梳理一下,这五棵树上都有些什么。

费米实验室"莱德曼科学教育中心"的铭牌树,金色的叶片上镌刻着一位位科学家的名字,那是实验室的科学家团队中曾经踏足科学教育中心,为来自基层学校的孩子们讲课或答疑的专家们的名字。孩子们的科学探索能够得到专业的引领,那是多么幸运的一件事啊!孩子们一定会记住这些闪闪发光的叶片,记住这些大师的名字。

绿萝之树,极其简单,除了必要的网线,就是十来个吊着的花盆,但是生机盎然。

纸盘树,顾名思义,就如前文所讲,都是孩子们制作的作品,一样大小的纸盘上,孩子们用彩笔描绘出不一样的图案,构成了一个充满想象的世界。

橡树溪社区图书馆的金属树,我们可以把它称为感恩树。因为它的叶片上,镌刻的是图书馆捐资人的姓名。正是有了这些人士的大力支持,才会使得这个图书馆越办越好。难怪树的上方写着这样一句话:"WE ARE THE LIBRARY。"图书馆是我们大家的,我们也就是图书馆的一分子。

芝加哥公立图书馆的这棵"善良之树"位于图书馆二层的儿童阅览中心。整个二层都是孩子们的阅读天地,其中又划分为 1—3 岁、3—5 岁、5—8 岁和 8 岁以上区域,各个区域分隔清晰又融为一体。"善良之树"位于几个区域的中间,它仿佛原本就是长在那里似的,颜色特别的鲜艳、活泼。如果能捧着一本书在树下阅读,那就好比徜徉在童话世界里一般了。

(三）How:它们为什么长在这里?

中国有句古话:十年树木,百年树人。作为一名教育工作者,看到树,常常就会想到生机勃勃,想到春华秋实。面对这些不期而遇的"树",除了欣赏它们的姿态,我也试着想一想它们为什么长在这里,试图读懂它们背后的故事。

首先是美化的功能。在一个空间里,哪怕这个空间够大,也是相对封闭的。有了一棵树,便有了动感,有了活力。它赋予空间一种生长力,使人产生置身大自然的遐想。同时,树的这种伞形的结构,又是一个稳定的支架式结构,再加上横生的枝丫、灵动的叶片,无不赋予墙壁以动感。上文提到的各种树,有着不同的颜色和材质,也有着不同的美。

其次是表达的功能。树本无言,是栽树的人,有许多话要透过树来告诉看客。感恩馈赠、答谢支持、鼓励创造、宣扬善良……一棵树就是一种姿态,一棵树就是一首诗。尤其要提一下的是那棵绿萝之树,我们打听下来,原来它所处的地方,有一个环保组织,叫作 NRDC（The Natural Resources Defense Council,自然资源保护协会）,是当今美国最具成效的非营利环境保护组织之一。自 1970 年成立以来,NRDC 利用法律和科学研究,在 140 万会员和网上行动者的大力支持下,为守护我们的地球,保障人类和万物生灵共同的健康生存环境而不懈努力。这个组织在芝加哥建立了常设办公室,地址就是芝加哥歌剧院所在大厦的六楼。这棵由棉线和绿萝构成的办公室之树,难道不是 NRDC 最好的代言吗?

再次是分享的功能。在美国,Share 是一个高频词,可以说是社会交往的一种姿态。美国提出 21 世纪的 4C 素养,即:Creativity（创造力）,Critical Thinking（批判性思维）,Communication（交流）,Collaboration（合作）。这里面,交流与合作,都需要一种分享的精神,分享智慧、分享经验、分享快乐。小学图书馆里的纸盘树,让我们看到了传统图书馆正在向学校信息中心、创意中心转变。学生在图书馆里除了阅读,还有创新和实践探索,类似于创客空间。挂满纸盘的树,就是孩子们动手创造作品的展示和分享平台。

感谢这些美丽的树,让我从一个细微之处读到了美国教育、美国社会的丰富信息。也愿我们的校园里,绿树成荫,繁花似锦。

（撰文:上海市宝山区行知外国语学校　朱萍）

美国高中走班制对我们的启示

在美国,对高中学校的管理方式基本上是以走班制为主。也就是老师的教室或实验室基本固定,学生在规定的时间到规定的地点来上课,每个学生根据自己的需要选择自己的课程,每个人都有自己不同的课表,关于某个学科的问题学生可以与老师预约过来交流,作业交到老师的固定教室。甚至有的教室同时就是老师的办公室。与我国高中普遍采用的班级制相比,这种方式具有几个明显的特征。

(一) 教室的文化氛围具有明显的学科文化特色

很多老师精心设计自己的专用教室,在教室的墙面上贴上相关的张贴画,在桌上展示相关的模型,摆放特定的装饰物或者教学用具。如西班牙语教室,老师在房间里布置了具有浓郁西班牙文化特色的油画,斗牛士照片或风情小镇的海报,在侧面墙上则贴了一个西班牙语发音对照表,让学生一进入这个教室就置身于特定的学习氛围之中。环境科学课程的教室也一样,老师在他的教室内布置了一个很有特色的 Worm Bin 生活垃圾处理箱,学生产生的生活垃圾均可扔进去,过不了几天,垃圾全被箱子里的虫子分解了,这个设施就成了无声的环境教育。地理老师在他的教室里摆满了各种岩石标本,张贴了巨幅的世界地图。生物老师在教室内显眼位置挂上一幅标语,上面写着他总结的生物这门课程的学习要点,有时候老师会根据进度更换海报和物品摆放,比如讲到了生物进化,老师会摆放一些化石标本和生物解剖的模型,张贴达尔文的画像和他的航行路线图,还有格拉帕格斯群岛上各种鸟的喙形状图片等。美国多数学校都深信学习环境对学生的潜在影响非常重要,物态文化的设计就像无声的教科书,会对学生学习产生潜在的影响。

(二) 便于老师进行充分的课前准备

不管是哪门学科的老师,精心备课是优质高效课堂的重要保证。我经常看到很多老师为了上好一堂课,要提前一个多小时来进行各种准备,试试多媒体是否好用,看看给学生印发的资料是否都备齐,特别是科学课程,上课用的器材、实验材料需要充分的时间来准备。走班制无疑为老师的这种准备工作提供了保证。而班级制下,一个教室会频繁更换老师,而且给老师的准备时间可能只有课间的那 10 分钟,如果多媒体有什么问题,难免就要耽误学生的课堂时间。走班制下,一些需要共用教室的学科,比如用到昂贵仪器的科学课,学校就会在该课程的教室旁边安排一个实验准备室,相关的特种设备就在其中进行准备和保存,确保一位老师上课不影响另一位老师准备他的课程。

（三）便于学生更换学习心情

走班制背景下,学生从一门课到另一门课必须要更换房间,他必须要走起来。这是一种主动的休息。当他走过来时,已经在短短 5 分钟做好了充分的思想准备,他不得不思考:"我是去上什么课,这节课该做什么,我的作业是否完成,我有哪些问题要与老师交流,我需要递交什么材料?"这个准备尽管只有 5 分钟,却是进入状态的必要环节,而这个环节在走班的过程中完成了。

（四）变被动学习为主动学习

班级制授课情况下,很多时候是老师送知识进来,学生更多时候是在等待老师。有的时候学生一天要上 9 节课,到后来会很麻木,也不关心谁来上课。而走班制是学生走过去寻求知识。心理准备不同,学习的主动性不同,一个是被动接受,一个是主动进取,从心态上也不一样。

（五）提高实验室的利用率

班级制授课背景下,大多数情况下实验室是空关着的,我们经常看见一幢实验楼连续几个星期只有几个实验员在里面。而常规教室里则人数很多,所以学校的实验室利用率是很低的。在走班制条件下,科学老师的实验室就是科学教室,学生轮流去科学教室上课,利用率自然就提高了。

（六）提高了科学课程利用实验组织教学的概率

班级制背景下,老师要准备演示实验需要把很多仪器设备都准备好,然后一个班级一个班级搬过去,难免有点烦琐,于是很多实验就在黑板上做了。而有专用教室却方便多了,实验设备摆在专用教室里不动,学生过来就可以演示,这样教师通过实验组织教学便利了,自然也愿意多做实验了。

（七）便于老师或学生开展专题活动、社团活动或课题研究活动

班级制条件下,要开展社团活动,需要专门找教室,因为不是班级每个学生都参加相同的社团活动。活动场所难找成为学校不开展或少开展社团活动的理由。同样,老师在办公室集中办公,场地有限,又担心会影响其他老师工作,老师对学生的个别辅导、学生与老师的单独交流都会因为缺乏合适的场所而减少。在走班制条件下,老师想开展有关地理的探索,就在地理专用教室展开活动;需要课题研究指导,就在老师的实验室里随时恭候;音乐室的大门始终为学生敞开着;学生有学科需要提高或补差,就有老师在专用教室随时提供帮助。

美国学校开展走班制需要相关系统支持,具体情况如下:

1. 放置方便学生管理随身物品的柜子

学生没有固定班级,难免自己带的资料、个人随身物品不便于放置,这时你会发现很多的公共走道旁放置着一整排的柜子,每个学生自己带锁,将自己的随身物品放在其中。他们从小学就这样管理自己的物品、衣物等,这样增加了学生的责任意识。

2. 科学有效的学生管理制度

没有固定的班级教室,班级组织的据点没有了,怎么完成很多班级公共事务的安排呢? 这时候有些公共教室或者专门教室担当起学生 Home Room 的功能。有特定的员工负责学生的管理,那就是学生专职指导顾问。在每天上午的特定时间,会安排 5—10 分钟的时间给学生主任(dean)和他的学生(每个 dean 只负责一定数量的学生,就相当于我们的班主任,但 dean 是专职的)进行固定见面、沟通,学生主任全面负责学生的学业、心理、升学、就业等各方面的指导,应该说指导的内容涉及学生学习、生活的方方面面。关于学生的个人事务、班级事务、学校公共管理事务等,学生要交的各种表格、申请,学校安排的活动信息、有关的公共信息等都在这个固定的时间完成了布置、检查、监督和指导,这样提高了学生主任的工作效率。美国学校的学生主任负责所有与学生个人发展相关的指导工作,包括:①学业指导,帮助学生有效完成学校教学计划中的课业或学业目标,包括新生入学教育、学生学习内容选择指导等;②职业指导,主要是培养学生能够自觉选择适应自己个性的未来发展道路的能力;③个人适应指导,主要是帮助学生解决和性格有关的问题及烦恼,帮助学生发现和解决早期性格偏差问题,同时通过培养学生的自我指导能力来解决这些问题;④社会性指导,主要让学生明确在学校生活及社会生活中应有哪些表现,包括指导学生进行择友,指导学生同他人合作以及协调各方面的关系,培养学生的领导能力等;⑤余暇指导,使青少年自觉认识到余暇活动的重要性,选择适合自己的余暇活动并且善用余暇时间;⑥健康安全指导,主要是指导学生如何获得必要的健康完全知识和技能,并将其运用到实际生活中,确保学生过上健康安全的生活。此外,学生的生涯规划、家校沟通、课题研究服务等事务也都由学生主任负责协调。在学生主任的背后还有学校的学生成长指导专家团队在指导他们的工作。这样,学校就形成了教学、管理和学生指导三大主要职能,负责指导的老师往往对学生要非常了解,并善于运用心理学、教育学、社会政治学的原理规划、指导学生的成长,这是个专业的工作,需要有专门的资格证书才能上岗,在美国想任职学生主任,基本上要求达到硕士以上的学位要求。

3. 合理安排学生的课外活动场所

在美国,学生除了上课,往往参加各种课外活动,如运动队、艺术团、项目小组、课题研究、志愿者活动等。没有以班级为单位的固定教室,如何解决他们的需求问题呢? 为了解决这个问题,学校在特定的地方设置了大量的公共信息张贴栏,张贴有关课程、教师的调整信息,如果某个物理老师今天请假了,每个学生进校门就会看到信息告示。另外也可以张贴学生活动:社团活动、体育比赛、志愿者招募、捐助动员等,五花八门样样都有,活动告示往往是告诉你谁将在何处何时组织什么活动,愿意参加的学生到时会自己过去。这也是尊重学生个人选择的一种方式。各种活动所需的场地、资源、资金都可以申请,教师的专门教室也可以申请使用,更多时候教师本身就参加了学生的活动,如课题研究、社团活动、演出排练等。学校的专门活动空间,如体育馆、大小剧场、大小会议室等都对学生开放。学校的校长普遍认为,所有的学校设施都是服务学生成长的,只要学生需要,就对他们开放,这样同时也提高了场馆设施的利用率。图5-24所示为学校的广告栏张贴着社团活动的招募信息。

图 5-24　社团活动招募信息

这种走班制,与美国的大学生活方式比较接近,要求学生科学规划个人事务,具有责任心,善于做出适合自己发展的选择,提高了学生在学校生活的可选择性,在培养个性和创造性方面,更具有明显的优势。这种走班制也有助于学生适应将来的大学生活,值得我们学习借鉴。

（撰文:上海市电化教育馆　张治）

第六章

美国学校教育治理的理念与行动

【本章导引】

　　未来教育不是仅仅依靠技术,更多的是对于"人之所以作为人的意义"的思考与理解。"治理"这一概念自 20 世纪 90 年代进入学者视线,很多学者对其有不同的定义且广泛运用于不同的领域,这些定义存在一定的模糊性,但它展现了一种普遍的特征,即治理意味着过程、协调及持续的互动,并以管理不同对象之间的相互依赖关系为目的。

　　在国际视域下,教育治理的新形势已经被广泛接受,教育治理的理念已逐渐渗透到教育革新的实践之中。所谓教育治理,就是政府、各类教育机构和社会共同对教育事务的相互协调和治理,使各方利益得到调和并采取联合的持续行动过程。教育治理和教育管理是两个概念,很容易混淆。教育管理是单向性的,主体是政府,具有一定的强制性,是自上而下的概念。而教育治理具有互动性,是政府和社会组织自下而上的共同参与与合作。

　　为了更好地推进教育治理现代化,了解基础教育治理现代化的逻辑,直面现实中的问题并在此基础上探寻可能的路径显得十分必要。目前我国的教育治理还处在探索阶段,虽取得一定的成效,但也面临着许多新的问题。我们通过在美国芝加哥和旧金山两大城市为期 60 天的沉浸式考察学习,深入了解美国不同阶段的多元有序的教育治理现状,在教育治理文化氛围的营造、教育治理中的协同意识、信息技术在教育治理中的聚合与支撑、教育治理给教育评价带来的变革等方面进行探索和研究。美国学校是如何实现教育治理从理念走向行动的,下面这组文章将给予真实的描述。

面向未来,积极探索,创设教育治理的文化氛围

美国 K—12 学校有着不同类型,但无论公立、私立或其他类型的学校,在学校教育方面,都是在尊重与平等的基础上,通过团队合作与问题解决,不断促进学生批判性思维与创造能力的提升,从而培养他们适应未来社会发展所需的态度与技能。学校的办学风格各不相同,但文化氛围方面有着相同的特征。

（一）具有共同的教育愿景

"一切以学生发展为中心"在美国 K—12 学校中得到充分体现。伊利诺伊州93 学区,该学区有 6 所小学、2 所初中,共有学生约 4000 名。学区的战略计划与任务是"通过开发利用世界一流教育实践的框架,最大限度地提升每个学生的学业、社交和情感潜能"。而芝加哥公立学校(学区)有 600 多所学校,36 万多名学生,是全美第三大学区,他们的教育使命是"学生第一,为每个社区每个孩子提供高质量的公共教育,为每个孩子做好在入学、就业和公民生活方面成功的准备"。

我们在走访考察以上两个学区的学校中发现,学校教学过程都注重培养学生的批判性思维、团队合作、数据应用和问题解决等方面的能力,他们还重新修订了学科课程计划,以英语语言艺术、数学、艺术、人文科学等为核心课程,并将每一项能力的培养融入核心课程实施,着力把每一个学生培养成 21 世纪的数字公民,以适应未来发展的需要。这两个学区,尽管在容量大小和教学风格上可能存在着较大差别,但在办学目标与教育愿景方面都有着共同的追求,一定程度上反映了目前美国中小学教育着眼未来发展的共同目标。

（二）创设良好的学习环境

学生学习是否有成效取决于学生在哪里学习以及他们用什么来学习。最佳学习环境和相应的技术设施能为学生提供更好的学习途径,促进他们学习目标的实现。考察中我们发现,许多学校都在为给学生创造良好的学习环境积极努力。主要采取了三项举措:一是有效管理各类资源,以增强学习效果;二是提供舒适、安全、健康和具有创意的学习空间,吸引学生来学习;三是提供更加丰富的学习资源,为学生自主学习提供服务。他们还制定了发展标准和期望蓝图,包括如何使用社区的学习空间资源来支持学生 21 世纪能力的培养。Western Trails Elementary

School 创新中心是一个特殊的地方,它不仅设计独特,而且还折射出美国教育的一些理念。通过空间重新划分,大部分设备和桌椅是可以自由移动的,每一个小空间根据不同的功能划分来精心设计,在空间划分上有自由阅读空间、动手创意空间、沟通会议空间、个人独享空间、休闲畅想空间等。基于图书馆的创新中心培养学生的信息素养、创新素养和文化素养,学习的综合空间设计和创新能力培养在创新中心环境下被营造和执行,学生十分喜欢这个提供了新技术支撑的浸入式自主学习环境。

(三) 注重批判性思维与个性化学习

批判性思维并不是一味地批判和抨击,而是通过对事实的客观分析,形成更好的决策和判断。它强调的不仅仅是理性思考,还包括独立思考的能力。ThinkCERCA 教育平台公司及其合作伙伴特许高中 Intrinsic School 致力于提高批判性思维的研究与实践。ThinkCERCA 是一个培养学生精读、学习写作、提升思辨能力的在线平台,它的课程主要通过"论点、证据、推理、相反的观点、听众"五个步骤来引导学生开展学习。研究表明,ThinkCERCA 使用的这些方法可以帮助学生更客观辩证地思考,有助于他们对大学与职业生涯做出更准确的规划,并且大大提高学生在 SAT 和 ACT 等标准化考试中的成绩。

个性化学习并不是新概念,但真正要做到以学生为中心的学习真的不容易。个性化学习不仅仅是让学生平等地获得学习体验,更要确保学生的学习路径、课程内容、教学安排得到个性化,以满足他们在学校内外的独特需求。个性化学习要满足每个学生在任何地方,都可以通过丰富的资源来帮助他们实现自我的潜力,选择适合他们的学习风格、能力、兴趣、社交和情感需求,这种个性化的学习方法应该成为对所有学生的一种教育承诺。

斯特拉特福德中学是 93 学区的一所学校,在新技术应用方面进行了很多的探索与实践。学校打破了传统教室和传统课堂的模式,灵活地设计环境,创造情境式的教学体验,利用网络等服务平台和苹果笔记本电脑开展个性化教学尝试。在计算机编程方面,七年级学生可以选择 3 门课程,利用多种平台如 Swift Playgrounds App 进行自适应学习,利用在线编程环境学习 JavaScript 编程和 CSS 样式表,所有的课堂学习都是基于项目式的学习,一定程度上提高了学生的信息核心素养和问题解决能力,对学生动手创新能力和批判性思维的培养都很有帮助。93 学区认为,个性化学习需要学校对现有的教育设计作转变。个性化学习不是让学生整天在电脑等科技设备前独自探索,而是需要鼓励学生在共同兴趣的基础上,开展项目和任务的合作。这样既可以通过个性化学习增加学生的社交和情感成长,又能增进学术交流。同时,93学区把最新的技术融入学生的日常教学中,将传统的学校变成了动态的数字学习中心,明显突出了个性化学习的基本要素:灵活、随时随地的学习;在老师指导下进行探究学习;评测每天的学习情况,推动学习向以学生为中心的学习方式转变;学校运用多种类型的国家标准来评测学生掌握能力的情况。从本质上讲,个性化学习可以确保所有学生在不受时间、地点和学习速度影响的情况下都能熟练掌握相应的知识与技能。毫无疑问,技术在课堂上是一种提高个性化学习的手段,但它只是工具,关键在于使用技术工具来支持教师独特的教学风格,而不是取代教师本身。

(四)关注高素质优秀教师

一所学校的成功,除了学生的努力,所有的教育工作者,无论职位高低,都为学生的成功做出了贡献。因此,高素质的优秀教师是任何一所学校都需要的,教师的敬业精神尤其重要。93学区2018—2023战略计划(Strategic Plan),是一个目标的融合计划,包括给学生、教师的目标。对于教师,除了常规的教学任务以外,要求所有教师要为培养学生21世纪技能,对现有的传统教室进行调整,将教室改变成能够适应未来教育发展所需的教学环境。教室的设计一定程度上促进教师角色的转变,教学过程中教师更加注重学生的动手实践,注重STEM教学,注重学生计算思维的培养和学生创造能力的培养。学校的信息化评分体系也做了相应调整,最终目标是实现精准掌握每名学生的学习情况。教室是师生共同学习的地方,教师首先要处理好与学生的亲密关系,教与学要建立在一种互信的基础上。此外,学区进一步加强对教师培养的服务,对应学校的每个教师,都会安排一个教学教练为其提供教学与技术方面的相应服务,及时帮助教师解决发展中存在的问题。

(撰文:上海市青浦区教育局 姚为民)

技术提高教育生产力

2010年3月5日,美国教育部教育技术办公室(Office of Education Technology)正式发布了题为"变革美国教育:技术推动学习"的国家教育技术计划。该计划提出了一个技术推动的21世纪学习模式,围绕学习、评价、教学、基础设施、生产力五个方面,提出了主要发展目标和建议,为教育提供了一个如何使用技术变革教与学的蓝图。在其序言中提到:"基于技术的学习和评价系统不但是改进学生学习的关键,还是为各层次教育系统的改进提供数据依据的关键……教育系统面临的最大挑战是如何发挥学习科学和现代技术的杠杆效应,为所有学习者创造有吸引力的、有实效的、个性化的学习经历和能反映学生日常生活和未来实际的评价体系。"

不管你承不承认,我们的学生都生活在一个充满高科技的世界里,这为他们提供了快捷获取信息的机会,给了他们创造并与全世界的人分享思想的能力和从事个人兴趣活动的自由。限制技术是没有用的,关键是与技术合作,利用技术打造教育的阵地。美国的学校充分认识到这一点,他们利用技术放大教育资源、发展教育游戏、开发教育评估系统,激励学生利用技术来持续地学习,促进学校利用技术来提高教育生产力。那么美国教育信息化变革有何特征? 又能带给我们哪些启示呢?

(一) 对技术背景下的学习方式变革趋势和目标逐渐明晰

越来越多的教育工作者认可高科技社会背景下学习方式正在发生革命,因此,"让所有学习者在校内外都有参与式的信息化学习体验,使其成为全球性网络社会中积极的、富有创造力的、有知识、有道德的参与者",已成为美国教育部门力图构建的学习新模式。在学习内容上,突出对21世纪专业知识和能力的"所有内容领域的批判性思维、复杂问题的解决、合作、交流"等共性内容的培育。在学习方式上强调通过不同技术支持不同类型的学习,通过媒体呈现、资源建设和网络社群组织为学生(包括各种年龄段的学习者)创造学习机会。在学习时空上,要能满足学生全天候按需学习的需要,使资源通过正式或非正式的方式得以有效利用。为了达成这种愿景,美国教育部门强调了学习科学与技术的结合,着力推进体现学习科学原理的、基于技术的学习资源,突出共性的问题解决能力、批判性思维、合作和交流能力的培养,利用技术加强 STEM 教育的学习和评价。

（二）对技术背景下的教学变革提出新的要求

当前的教育工作者大多是孤立的,很少与外界同行交流,专业发展活动分散、短暂而且大多以研讨会的形式展开,很少有将学习与实践结合起来的机会。通常人们将教师的工作理解为给学生教授指定的内容,并保证学生在测验中取得好成绩。许多教育工作者缺乏持续改善教学实践所需要的信息、时间、动力。而 21 世纪有效教学需要创新意识、问题解决能力、持续研究能力、数据的诊断利用、灵活而个性化的教学方法等来满足学生不同的需求和特点。最有效的教师要拥有丰富多样的知识、专长和能力,而不仅仅是传递教学内容、完成管理班集体的工作。为了创建全国范围内的有效教学资源,美国教育部门对 21 世纪的有效教学提出了建议,要为专业教育工作者提供资源和工具,最突出的是要建设教学共同体,促进教师的专业发展,构建终身学习型社会。"利用技术为教师提供支持,使其能够获取数据、内容、资源、专业知识和学习体验,从而激励教师为所有学习者提供更有效的教学。"其主要的举措包括:通过虚拟环境和在线社区来连接教学、教师与学习者,可以实现学生的个性化学习,增强其学习动机;通过在线社区,将教师与内容、专业知识、活动相连接,从而有效利用教学的资源来改善学生的学习。同时,这种教学将师范大学、教育研究机构、教师、学生连接为一个学习共同体,每个教师既是学习者,又是学习服务者。职前教师通过这个互联平台学习教学经验,在职教师通过技术支持的面对面学习和在线学习相混合的教师学习模式,实现教师间的相互学习和交流,这为反思和完善教学提供了持续的支持。

美国强调提高教学资源利用率以提高教育生产力,主要是通过技术放大优质资源的功能,通过联结教学使所有学生获得有效教师资源,对于缺乏有效教师的课程,学校允许学生通过在线课程进行学习,消除了因为地域、经济条件等原因造成的教育不公和资源浪费。此外,美国的开放教育资源运动也正在蓬勃开展,如麻省理工学院发起的开放课件运动,内容包括播客节目、数字图书馆、教科书等,可对网络上任何人免费开放。卡耐基·梅隆大学的开放学习项目则致力于研究如何设计优质的开放教育资源,因此开发了高水平、高质量的在线学习环境。在此影响下,其他大学纷纷加入开放资源运动的行列,由高等教育开启的开放教育资源运动也开始在 K—16 教育中得以普及,这种开放资源大大提高了教育的生产力。而在美国中学,利用互联网上的开放资源进行教学随处可见,无论是优秀的课件还是其他视频资源等,都能在教室或家庭中获取,学生使用互联网非常便捷,这是美国实现教育变革的重要支持。

（三）构建了技术支持下的评价变革蓝图

这是美国技术推动学习最有新意的突破口。国家教育技术计划引用奥巴马在2009年3月10日发表的讲话："我呼吁国家官员和州教育主管开发一种针对复杂能力的评价系统。该系统不仅能测量考试成绩,还能测量学生是否具备21世纪所需要的各种复杂能力,这些能力包括问题解决、批判性思维、团队合作和创造性等。"教育评价事关提高教育生产力的核心,不仅需要明确评价什么,还需要知道如何评价,从而客观把握教育的状态,并及时为改进学习提供帮助。美国教育部门认为当前学校过于注重对学习结果的评价,而缺乏对学生学习过程的评价,教育评价尤其需要对学生学习过程中的问题解决、批判性思维、团队合作、创造性等复杂能力进行评价,应该利用技术收集学习过程中的数据,从而为如何改善学习提供依据。基于技术的评价系统能够记录和保存数据,这样的数据可以用来联接教育者、家长、学校领导和地区管理人员对学生的反馈,使之成为一个系统。从而帮助各个层次的教育工作者和领导者管理评价的过程,分析数据,以便采取适当的改进行动,从而引发整个教育系统连续的进步。

对于学生在学习过程中的结果反馈,通过考试就能获得,但是对学生复杂能力的发展状况,如在学习的过程中问题的解决能力、批判性思维等,这些能力的评价需要运用技术结合认知理论的模型进行开发。而美国不少高校和教育研究机构已经发展了这种技术。如美国的哈佛大学开发的 The River City Project 是一个用来研究学生如何使用它来学习的多用户虚拟环境。在这个虚拟环境中创建了一个情境,学生可以在一个虚拟世界计划、实施科学调查,从而获得生物学、生态学、流行病学中的知识和概念。在 The River City Project 中通过记录学生在任何时间、任何地点的学习过程来评价学生;通过分析学生的行为数据和最终成果数据来测量学生科学探究能力和科学概念的掌握情况。The River City Project 探索如何将游戏、模拟、协作环境和虚拟世界用于评价,以激发学生的参与性,并对学生的复杂技能进行评价,这种评价数据的多样化有助于评价学生的多项能力,让人们对技术支持的复杂能力的评价前景充满了信心。除此之外,技术优化评价的价值还在于通过自适应评价系统提供适合学生的学习清单,从而支持个别化学习;遵循基于学习规律的通用设计(UDL)原则,评价普及性更高,提高了评价效率和公平性;技术加速了评价量表的开发与测试,大大缩减了开发、测试的时间和成本;技术支持评价主体的多元性,通过对学习过程数据的追踪减少考试次数,从而使评价各方面都得到优化。

以改善学习为目的,利用技术收集学习过程中的数据,不仅支持传统课堂教学中学生思维过程的数据获取,还支持在线学习中学生学习过程的数据获取,从而为改善学习提供了依据,这是美国利用技术提高教育生产力的核心策略之一。基于此,美国教育部门正鼓励全国将认知研究和相关技术研究结合起来,开发能够测量21 世纪复杂能力的标准和评价系统,用于评定成绩和诊断学习,从而及时改善学生的学习状态。服务全国范围的智能综合评价诊断系统和教育专家系统将帮助所有人不断改进学习进程,帮助教育机构不断改善教学实践,这是美国技术支持学习变革的终极目标。

（四）技术背景下的美国教育变革对我国教育的启示

我国《国家中长期教育改革和发展规划纲要（2010—2020）》对教育信息化提出以下要求:加快教育信息基础设施建设、加强优质教育资源开发与应用和构建国家教育管理信息系统。上海市二期课改课程标准中提出“以信息技术的应用作为标志,将现代信息技术作为学生学习资料的来源、交流的媒介、认知的工具、管理的手段、组织的平台”。但是,由于目前学校体系的变革节奏和应试教育思想根深蒂固的双重影响下,我们的信息化水平整体还比较低,学生在校使用互联网的便捷性、互联网上教育资源的丰富性和技术含量都远远不够,也许“转变学习方式、教学互联、技术支持的评价”这三个方面我们都没想好。在技术背景下的这场教学革命面前,我国应该通过信息化促进教育的跨越式发展,应该设法通过技术提高整个社会的教育生产力。

当今教育面临着巨大的挑战,而技术为教育的变革带来了机遇。我们可以利用技术为学生提供参与式的学习体验、学习内容、学习资源以及多种形式的学习评价。我们应该开发、应用基于技术的教育系统,并确保学生和教育工作者可以公平访问。为每位学习者提供有效的学习体验、评价、教学和学习的综合基础措施,既支持正式教育,也支持其他类型的学习。我们要培养善于利用信息、工具、技术进行有效学习和终身学习的优秀人才。让技术提升我们的教育生产力,这是我国教育改革的方向之一。

（撰文:上海市电化教育馆 张治）

变革评价，侧重过程，松开教育治理的束缚之绳

2018 年 7 月芝加哥大学官网发布消息，取消 2023 届（2019 年入学）申请人提交标准化考试 SAT/ACT 成绩的强制性要求。SAT 是美国大学委员会组织的标准化考试，作为美国大学本科的重要入学考试，其成绩是美国大学录取学生的重要依据和参考，它和 ACT 考试一起被称为"美国高考"。据说在芝加哥大学取消申请人提交 SAT/ACT 成绩之前，美国已经有 850 多所高校取消了提交标准化考试成绩的规定，其中不乏排名前 50 的大学，比如纽约大学、维克森林大学（被称为南哈佛）、布兰迪斯大学等。哈佛、耶鲁大学也相继宣布取消 SAT/ACT 写作分数的提交。芝加哥大学是首个作为顶尖研究型大学，美国传统名校，宣布可以不用提交 SAT 成绩的，因此格外引人注目。

非常有意思的是，芝加哥大学等高校的招生政策变化，在美国并没有引起多少关注，反而在中国一石激起千层浪，尤其在准备申请美国高校的学生和家长中引起了大量的争议。标准化考试一直是中国学生的强项，取消提交 SAT/ACT 成绩，考生和家长都不理解。

芝加哥大学又是如何解释的呢？芝加哥大学的官网是这样说明的：申请人可能认为 SAT 或 ACT 成绩并不能完全反映他们的学术准备或学习潜力。所以欢迎申请人提交他们认为最能突出他们的技能、才能和潜力的其他材料。芝加哥大学招生办主任 James Nondorf 也解释了政策背后的原因："有很多少数族裔和缺少学习资源的学生可能并没有办法很好地准备 SAT/ACT。这导致他们无法在大学申请中脱颖而出。"取消提交 SAT/ACT 成绩可以更公平地照顾到全体申请学生。

（一）摒弃陈旧落后的 CA 招生系统

有那么多的美国大学不看 SAT/ACT"高考"成绩，它们又以什么标准来选拔学生呢？传统的选拔手段是使用 CA（Common Application）系统来评价和录取学生。评判一般包括这样几个方面：SAT/ACT 成绩、GPA、年级排名、非学术成绩（社区服务、文体项目等），另外加上简短的申请介绍（Essay，仅 650 字）。取消 SAT/ACT 成绩后，凭借 GPA 可以反映出学生在某高中学习的广度和深度，以及学习的质量，再加上年级排名，基本可以看出学生的学业能力。尤其是将 AP（大学先修课程）成绩

计入 GPA 后,更可以反映出学生在哪些学科上比较强,以及他们的学术和职业倾向。但是在美国,学校、学区之间的差异非常大,不同的学校、课程实施情况和评价标准往往千差万别,仅仅依靠学生的 GPA 成绩要客观反映一个学生的全貌还是非常有限的,不同高中的孩子也许 GPA 成绩相同,但背后学习的深度和能力相差很大。

（二）整合招生与评价的新系统——CAAS 系统

包括所有常春藤大学在内的 80 余所美国大学统一建立了一个新的大学申请系统 CAAS(The Coalition for Access, Affordability and Success),取代 CA 系统进行招生。CAAS 创建校表示:新系统表明学校对优秀人才的渴望,他们希望招收到更多具有批判性思维、高人文修养、演讲能力强的学生,而不单单是学术背景优秀但其他方面能力不够的学生。CAAS 系统于 2016 年 7 月开始投入使用,目前已经被 500 多所高校使用。

CAAS 系统整合了招生和评价日志功能,将系统分为两部分。第一部分是联盟协作平台(Coalition Collaboration Platform),提供学生成长日志功能,学生可以记录自己高中阶段每一步的成长过程,可以记录下平时考试成绩、研究项目、曾经撰写的文章、参加过的社区活动等,记录材料可以包括创意写作,音乐/舞蹈/视觉艺术/戏剧表演,学校顶级学业项目成果,甚至回家作业都可以收录其中。并且该平台是一个协作系统,教师、家长可以参与其中,阅读学生的日志,对学生的学业和项目作出评价。CAAS 系统的第二部分是院校申请系统(Coalition Application),学生可以选择和润色协作平台上的内容,将其提交到院校申请系统上,作为申请大学的主要资料。CAAS 系统被认为有以下四大优点:(1)它是一套过程性的评价系统,覆盖高中四年时间,学生拥有了更多方式来展示自己成长的过程,让高中的点点滴滴都能够展示在录取委员会面前,可以深刻反映学生的学习经历、学习成果,尤其是学生的兴趣特长在四年中的发展,考验学生学术的专注情况,可以对一个学生的表现长期追踪;(2)它采用了档案袋评价的方式,是一个个性化评价系统,学生可以展现其与其他同学不同的特长,不受原有的 CA 系统规范性的束缚;(3)它整合了学生、教师和家长,让他们共同参与到学生发展的过程中,可以在学生的成长过程中给予重要的指导;(4)新系统可以让各个高中学校关注学生的培养过程,而不是专注在标准化测试成绩上。

（三）颠覆性的未来评价系统——MTC 系统

很快,美国的高中对新的招生和评价方式作出了反应。美国私立高中联盟推出了他们研发的一套全新的 MTC(Mastery Transcript Consortium)评价系统,MTC 评价系统的目标:在美国组成学校评价网络联盟,真实反映每个学习者的独特技能、优势和兴趣。MTC 已经于 2017 年 5 月正式上线试运行,美国私立高中联盟志在将其推广到全美,由此改革美国对高中生的评价方式。

MTC 认为传统的评价方式是"破碎的工具",还历数了传统评价方式的"七宗罪":(1)培养学生专注于知识的获取,而不是如何创造意义;(2)把学生当流水线上的产品;(3)认为单一教师给出的分数(评价)是可靠的、合理的并且有意义的;(4)忽略学生的非智力因素,也就是品格特质;(5)在多学科交叉的现实世界中,鼓励了学科的分离;(6)教学生看重外在成绩而非内在动机;(7)放大分数效应,抹杀了个别学生所表现出的潜在价值。

为满足当前和未来对高中教育的需求,颠覆现有的传统评价方式,MTC 评价系统制定出三条"核心原则":(1)完全没有"标准化"的评价指标和评估方式(考核领域和考核标准只适用于某一所学校,绝对不会采用统一的"标准化"的考察指标及评估方式去评价不同的学校);(2)绝对没有分数(不使用量化分制);(3)版式统一(版式保持统一,便于大学招生官阅读使用)。MTC 评价系统成绩单的呈现方式分成三个部分。第一部分用"饼图"的形式概要显示学生的综合素质;第二部分列出学生已经具备的各项素质;第三部分列出学生所在学校"综合素质"评价的指标体系。在 MTC 系统平台,点击学生已具备的各项具体素质,就可以进一步查证学生拥有该项能力素质的证明材料,以及学生所在学校对该项指标的详细说明。

(四) 一个运用 MTC 系统的例子

我们查看了在 Hawken School 一个名字叫约瑟夫的高中生的 MTC 评价。系统反馈第一页的饼图从八个类别评价该高中学生,分别是:(1)分析与创造性思维;(2)综合沟通能力——口头与书面表达;(3)领导力与团队协作;(4)信息与数理素养;(5)国际化视野;(6)适应性、主动性和冒险精神;(7)诚信与伦理决策;(8)思维习惯。根据饼图,约瑟夫的特长和不足非常清晰地显现了出来,第 3 项领导力与团队协作,以及第 7 项诚信与伦理决策是其长处;第 1 项分析与创造性思维、第 5 项国际化视野和第 8 项思维习惯是其短处。饼图的下方细化了约瑟夫在各大类中已经具备的各项素质指标。比如第 3 项领导力与团队协作方面,约瑟夫具备启动新想法,通过影响力引领团队,建立信任,解决冲突并为他人提供支持,通过小组讨论达成共识,寻求帮助,协调任务,管理小组和委派职责,实施决策并实现目标,分享信息等多方面的素质和能力。如果继续点击具体指标将显示约瑟夫掌握该项指标的具体证据资料。系统反馈第二页则是第三部分,他所在学校"综合素质"评价的指标体系。系统显示,Hawken School 在这方面总共包含八大项、六十一个指标。

运用该体系可以全方位地、深度地、具体可感地刻画出一个学生的素养,每一个大类都能分解成更为细小的指标,给人的感受是相当震惊。就像 MTC 系统创建者自己所总结的:从意识、大脑和教育科学的领域,从跨学科的角度考虑教和学,采用全新的教育愿景,更好地理解人类学习中涉及的认知、情感、社会和创造过程,MTC 的评估工具提供了一个更好的模式。

（五）两套评价系统给我们的启示

未来学校必须要有面向未来的评价方式。未来教育也必须要有创新的未来学习评价系统。评价在未来教育的生态系统中扮演着顶层设计的作用,是教育愿景的提供者,也是教育实践的领航者。从这个意义上来讲,美国本科院校和高中评价方式的变革也发挥着"指挥棒"的作用,以一张"成绩单"的变革来带动中学教育迈向未来。

信息技术助力了未来学校对学习者的评价。美国高校、高中两套评价系统都采用了在线的方式,CAAS 系统由学生个人免费注册使用,MTC 系统由高中学校注册后提供学生使用。在线的方式使得过程性评价和个性化的档案袋评价成为可能。开放注册的方式,使得两套系统的拥趸众多,目前 CAAS 系统由美国百所以上的著名高校在使用,其中包括全部常春藤学校;参加 MTC 系统联盟的高中已经超过 200 所,里面几乎囊括了美国教学质量最高、家长资源最强的百所私立高中,影响力巨大。假以时日,这些评价系统迭代发展后,可能会逐渐被纳入到美国教学的生态系统之中,就像如今的 Google Classroom,成为美国学校离不开的技术工具之一。

这两套评价系统在评价方式上都采取过程性评价、个性化评价、多元评价的方法,在评价的内容方面比较有弹性,照顾学生个性,MTC 系统还允许学校自主制定和添加评价项目。两套评价系统都突出学生的综合素养,强调学生与真实世界的关联,强调学生的身心发展,强调学习的目的要输出价值,排斥标准化的考试成绩,尤其是 MTC 系统,其核心原则之一就是无量化的考试分数。从我们考察的学校来看,新评价系统及其理念被美国学校和社会普遍接受。新的评估方式,让许多创新型学校比如 AltSchool、Brightworks School、斯坦福在线高中等有了更好的生存和发展的空间。这些特点,非常值得我们,尤其是制定中国特色的未来学校的评价系统的研究者们参考。

（撰文:原上海师范大学第三附属实验学校 赵铖）

"STEM+"最应该加什么——美国 B-STEM 教育的启示

STEM 教育源起于美国,它打破了学科间的界限,推进了重实践的超学科教育,鼓励学生提升综合素养,培育跨学科知识运用的创新能力。世界各国掀起了推进 STEM 教育的热潮,且不断发展其内涵与外延。

随着教育的发展,STEM 教育被加上了艺术(Arts),变成了 STEAM 教育,艺术学科能够激发学生的创意表达,使他们对创新设计进行美的追求。后来,有学者认为如果学生的人文阅读与写作表达能力弱的话,也不能使学生的知识综合与创新能力得到好的发展,就有了 STREAM 教育这一概念(其中"R"意为 Reading)。为进一步推进学科之间的交叉融合以及超学科学习,一些学者认为可以在"STEM"中融入任何学科,使学生能够运用综合知识来解决问题与获得新的认识,因此,产生了"STEM+"的概念。

说到"STEM+"最应该加什么的问题,就得从 STEM 教育培养的人才需要面向社会需求这一视角去思考:学生跨学科学习、运用综合知识解决问题、形成新的想法与认识。学生要形成创新应用观念,促成新的产品投向市场或投向社会服务,就得有创业方面的知识与认识。美国高中 B-STEM 课程或 B-STEM 项目的开展,能够将所有"STEM+"的学习结果指向未来的社会发展应用,启示我们可以从中小学开始将"STEM+"与创业教育结合在一起。其中的"B"为"Business"(商业、创业)的意思。

(一) B-STEM 课程与创业教育

B-STEM 课程是将创业教育与 STEM 教育结合在一起实施的课程,注重将学生在 STEM 学习中形成的创意、创新以及任何想法变成多种产品形式,能在未来为他人、为社会服务或得到企业认可,或有利于推进社会的发展与进步。B-STEM 课程通过创业教育,让学生专注于企业家的心态领悟,在跨学科学习基础上,建立沟通和协作,促进创造力和创新,形成批判性思维和解决问题的能力,强调解决问题与战胜挫折的意识,强调主动性和自力更生。

B-STEM 课程中创业教育的主要特点有四个,一是鼓励学生在问题解决中敢于战胜失败,能够在失败中吸取教训,继续行进;二是让学生用企业家的精神来改变思维模式;三是帮助学生培养创新者的心态,认识安全风险,勇于面对失败,发展勇气;四是认识机遇与挑战,努力成为问题解决者。B-STEM 课程注重培育学生的设计思维。设计思维有五个步骤:移情(Empathise,对社会生活中某一问题产生解决的冲动与情感)→定义(Define,确定问题所在并进行范围限定)→酝酿(Ideate,思考如何解决问题)→成型(Prototype,形成产品与创意设计的雏形)→验证(Test,进行测试与验证)。这五个步骤可以跳跃式前进,如遇到困难又可以返回思考,验证后进一步提升,最终呈现螺旋式上升。这种设计思维让学生将 STEM 学习与生活需求结合起来,在问题解决中发展自我成功的信念,培养耐力与韧性,将挫折与失败视为宝贵的学习经历。

现结合美国芝加哥地区圣三一高中(Holy Trinity Diocesan High School)的 B-STEM 课程开设加以说明。该校将 B-STEM 课程作为学校的荣誉课程开设,这是一个为期四年的综合课程(一般每周一节课),学生通过这一综合课程的学习,最终形成一个好的创业项目。该课程引导学生如何成为强有力的领导者和项目经理,注重培育他们的沟通、协作、金融、创业知识和决策能力,成功完成该课程的学生将获得特殊荣誉文凭。学生选修此课程,需根据高中的入学表现进行申请,该课程要求学生同时学习 4 年的数学、4 年的科学、2 年半的技术或商业课程,同时选修 AP 或大学水平课程。学生应保持至少 3.0 的 GPA,低于此水平的学生将被暂停学习此课程,并评估他进一步留在该课程中的能力。当然不属于 B-STEM 课程的学生也可以选学部分 B-STEM 课程内容。参加 B-STEM 课程的学生可以参加 B-STEM 暑期强化课程,学生有机会学习大学课程的同时访问或住在大学校园里。参加 B-STEM 课程的学生还有机会参加商业和 STEM 相关领域的暑期实习。该课程的创业教育,教学生学会竞争,让他们懂得努力和如何努力。

该校鼓励学生在学习 B-STEM 的过程中设计自己的项目产品并参加由 NFTE 组织的全国学生创业大赛,该比赛以"点燃年轻人的创业思维,使他们成为职业准备的创新者"为理念,希望激活整整一代人的创业思维。

B-STEM 课程让学生在学习过程中将数学、科学、技术、工程等方面的知识进行整合,形成相应的创业项目。这些学生也经常利用假期去大大小小的公司实习,去测试、验证自己的想法,丰富自己的个人简历。有的学生大学期间一直与实习的公司联系,毕业后就进入相应公司任职,还有不少学生毕业后会自己创业。

(二)B-STEM 项目与企业孵化

为鼓励美国高中学生及年轻人积极参加 B-STEM 项目,促进学生在 STEM 课程学习中形成创新想法并付诸行动实施,美国形成了由多个企业赞助的 B-STEM

项目推进计划,借助企业的力量帮助高中生以及所有参与此计划的年轻人进行课程学习与创业孵化。

B-STEM 项目推进计划形成了与各组织和教育机构的伙伴关系,在全国范围内对感兴趣的青少年提供免费和独特的互动计划,包括与 B-STEM 项目相关的跨行业的项目实施服务,涉及各行各业。该项目计划与学校开设的 B-STEM 课程紧密结合,提供行业专家的实践指导,加强 B-STEM 相关的知识和技能培训,利用现实场景,提供年轻人跨行业的业务知识指导。

在诸多企业的资助下,B-STEM 项目推进计划鼓励青少年参加,不断产生创新意识与产品,以适应这个新技术不断涌现和不断扩大的技术驱动的世界,并将自己的创新项目带到所处的社区中去。所有的年轻人都可以申请参与该计划,参与者可以在各行业专业人士的指导下探索学习,目的是积累改变生活和变革的经验。

B-STEM 项目体验活动主要有以下几种:(1)消费者创作工作室。参与者通过探索与技术交互的各种方式,扩展他们对最新技术的知识了解和应用。(2)温室互动。提供参与者在植物生长中心的实践学习和体验。参与者不仅可以了解植物的生命周期,还可以参与各种基础实验,增强他们对生物技术的认识。(3)引领创新互动研讨会。参与者探索他们的核心能力属性,发现和发展他们的技能组合和领导能力。该研讨会有助于深入了解在当今社会中取得成功所必需的核心能力领域,帮助每个参与者为组织做出贡献,并最终支持他们的职业成功。(4)创新科学实验室。该活动可以研究、开发和提出能够增强人类、动物或植物生命健康的想法。参与者可探索解决生态问题的方法,帮助他们更加批判性地思考周围的世界,以及思考他们如何为改善生活方式做出贡献。(5)Robot 设计。通过个性化指导,参与者学习工程基础知识,重点了解机器人在各个领域的设计、原型和使用方式。(6)VR 体验。提供相关工具,使青少年能够深入了解虚拟和增强现实技术及其实际应用。学生可以参与各种身临其境的体验,构建和探索虚拟世界。(7)体育事业。让参与者了解体育行业内的职业道路,通过经验丰富的专业人士和同伴协作,他们在开发项目和参与现实场景时获得丰富的知识。(8)科技创新村。这是为全国贫困社区的非营利性社区组织创建的技术驱动空间。(9)电影协作。该项目向参与者讲授电影制作业务。学生会参加一个充满活力的 4 小时商业电影开发营,在这个开发营中,参与者会学习如何从一个脚本到一个屏幕等一系列电影制作主题。除了上述介绍的 B-STEM 项目体验外,还有诸多项目就不赘述了。

高中学生及其他参与者参加 B-STEM 项目体验后形成自己的创新项目,B-STEM项目计划会帮助他们与组织、机构和企业联系,进行项目孵化。B-STEM

项目的推广,使学校和组织能够扩大学生的 STEM 计划,参与者有机会参观各种公司并与领先的人才建立联系。他们与企业联系,参与企业组织的创新活动,同时了解组织的内部运作。有的学生进入企业后,可以借助企业的平台来开发小型的教育和娱乐项目。

美国 B-STEM 课程与项目的开展,给"STEM+"教育带来最大的启示就是学校在开展 STEM 教育的过程中,要注重引导学生学习与生活需要的结合,提升设计思维与创业之间的联系,从小培养学生将创新与社会生活联结的意识,并能够学会如何将自己与 STEM 相关的创新设想,与未来的创业以及未来从事的相关职业相联系。从这个课程或项目的开展来看,我们就可以理解为什么美国的一些中小学生从小就学会设计自己的产品并与企业进行联系和孵化;也理解他们从小就将自己设计的产品(如软件、音视频作品等)投放到相应的企业平台,开始获得自己的创收;也能够理解为什么有的学生有了自己的创业计划可以先放下学业去创业,因为学校、企业乃至社会都注重年轻人的创业,他们的创新意识与创业行动是在创业氛围的熏陶中渐渐深入的。

(撰文:上海市上海中学 刘茂祥)

从学区战略计划看未来学校的发展

　　未来学校的发展需要区域教育的战略计划引领。美国的公办学校实行学区管理制,注重通过战略计划引领学校发展,我们从其学区战略计划可以看到美国学校的发展重点与方向,我国的区域教育发展可以从中获得一些启示。现以我们考察的美国伊利诺伊州93学区《2018—2023年学校发展战略计划》为例,分析未来学校发展的几个侧重点。

　　该学区是一个比较小而精、教育质量相对领先的学区。为了加快推进当地的教育发展,该学区在经过大量的调查与数据分析的基础上,罗列出"加强个性化学习、掌握最新的教学技术、提供高质量的教育项目"等10个未来可能面临的挑战,研究制定了《2018—2023年学校发展战略计划》以适应未来教育的需求。

　　该战略计划确定的使命任务是希望通过开发利用世界一流的教育实践框架,最大限度地提升每个学生的学业、社交和情感潜能,并对应使命任务设定了四个具体目标,分别是为所有学生提供良好的教育、构建团结敬业的教职工团队、开展最优化管理运作、提供最佳的学习环境。从这个战略计划可以看出该区域教育在未来学校发展规划中,着重强调的、值得我们借鉴的四个侧重点。

　　(一) 侧重于培养面向21世纪的核心技能与能力

　　面对高速发展的世界,相关专家预测,现在幼儿园的学生等到进入社会工作时,可能有65%的工作将不复存在,有些工作甚至现在还不存在。社会教育工作者和劳动力专家对此也做了强调,学生如果没有掌握21世纪所需的核心技能与能力,他们将无法成功地找到适合自己的工作,无法参与全球性经济发展建设。因此,从现在开始他们就需要不断学习发展变化的技术,利用各种现代技术进行清晰的沟通,开展团队合作与深入思考问题。面对大量的信息需要处理,要学会灵活应变,采取主动,并加强协作领导和问题解决能力。

　　93学区根据调查结果,结合学生未来技能培养,整理出11项21世纪所需要掌握的技能与能力,依次为:(1)批判性思维和问题解决能力;(2)有效的口头和书面交流能力;(3)判断和决策能力;(4)评估和分析信息能力;(5)好奇心和想象力;(6)灵活性和适应性;(7)独创性;(8)创业精神;(9)数字公民意识;(10)网络协作和影响力;(11)社交能力和情商。根据以上能力要求,他们重新部署了计算机学科标准,这些标准综合了学生掌握计算机科学的基本读写技能,确保能把学生培养成未来的数字公民。他们重新修订了学科课程计划,以英语语言艺术、世界语言、美术、计算机科学、数学、经济学、科学和人文为核心课程,并将每一项能力的培养融入核心课程实施。

（二）侧重于个性化学习能力的强化

个性化学习并不是新概念,但真正要做到以学生为中心的学习真不容易。个性化学习不仅仅是让学生平等地获得学习体验,更要确保学生的学习路径、课程内容、教学安排等得到个性化,以满足他们在学校内外的独特需求。个性化学习要打破时空限制,让每个学生在任何时空都可以通过丰富的资源来帮助他们实现自我学习。学习方式要适应他们的学习风格、能力、兴趣、社交和情感需求,这种个性化的学习方法应该成为对所有学生的一种教育承诺。

93 学区认为,个性化学习需要学校对现有的教育设计作转变。个性化学习不是让学生整天面对电脑等科技设备独自探索,而是需要鼓励不同学生在共同感兴趣的基础上,开展项目和任务的合作。这样既可以通过个性化学习增强学生的社交和情感成长,又能增进学术交流。同时,93 学区把最新的技术融入学生的日常教学中,将传统的学校变成了动态的数字学习中心,明显突出了个性化学习的基本要素:(1)灵活,支持随时随地的学习;(2)学生在教师指导下进行探究学习;(3)教师评测每天的工作情况,推动学习向以学生为中心的学习方式转变;(4)学校运用多种类型的国家标准来评测学生掌握相关能力的情况。从本质上讲,个性化学习可以确保所有学生在不受时间、地点和学习速度影响的情况下都能熟练掌握相应的知识与技能。毫无疑问,技术在课堂上的运用可以大大推进个性化学习,但技术只是工具,关键在于工具是用来支持教师独特的教学风格,而不是取代教师本身。

美国软件和信息行业协会教育政策高级总监 Mark 曾对个性化学习这样强调:"我们知道个性化学习并不新鲜,它和学习本身一样古老。但新情况是,多年来我们一直用大规模生产的方式来满足普通学生的需求,这种工厂模式已经不再满足每个学生的需求,因为我们的学生群体多样化了。我们对学生需要知道和理解知识的期望值有所提高,但学生在校外被个性化的、引人入胜的世界包围着,当他们进入我们的学校时,他们不仅放弃了他们的追求,也放弃了他们的思想和热情。现在,技术已经准备好提供工具来扩展和支持个性化学习。"

（三）侧重于最佳学习环境的建设

93 学区认为，要实现"最大限度地发挥每个学生的学术、社交和情感潜能"这个使命任务，就需要建设高度适应每个学生需求的学习环境。学生学习的好坏取决于学生在哪里学习以及他们用什么来学习。最佳学习环境的技术和设施能为教师和学生创造机会，使他们的学习方式更加促进学习目标的实现。

为了提供必要的技术、设施和支持，以维持和扩大该地区的"卓越标准"，93 学区就创造最佳学习环境采取了五项举措：（1）有效管理资源，以加强对教与学的支持；（2）提供有吸引力、安全、健康的学习空间，以积极和创意的方式吸引学生；（3）创造有吸引力的、技术丰富的学习环境；（4）探索获得社区和商业的支持；（5）通过设计或重新设计节能、绿色和可持续的设施，成为环境和社区资产的良好管理者，为学生建立良好的环境。

93 学区还采取了以下措施，来更新和维护本学区的学习空间。（1）他们制定了发展设施标准和期望的蓝图，包括如何使用地区的学习空间来支持学生 21 世纪的学习；（2）对资本改造计划进行年度审查，以支持最佳学习环境和节能设计，以满足利益相关者不断变化的需求；（3）更新学区技术计划，以确保符合战略计划要求，学生和教职员未来的学习与教学需求；（4）重新评测学区的学习管理和在线跟踪系统的需求和有效性；（5）监控学生和员工的网络安全，明确了关于隐私的最佳和必要做法，并与社区有效地交流这些做法。93 学区希望通过较高的服务水平和标准，确保对学区内教学设施和科技平台的支撑。

（四）侧重于高素质优秀教师的培养

93 学区致力于吸引高素质、多元化的教职员工，并通过个性化专业指导来发展和维护他们。93 学区认为，所有的教育工作者，无论职位高低，都为学生的成功做出了贡献。教师的敬业度尤其重要，敬业的教师会对自己的工作充满热情和动力，在有共同目标和价值观的学校工作时，他们会十分有动力去贡献，会努力帮助学校达成教学目标。敬业的教师更有可能长期留在一个学校中，从而提高工作实效。同样，敬业的教师也认为他们对学校的成功很重要，他们可以为学校做出积极的贡献。当学区提供高质量的学习和发展机会时，他们都会更加主动参与和积极投入。

93 学区也面临大多数职位的教师候选人越来越少，选择从事教育的人也越来越少等难题。然而，他们仍旧坚持继续有针对性地招聘教师是一项很重要的工作。对于那些能够为所有学生提供相应教育的持牌教师，招聘和留住这些人才至关重要。作为一个学区，他们已经意识到急需 STEM、技术和计算机编程等方面的优秀教师,来培养学生相应的核心素养。

　　通过对伊利诺伊州 93 学区的学校发展战略计划的侧重点分析,我们可以从中发现诸多值得区域教育部门借鉴的引领区域教育发展的关键点,包括通过调研制定区域教育发展战略规划,从数字时代的挑战中思考未来学校培育学生的核心技能与素养,注重通过技术平台的更新来推进个性化学习,努力营造学生适应未来发展需求的良好学习空间,引进与培育适合区域教育特色发展与创新发展的优秀师资等。

(撰文:上海市青浦区教育局　姚为民)

教育技术教练帮助美国教师成为数字时代的教育者

什么是数字时代？数字时代是指以数字技术为运作规则的时代。数字时代的快速变革伴随着需求的变化，需求变化又持续推进了数字时代的进程。数字时代的需求呈现四大特点：多样、综合、个性、互动。所以，数字时代的任何事物，都必须在关注需求的前提下发展与前行，以数字时代的个性与互动为切入点，以多样、综合的姿态在数字时代中前行。

教育也不例外。数字时代，从学生的个性发展需求出发，教师从教育活动的设计者、组织者、主导者，将逐步转变为更关注师生互动的合作者、促进者、设计师、分析师。这种转变，就必须摆脱教学指导者+教师+教学技术人员的组合模式，促进"三体合一"，从而让教师有意义、有效地整合技术，重新思考教学和学习的方式，重新设计学习空间，重新设计学习活动，创建真实的、学习者驱动的数字时代学习体验，帮助学生利用技术，在学习目标的选择、实现目标和展示能力等方面发挥积极作用，使学生在不断变化和相互联系的社会中养成应对不确定未来的能力。

那么谁来帮助并成就教师？以伊利诺伊州为例，教育技术教练承担了这一角色与任务，他们归属于每个学区的教学技术部。例如伊利诺伊州 135 学区服务 5300 名幼儿园至 8 年级的学生，其教学技术部共有成员 10 名，其中教育技术教练 3 名。

（一）教育技术教练的角色定位

教育技术教练也称为教学技术专家或 Edtech 专家，负责与教师和学校管理部门合作，促进教室和学校整体使用技术。教育技术教练熟练掌握包括计算机、硬件、软件以及互联网在内的技术知识以及教学能力，也是负责教师发展的人员及课程专家。随着各种技术在学校中的使用越来越多，教育技术教练正在迅速成为重塑学习过程的关键参与者。

（二）教育技术教练的主要任务

教育技术教练负责支持所有教师的专业成长和发展，以促进学习和独立应用有效的教育技术，教育技术教练具有出色的问题解决能力和沟通能力，通过规划、建模、协同教学、培训和数据分析等方式提供教育支持。

（三）教育技术教练的基本职责

教育技术教练的基本职责有以下几个方面。

1. 协助教师有效地运用科技，根据学生的准备程度、学习方式、兴趣和个人目标评估学生的学习，调整学生的学习内容、过程和学习环境，实施分层教学，为所有学生提供严谨、有针对性和吸引力的学习经验。

2. 指导教师如何有效地利用技术工具和资源，系统地收集和分析学生数据，开展形成性和总结性评估，解释研究结果，从而改进教学实践，最大限度地提高学生的学习效率。

3. 选择、评估和促进在线和混合学习平台、数字内容、合作学习网络的使用，以支持和拓展学生学习，并为教师和管理人员扩展在线专业发展的机会。

4. 引导教师学习新的技术整合方法、新的资源和教学策略，有效提高学生的学业成绩。

5. 通过目标的设定和实施以及对教学的数据分析，参与学校改进过程。

6. 与地区一级的教学主管协作并有效沟通，以评估、选择和实施技术，强化学习经验，解决内容标准和学生技术标准问题。

7. 与学校管理人员合作，识别教学人员的技术整合能力，并提供适当的辅导、培训和资源，以支持个人的专业成长。

8. 评估专业学习项目的效果，以确定在深化教师内容知识、提高教师教学技能和提高教师素质方面的效果。

9. 通过促进数字信息和技术的安全、健康、合法和合乎道德的使用，培养数字公民。

10. 参与持续学习，深化技术整合方面的内容和教学知识（包括现有和新兴技术）。

从美国教育技术教练的角色定位、主要任务、基本职责来看，教育技术教练应具有很高的综合素养与能力。教育技术教练必须成为终身学习者，以深化整合技术的内容和教学知识，并精通现有的和新兴的技术；教育技术教练必须成为有远见的领导者，具有强大的解决问题、研究问题和执行计划的能力，协助规划区域的战略计划，支持整个教学环境的转型变革，并管理学校和教室的变革进程；教育技术教练必须成为课程与教学的专家，具有多年实际教学经验，能指导教师开展分层教学、组织个性化学习、实施基于数据的评估等。此外，还必须具备培训教学人员，与学生、家长和企业建立和保持有效工作关系的能力。

（四）如何培养中国的教育技术教练

据美国相关部门统计与预测,教育技术教练的平均年薪达到中上水平,其工作前景是光明的,预计到2024年就业增长率将在5%至8%之间。我们应如何培养适合本国国情的教育技术教练呢?

1. 加强各师范大学教育技术系学生的专业培养

建议各师范大学教育技术系在课程设置上作出相应的调整,增加"课程评估和开发、课堂学习支持和开发、数据研究、数据解读和领导力"等课程,建议学生在大四期间完成以"基于技术整合的学习设计"为主题的校本实习,并鼓励学生获取相关IT证书。通过这些课程以及补充培训,未来的教育技术教练将学习到如何成为数字时代的教育者。

2. 加快教研员与信息技术人员的专业升级

随着全球教育的快速变革,基于现象的教学、基于项目的学习等教学方式的兴起对进行单科课程与教学研究的教研员、以提供技术服务支持为主的信息技术人员等带来了新的机遇与挑战,但不是仅仅依靠学习新技能就能实现专业升级的,必须重塑角色,从教研员和技术人员中培养、选拔一批教育技术教练,他们是复合型的专家,是整合技术的教育设计专家和学习发展专家。

3. 加速学校信息技术学科教师的专业提升

专业提升包括教育者的知识、技能和心态,相关教师要积极参与计算机科学及计算机科学教育相关的专业发展和终身学习,参与提供专业学习机会和学科资源的专业计算机科学协会及计算机科学教育协会、组织和团体。在课堂和在线学习中设计有效的教学环境,利用技术来深化学习内容。相关学科教师应选择各种真实世界的问题,采用项目学习的方式开展学习,并为创造性、创新性解决问题提供机会,同时使用多种形式的媒体来分享结果,从而发展学生解决问题的能力、批判性思维的能力和计算思维的能力,帮助学生建立数字化学习技能,成为数字公民。

（撰文:上海市嘉定区教育学院　花洁）

让数据素养成为教师专业发展的新支持

21 世纪是教育创新的世纪,借助数据对学习行为进行精准分析,为学生提供更有针对性、更有效率的个性化学习正成为学习的新路径。在美国,运用数据决策教学,为学生进行个性化的学习设计,不仅发生在 AltSchool、苹果实验学校,而且发生在大多数学校。2018 年度美国数据峰会提出,"数据素养将成为 21 世纪最为重要的技能之一"。面对飞速发展的数字时代,教师除了要具备扎实的专业知识技能,还要把提升数据素养作为一种新的挑战与支持,才能顺应时代的发展,成为更好的学习设计师。

(一) 什么是数据素养?

数据素养,英文为 Data Literacy,是对媒介素养、信息素养等概念的一种延续和扩展。美国已有 19 个州将教师数据素养关键技能纳入教师资格认证标准,成为教师专业发展新视点。2011 年,美国教育部规划、评价和政策制定办公室研究小组确定了数据素养的三大领域五种技能,如图 6-1 所示。

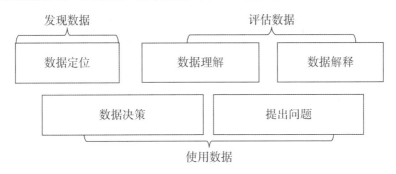

图 6-1　数据素养的三大领域五种技能

数据定位,就是在复杂的表格或图形中识别数据。数据理解,即通过比较、解读列联表、区分横截面或纵向数据等理解数据的内涵。数据解释,就是检查分数分布、分析提炼异常值的影响以及对可泛化性的限制。数据决策则是根本所在,即针对不同学生的个人信息资料确定个性化学习计划、制定灵活的分组策略和不同教学方法。而提出问题,就是进一步反思学习目的,提出问题框架以促进可持续改进。

（二）美国教师提升数据素养的主要途径

2018年秋，笔者有幸零距离进入美国伊利诺伊州的校园，目之所及是无处不在的技术融合，对数据的倚重和数据驱动下的个性化学习。学生人手一台PAD或手提电脑等移动终端，教师通过各种方式收集学生的原始数据并对学生进行分组，设计初步教学方案。根据学生学习过程形成的反馈数据，对教学方案进行调整、优化，真正实现了因材施教。运用平台或工具收集、分析、反馈学生学习中的数据已经成为美国教师必备的基本技能和教育素养。各学区主要通过两大途径提升教师的数据素养，一是举办集中的主题式培训班，创设与五大数据技能一一对应的模拟场景强化培训；二是在教学研究与实践中自觉养成，提升数据素养，这也是最主要的途径。主要体现在以下两大方面。

1. 利用测试数据指导教学

美国没有教研室、教研组之类的组织，但核心课程标准严格度的不断提升促使学校十分注重团队研讨。每星期同一年级的教师团队都要开会，利用Data Wall数据墙、Data Carousels数据轮播、Grade Seminar年级研讨会等形式，展开基于学习数据的分析讨论和反思改进。下面以笔者对芝加哥93学区一次中小学教师团队数据素养校本培训活动的现场记录为例。

第一环节：数据定位、数据理解、数据解释

（1）介绍（1至2分钟）：组长回顾规则要求，确保每个人都做好准备。

（2）经验分享（5分钟）：每个成员分享上次教研后适用多数学生的成功策略。

（3）挑战（10分钟）：每个成员交流一个或两个学生在作业或测验中出现的典型问题或错误问题。

（4）头脑风暴（10分钟）：团队成员集思广益，制定巩固和再辅导的教学策略，用于学生重新分组后的再辅导循环。

（5）新的测验或作业（15分钟）：组长预览下一周教学的关键概念和技能，研讨主要教学策略，为可能有困难的学生制定学习支架。

（6）选择（2至3分钟）：确定共同使用的1—3个共性策略。

（7）摘要（3到5分钟）：组长总结集体研讨成果及相关说明。

（8）评价（5分钟）：团队评估讨论可能会碰到的新问题。

第二环节：使用数据进行教学决策、提出问题

所有教授相同水平课程的教师分享最近的课程目标、教学策略以及学生作业样本，阐述教学目标达成度，以及跟不上节奏的学生的辅导问题。对于需要重点研

讨的问题,由团队讨论,确定调整后的教学方案。

2. 利用非测试数据指导教学

除了测试成绩,学生数据还包括平时的学习行为数据。

（1）即时评估。对于表演艺术、辩论或体育等课程学习,教师对学生的即时表现提供当堂纠正反馈和强化,制作视频或音频记录。英语教师则在学生写作过程中给予即时反馈指导。

（2）动态评估。如数学教师课堂示范后,让部分学生在小白板上独立练习,完成后举起白板展示答案。教师判断学生是否真正能独立学以致用,记录哪些学生需要个别再指导。

（3）使用可视化教学计划。教师在学生独立练习过程中巡视指导,及时获取数据,掌握学习信息。如教师快速查看学生正在写的论文,修复可能已经犯下的错误,及时帮助每个学生。课堂管理大师 Fred Jones 称之为可视化教学计划。

（三）数据素养对教师专业发展的意义

没有数据,就没有精准的学情分析,也谈不上为每个学生提供个性化的学习服务。具备较好数据素养的教师,对数据具有较强的敏锐度和理解力,能有效管理数据洪流,挖掘数据背后的有效价值。

1. 更好地设计学习内容

能通过存储、分析、加工学习数据,明确处于不同层次的学生群体,按需构建学习资源,设计学习内容,运营学习项目。如很多学校使用的 MAP 标准化测试数据能精细地反映每一个学生在具体学科不同领域的学力储备。比如对于英语语言文学科目,MAP 标准化数据包括进步指数、对文本的概括能力、获取细节信息的能力、语言运用能力等。教师分析这些数据,能高度洞察学生的知识掌握情况,甄别差距,对学习内容分类、对学生分层编班(组),用知识技能差距数据发现并确认学生的个人需求、个性能力,在教学目标、教学内容、教学进度等方面制定个性化教学方案,让每个学生在不同基础上取得进步。

2. 更好地设计学习方式

具备良好数据素养的教师善于主动关注学生的学习行为数据并调整学生的学习方式。教师可以通过基于课程标准的小测验或作业检测学生对学习技能掌握的情况。教师也可以获取学生在 PAD 上阅读或看视频的频率、练习时的正确率、完成学习任务所用的时间、教师对学生的反馈等行为数据,衡量学生的学习状态,识别跟不上大部队的学生,采用个别辅导、同伴互助、调整分组等方式微调教学策略或学习方式。

3. 融洽与利益关联者的关系

教师能自如地与家长、同事、社会等相关者交流数据。比如,当教师与家长沟通时,用数据说明学生的学习成长,提出适当的个性化学习建议。当教师与同事交流数据时,可讨论如何采取更好的教学实践,让每位学生取得进步。教师还可以让校长了解自己利用数据帮助学生取得进步的过程。数据搭建起教师与其他相关者交流的桥梁,使沟通更具说服力。

4. 构建丰富多元的学习资源

学习过程中,有些数据明显可量化,如考试分数;有些数据明显不可量化,如学生专心的程度、学习的姿态等,但都是反映学生动机、理解力和态度的指标数据。在美国,大量的学习以及反馈活动在终端上进行,电脑软件可以追踪鼠标的移动,记录学生的数字踪迹,生成数据。根据数据可以对学生的共性错题、普遍的疑点或感兴趣的话题等重组,举一反三,设计贴近学生需求的学习内容,提高学习的效益。

5. 找到最佳的学习发展途径

总结性评估数据尤其适合帮助教师识别学习障碍或整体课程功能的障碍。如果学生的总结性评估与以前的测试数据有显著差异,那么教师要去查找潜在的问题,分析了解问题的原因,寻找解决办法,并试图让学生重回正轨,找到最佳的学习发展路径。

（四）美国数据素养提升运动对我们的启示

美国教师尊重实证,尊重关乎一个个鲜活生命成长的真实数据,他们积极投身数据驱动的教学改进,在教学实践中自觉地提升数据素养,成就学生个性化学习需要。美国教师的实践给我们带来了不少启示。

1. 数据给教师赋能

数据赋予教师三种能力,分别是"显微镜"式的观察能力,使教师看得更细,如详细诊断学生的知识缺陷;"望远镜"式的预测能力,使教师看得更远,比如预测学生的学习成效;"导航仪"式的指导能力,使教师看得更准,比如给学生提供个性化的学习路径与方法指导。因此,提升数据素养是对新时代教师专业发展的新支持。

2. 数据让学习真实发生

教师会运用平台或工具收集、分析、反馈学生学习中的各种数据,通过技术支撑的测评获得精准的学业诊断,为每个学生"画像",从而了解学生的知识结构、技能能力、学科素养,制定更好的个性化学习方案,形成每个学生不同的学习路径,让教育接近本原——因材施教,让学习真实的发生。

3. 数据使教育生态优化

自然、真实状态下获得的数据不会"说假话"。利用数据可以深度挖掘学习过程中隐藏的信息、存在的问题,让教师更科学地决策教学。数据也使教师对教学过程的掌握从依靠经验转向以数据分析为支撑,教学模式更精准。学生在终端上的数据能体现他们的学习特点、兴趣爱好和行为倾向,使学习方式更个性化。过程数据也为公正的教学评价提供了依据,优化了教学方向,做到既注重结果性评价,也注重过程性评价。因此,数据在构建新型教学生态、助力教学结构变革、再造教学流程等方面的作用已经凸显。

总之,数字时代的教师只有将数据素养作为专业发展的新技能、新素养、新支持,才能使自己成为更好的学习设计师。

（撰文:上海市罗星中学 彭素花）

让孩子从小养成数字化意识

建设未来学校,信息素养是重要基础,它决定了个人能力的发展水平,也会影响到思维能力、问题解决能力和合作能力的培养。在美国的中小学,我们看到每一个学生都表现出极高的信息素养。如习惯用电脑在网上学习、搜索研究课题的资料,通过平台在同伴间分享成果,甚至上传交流作业等,教师也习惯于基于网络开展教学活动。那么,美国学校是怎么培养孩子的信息素养的?在美国访问的过程中我发现了这样一个秘密,那就是从幼儿园开始,美国的学校就一以贯之地重视对孩子进行数字化意识的培养,在潜移默化中提高了学生的信息素养。

(一) 来自美国学校的三个案例

1. 学生的行为举止数字化

在伊利诺伊州 135 学区的 High Point Elementary School,学校对孩子的行为举止要求有一个量化的标准, 比如,学校根据学生所处的场合不同,把讲话的声音从 0 到 4 划分为五个等级,0 是不能说话,1 是耳语,2 是可以同桌间小声交流,3 是可以较大声说话,4 是可以大声地说话。于是在不同的场合对应的说话标准就有了数字量规,在学校图书馆只能是 0,教室里可以是 1,在室外操场上才能用 4 的音量说话。以此类推,各类公共场合也有了说话音量的数字标准。一旦把行为要求转化为数字层级,无形中为孩子培养了数字化意识。

2. 语言技能学习水平数字化

这是指导学生自我判断学习技能掌握情况的分级要求,High Point Elementary School 把语言学习技能的要求分为 4 级,逐级提升,在教师的指导下学生可以对自己当前的学习水平做出自我判断,明确自己所处的等级。我询问了某位学生是否知道自己目前所处的等级,他能很明确地告诉我自己在哪个数字层级上。这样既有利于教师对学生学习情况的统计分析,也有利于学生数字意识的巩固(见图 6-2、图 6-3)。

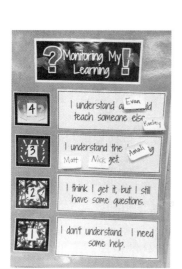
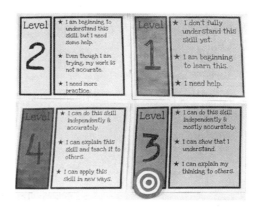

图6-2　学生标注自己的等级　　　图6-3　语言技能等级设置

3. 幼儿生活中的数字化

在芝加哥大学实验学校幼儿园教室里,我看到一个大冰箱,冰箱门上用冰箱贴贴着幼儿的名字,这些名字分为两类,分别是 yes 和 no,咨询老师我们才知道,这也是培养孩子数字意识的好方法。比如对于想用餐点的孩子,就到老师那里,在盒子里摸一张数字卡,卡片上用阿拉伯数字和对应的小黑点作标识,如果摸到 1 就是第一个取食,以此类推。每天这样训练,建立起 4 岁幼儿的行为规则,养成数字化意识,用完餐的小朋友就将自己的照片从 no 区移动到 yes 区(见图6-4、图6-5)。

图6-4　数字顺序卡　　　图6-5　学生标注自己是否已用餐

（二）给我们的启示

由此可见,孩子们数字化意识的培养不需要说教和高大上的课程,实际上隐含在学校生活的方方面面。上面提到的三个案例场景,对大多数中国老师来讲,可能在依据教师经验和习惯做法的过程中轻易流逝了,但美国老师能注意让学生在日常学习中逐渐巩固、内化。

首先,数字化意识实际上是理解"量化"在现实生活中的作用和应用。让学生在各个情境中去体验量化带来的便利和优势,使得他们从小就学会通过量化来解决具体问题。所以说,量化是一种方法和手段。就如上述案例中提到的,数字可以用来表示"程度、水平",也可以用来标志顺序,教师通过精心设计情境让孩子通过体验去理解赋予"数字"的含义。

其次,从数字化意识到信息素养提升需要有个整体的设计。比如对于幼儿,让他们认识数字,知道卡片上的数字有大小,数字可以代表先后顺序;对于大一点的孩子,则让他们认识到数字还可以赋予更多的含义,比如可以表示程度;再大一点的孩子,则要求他们学会用数字去进行量化评价。由此对于不同年龄段的孩子,设计了从认识数字,到了解数字,到会用数字的递进式教学,从理解数字到内化为行为准则,则为孩子从数字意识到信息素养之间搭建了攀升的阶梯。

最后,信息素养教育的解决方案就在学校生活中。上述三个案例都来自学生的学习生活,因此推进学生信息素养的提升需要我们能俯下身子真正融入学生的生活中去,才能找到真正解决问题的办法。

未来学校建设最重要的,就是育人。帮助学生建立规则,建立联系,培养信息素养,才能为学生的终身学习与发展奠定基础。

（撰文:上海市黄浦区教育学院　邢至晖）

特殊教育不"特殊"

谈及基础教育中的特殊教育,我们一般会认为教育的对象是那些有听力障碍、无法顺畅表达或行为待矫正的三类特殊学生群体。各地政府为了保障这些孩子的教育公平,常常将这些学生分类集中到不同的特殊学校,轻度症状的学生则实施随班就读,配备专职的教师,教会他们日常的学习、生活及社会交往技能,从而使孩子们能够尽早融入社会。

在芝加哥的访学期间,我发现这里的校长、老师在和我们交流时都会提及他们的特殊教育,而且非常自然,不时流露出自己的专业成就感,这让我不禁产生疑惑,他们眼中的特殊教育是什么? 教育的对象是哪些特殊人群? 怎么为这些孩子提供适合的教育呢? 又是什么让他们感到这么自豪呢? 带着这些问题我在访学和实地考察中慢慢地开始接触并逐步深入了解其中的奥秘。

(一) 特殊教育对象不完全"特殊"

美国对于特殊教育对象的定义与我们传统的对特殊教育对象的定义完全不同,国内一般是指身体、智力等有先天发育不足的孩子。而在美国,上述有残疾的孩子是正常跟班参与学习和生活的,学校会配备一名教师或教辅人员协助。除了这些孩子之外,美国公办学校的特殊教育是信息时代下的以学生个性化需求为导向的教育,是个性化学习的重要组成部分,它更多的是为不同层次的学生提供个性化的教育。美国的学校非常重视学生按照自己的兴趣和需要主动地学习,重视个人能力的发挥,其中就包括这些对象:在课程学习上有一点困难,跟班级有些差距的学生;在课程学习上超越班级水平的学生;智商超常的学生;情绪有波动的学生;社会交往困难的学生。

(二) 特殊教育内容和方法五彩缤纷

针对上述特殊教育的对象,美国的学校和教师在环境布置、学习内容、教学方式上因人而异地开展教育教学活动。

1. 在教室环境布置上

在教室环境布置上,美国教室大体上分成地毯区、座位区、图书阅读区、展示区等几个区域。学生在地毯上听老师讲课,回座位上独立做功课。坐在漂亮的地毯上听课,不仅为学生营造了温馨舒适的环境,还有助于促进和老师的互动。在座位区,通常会把座位布置成四人一组,桌子中间放一个工具箱,工具箱里放上日常用具,方便小组讨论和合作,从小培养孩子们的团队合作精神。每个老师都会花心思精心布置自己的图书角来激发学生的阅读热情。当然,很多教室桌椅不固定,师生活动很自由。为了突出学生的个人成就,美国老师会把所有学生的作品展示在教室里的墙壁上。

2. 在学习内容上

美国的中小学没有固定的班级,也没有班主任。学校提供了大量的课程供学生选择,有的甚至有数百门课程,不仅有英语、数学、外语、物理、化学、生物(美国初中将物理、化学、生物合成为科学)、历史、地理(美国初中将历史、地理合成为社会科学)、音乐、美术、体育等这些传统课程,还有哲学、环境科学、家政、木工、缝纫、金工等技术课程,学生可以根据自己的智力发展水平和兴趣爱好、知识基础选择课程。除此之外,AP 课程与 IB 课程也是美国高中阶段的特色课程,尤其是 AP 课程(Advanced Placement),即大学学分先修课程,其难度相当于美国大学一年级课程。AP 课程开设门数越多,证明这所中学的师资水平越高。AP 课程的成绩达到 4 分或以上(满分 5 分),就可以冲抵大学学分,美国大学实行学分制,如果修的 AP 课程多,在大学里就可以省钱省时,提前毕业或修一个双学位。

3. 在教学方式上

在教学方式上美国学校实现课程和班级管理的开放,中学走班选课制较多。例如,一个学生上英语课和一些同学在一个班级,上数学课可能会与另外一些同学在一个班级。很多教室是按照学科进行划分的,每个学科有若干个教室,学生上什么课就到什么教室。学生要学会很好地自我调节,能够在多样性的课程学习中,学会根据自己的兴趣和需要进行选择,自觉地适应学校的生活,掌握学习的主动权。

(三) 学生的社会交往、情绪控制能力特色十分鲜明

美国的学校特别注重学生社会交往能力的培养,孩子的社交能力和学习一样重要,他们到学校来,最重要的任务不仅是学习知识,还要学习社交,先学会做人,再学会做事。学校对学生的社会交往培训的定义包括微笑、问候、邀请、交谈、分享、合作、赞美等方面,学生学会礼貌待人和与他人积极互动。学生通过小组协作的方式共同完成学习任务,分享交流学习成果,这也是美国的孩子比较能表达、交际能力强的原因之一。

最让我惊讶的是很多学校开设了社会情绪课,这个课程直接教会学生如何以积极的方式进行交流、处理愤怒和用可接受的方式解决与他人的冲突。学校教会

学生学习和掌握自己应对负面情绪的各种方法,同时也要学习如何帮助他人积极地应对情绪问题。我在一个学校访学时,正好看到一个音乐老师在上合唱课,起初孩子们都非常的投入,课中,最后一排靠中间的一个孩子因为他旁边同学在表演伴唱动作时幅度过大,引起了他的极度不适,我以为他会不顾众多同学和访客在场,大声咆哮对方。相反,他满眼泪水,表情尴尬地向老师举手,自己主动离开合唱队,独自走到教室门口的角落里,蹲在地上,努力控制情绪。几分钟后,情绪稳定又重新回到了队伍中。有个小学在班级里开设了一个角落,四周贴满让情绪稳定的图片和关键词,供课堂情绪波动的孩子坐在那里独自冷静。还有一个学校把一些在社会交往方面有欠缺(如自闭症孩子)的学生每天集中安排两个小时在特殊教室里学习和生活,营造集体的氛围。有时一个学生由一个教师单独进行说话、聆听、集中注意力等技能培训,另外还有教辅人员和志愿者协助。

（四）特殊教育的困惑与思考

美国的特殊教育尽管与我国特殊教育有着实质性的不同,但是也存在着一系列的问题。比如存在教师抓两头,中间学生群体被忽视的现象。即高阶和低阶的学生,高阶学得更高,低阶学生获得老师很多时间耐心讲解,甚至个别反复指导,而中间的学生缺少老师的关注,多以自主学习为主,长此以往,会影响其学习进程。那些分层后学有余力的学生选择了本年级或更高年级的高阶课程学习,本年级其他学科仍需要花费很大的精力去学习,从而导致学业负担加重,有拔苗助长之嫌疑。大量的走班授课,学生在选课时必须要有所取舍。学校排课困难,即使计算机排课,也还需要人工日常干预和调剂。教师的备课压力陡增,即使有 Google Classroom、Power School 等平台的支持,面对每个学生的个性化需要往往也会分身乏术。由于美国个性化特殊教育所强调和鼓励的是个性的发展,因此受到关注的往往是特殊的少部分人。由于家庭环境、社区环境的不同,也会使得学生的地位和竞争有很大的差异。我们还需取其精华,弃其糟粕,立足本国的国情和学情,以学生为本,为培养适应未来发展的人才而设置因地制宜的策略。

（撰文：上海市闵行区教育局　康永平）

第七章

美国未来学校运动
案例剖析

【本章导引】

伴随着科技进步而引发的美国学校变革,在日常教学过程中逐步走向每个学生,可以看到,芝加哥公立中小学积极关注学生的成长需要,广泛参与未来学校运动,充分利用信息技术来提高教学有效性,激发学生的学习内驱力。

如果说芝加哥的公立中小学给了我们学校走向未来变革的启示,那么加州旧金山地区的大中小学掀起的未来学校运动,则将给我们对未来学校发展带来更多的突破性的探索。本组文章将对 AltSchool、密涅瓦大学、斯坦福在线高中等个性鲜明、运作独特的学校进行案例剖析,让我们从中感受美国未来学校运动的真实一面。

AltSchool 创始人兼 CEO 谈教育变革

AltSchool 成立于 2013 年,是一家总部位于旧金山的教育初创公司,公司的创始人是谷歌公司前高管,有着多年技术经验的工程师 Max Ventilla。AltSchool 致力于通过技术改造传统的教育方式,将教育科技应用于学校,不断探索适应未来发展需要和全球核心素养的教育理念。在美国考察期间,我们有幸与 AltSchool 的创始人兼 CEO Max Ventilla 有了一次面对面的交流。Max Ventilla 从 AltSchool 的创立初衷、教育理念的发展与变革、新时代下应如何定义教育、新教育理念和教育科技的应用等方面与我们进行了深入的交流,令人印象深刻,很受启发。

以下是 Max Ventilla 与我们交流的访谈实录,作了适当整理,相信通过阅读,对 AltSchool 的教育理念、运行模式等都能有一个全面的了解,其中的一些先进教育理念和科技应用经验可以对我们国内的未来学校运动产生参考和借鉴的作用。

（一）为什么创立 AltSchool

Max Ventilla：

五年前,我创立了 AltSchool,我家中有很多人从事教育行业,我母亲和姐姐都是老师。但是,在创办这个学校之前的二十年,我一直在技术行业。从事技术工作的时候,我创办了两家公司,并且得到了风险投资,后来高价卖给了更好的公司。我在谷歌工作了十年,组建了自己的团队。

我知道中国人喜欢数字,所以在这里我给大家看一些数据,比如用户的数量,我有八个产品,平均用户数量超过了 1 个亿,其中有两个产品使用人数更多,超过了 10 亿。如何在一个空间里实现最大化的个性化体验技术应用,这就是 AltSchool 的理念。我离开谷歌的时候,个性化体验的技术应用已经成为谷歌的发展趋势,我很多同事也围绕个性化体验做技术开发。

Bharat Mediratta 是 AltSchool 的共同创始人,也是现在公司的主席和首席技术官,从谷歌离职时他有十年运营谷歌浏览器搜索引擎的经验。Bharat Mediratta 之前在谷歌任职时,能接触到谷歌每天十亿的搜索量。以前,如果两个人输入同一个单词,他们检索到的东西是一样的。后来谷歌每天的搜索量发展到了 500 亿,随着个性化技术的发展,不同的人检索同一个东西,得到的内容是不一样的,搜索引擎会根据每个人的兴趣爱好等个人信息来提供给用户最适合的信息。

我转行教育和我的孩子有关。有了孩子以后,我有了一种对未来的使命感,我希望我的孩子和我在 20 世纪 80 年代接受的教育不同。但是我发现现在很多学校在做的事情和十多年前并没有太大的变化,这些促使我投入教育行业。我很高兴我不是唯一想改变教育的人。

(二) 在加速变化的时代,我们要教给孩子什么

Max Ventilla:

现在这个世界和传统的工业时代有很大不同,已经发生了巨大变化。现在,技术变革的时间越来越短,2—5 年内产生的变化在过去可能需要 20—30 年,这反映在数据里,每隔 18 个月,同一家公司的计算能力可以扩大一倍。新技术从诞生到变为主流思想的时间越来越短,变革正在加速发生(见图 7 - 1)。

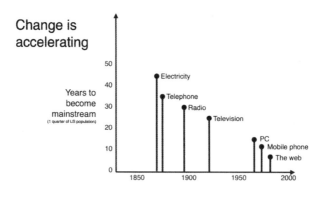

图 7 - 1　加速变化的时代

要知道,计算机可能在未来的 10—20 年里变得有思考能力。现在,有一件事情令我很烦恼,很多国家和地区如美国、欧洲、中国仍旧用测验来判断教学成果的好坏,这个测验的方式早就可以通过计算机技术来实现。我们必须明确的是,学校如果希望孩子将来长大成人后可以为国家经济和社会作贡献,就要让学生学会计算机不会的思维方式(Thinking Ways)。

机器人做试卷已经成为现实了,像 Mitsubishi 做的机器人,它回答的试卷比东京大学其他同学分数都高。试卷机器人用它的电子眼和其他学生一样答卷,现在做高考数学试卷、SAT 试卷也没有问题,而且机器人的试卷得分已经超过平均分数了,如果继续研发下去,可能最好的学生也比不过它。

有哪些测验,人可以超过机器人呢? 应该是需要创造力、需要热情的测验。所以教育应该往这些方面转变。培养人的成本将比机器人更高,人和机器人比较将

没有优势。在这种情况下,新的教育模式应该是什么样子的呢? 我们必须培养孩子的同理心和创造力,让他们为未来的工作做准备(见图7-2)。

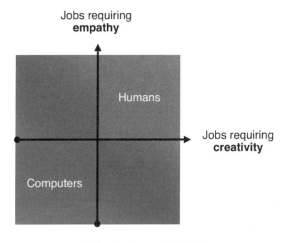

图7-2 同理心和创造力

(三) 工业教育模式遇到瓶颈,我们该如何重新定义教育

Max Ventilla:

美国传统的教育模式在1900—1970年间,高中毕业率的趋势一直是往上面走的,从0%增长到80%。因为美国的教育模式和学生生活关联越来越小,所以从20世纪70年代后高中的毕业率增长开始下降,趋于平缓(见图7-3)。中国

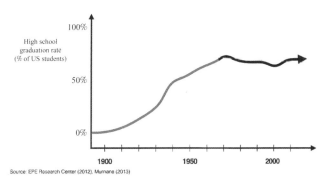

图7-3 20世纪美国高中毕业率变化趋势

的同类数据现在还在增长,可能还可以持续10—20年,但是总有一天数据会到达增长瓶颈,然后出现下降。以美国为例,小学学生的学习参与度还是很高的,但是到了高中他们的学习参与度变低了。随着时间的增长,学生对学习的参与度越来越低(见图7-4)。如果要放到工业领域里,这个模式显然是不合适了,属于公司的产品越来越多,但是越来越多的人不想使用这个公司的产品了。

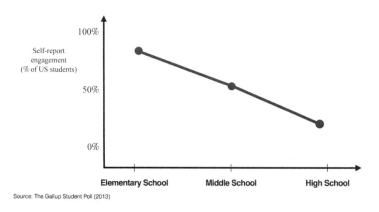

图7-4 学生对学习的参与度随着年龄的增长而急剧下降

　　传统的教学模式已经存在100年了,如果是在原有的模式上小修小补会是现在需要的教育吗? 我认为不是,应该是原有模式的基础上退回一步,塑造一个新的教育模式。学习依然涉及老师和课堂,但是学习方式和学习内容要产生变化。我曾经有一个很极端的想法,就是把工业的模式转变成技术的模式,让学生面对电脑进行学习,让电脑来充当老师,这显然是行不通的。因为电脑会教的东西对于未来社会有什么用呢? 相反,现在的教育提倡以学习者为中心,这种教育借鉴的蓝图来自 Education Reimagined 模型,该模型有五个核心点:基于能力、个性化学习、学习者积极性、学生互动、开放学习空间(见图7-5)。要实现这五个核心点,需要加强技术和工具的使用,利用技术和工具作为一种手段来实现未来的教育。

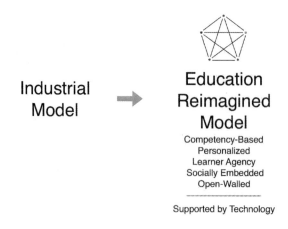

图7-5 Education Reimagined 模型

我们希望已经存在 100 多年的传统教育模式能发生转变。现代的教师需要和同学们相互学习,在现实的小组里面一起学习。所有过程都被信息技术支持着,教师可以管理这些学习经历,因为他们使用着超棒的工具软件。技术可以让一些工作从教师那里转移到学生那里,减轻教师的负担的同时让教师能做更多的工作,比如学生可以自己定义学习目标、可以保存学习过程资料,并且可以进行评测。一方面可以促进学生学习,另一方面也可以让学生更会管理自己。

（四）AltSchool 的理念和技术如何帮助学校

Max Ventilla：

我们可以通过三个案例来看技术如何帮助学校成功。

1. Kohelet Yeshiva School

我们的平台在费城那边的一所学校已经使用两年了,这是一所私立学校,现在学校把所有的课程标准及课程、学生的活动都放在平台上。他们把这些内容映射出来,让学生知晓他们必须做什么以及他们将要做什么。每个学生都有一个内容单,大约有 20 个活动,大部分是需要和其他学生一起合作完成的任务。学生完成的作业和活动会在平台上进行存档上传。这个系统也可以让教师对学生的作业和任务进行评分、反馈和预测。系统通过教师和学生的互动和反馈来预知学生在某一项学习、某一个内容的学习表现。这个系统不像以前那样,学期结束学生就得到一个分数和学科的等级划分。现在的评测方式具有及时性。学科的很多细节,例如语法、词汇量、合作能力等都会得到教师及时的评价。这个合作学校使用的课程属性、课程标准、时间安排和其他 AltSchool 很不一样,都是他们根据学校的需求制定的,来帮助他们更好地教学。

2. Arcadia Unified School

第二个例子是 Arcadia Unified School,这个学校的学生人数有 1 万人。现在那边的教师使用一些工具支持学校的个性化教学。教师根据学生的测评情况,给学生制定不同的目标,分成不同的小组。测评的时候,学生也可以用不同的方式展示自己对学习内容的了解,并且学生个人需要完成的活动也展现在平台上。我们给该校提供平台和工具让教师节约时间,这个平台和工具对学校完成个性化教学有很大的助益。这是个很好的学校,标准化考试成绩很高,毕业率几乎到达 100%,用了平台以后,现在成绩比以前更好了,学生的学习参与度得到了提升,也锻炼了学生的性格、自我管理的能力,这意味着使用该平台和原来的标准化应试的内容并不矛盾。

3. Odyssey STEM Academy

第三所学校是一所公立学校,是今年刚刚加入我们的一个合作伙伴,学生都来自比较贫困的家庭,我们主要帮助该校实现学校教室外的教学,这些学生每周有两天在一些公司或者企业里面从事学徒方面的工作,其他的时间在学校里学习,我们的系统让学生在学校学习的内容跟他在外面的工作内容能够产生紧密的关联。学生可以通过我们的系统管理他们的学业,自己保存他们在校外的学徒内容,并且可以将学习证据归拢在一起。这些证据是老师想要看到的目标,或者是该校的合作公司需要的数据。同时还把成年人,如父母和雇主纳入到这个系统当中,父母和雇主也可以提供学习反馈,在这个系统里面进行互动。所以,学生就有一个比较综合全面的展示,能显示出学生是如何进步的,以及学生在哪些地方有需要改进的不足之处。

这些不同的案例,都是从一个侧重点来对某所学校提供帮助,这些帮助不会增加学校的花销,但可以减少教师的负担,然后可以让学生的体验更加丰富,让学生在学习中更具有主动性与获得感,所以对于这些学校来讲,帮助还是非常大的。

(五)对于合作学校,AltSchool 通过什么方式帮助它们

Max Ventilla:

我们现在有 20 个合作的学校,另外有 4 个直属实验学校,其中两个在纽约,两个在旧金山这边。直属实验学校是我们自己管理运营的。对于合作学校,我们会跟 AltSchool 的工程师、相关的教师和工作人员紧密的连接,然后帮助合作学校不断地改进和提升平台和工具。

对于合作学校,我们有三件事情要做。第一,满足客户的需求,改善平台以符合合作学校的标准,包括它的课程大纲、教学内容以及想关注的教学重点,比如,学校要提高学生的个性化学习,或者要提高学生的主动参与程度等。第二,减少教师的工作量,让学生承担更多的工作,并且给教师提供教学资源,比如,提供现成的上课课例,教师可以直接拿来使用。教师通过平台可以对学生进行评分,更好地对学习内容、学习情况进行汇总。第三,提高教师的教学能力和学生的学习能力。使用这个平台后,不管是教师还是学生,他们的能力在 1—2 年内都有比较明显的提升。

(六)AltSchool 的宗旨——让最好的教育对于所有的学生来讲,都能触手可及

Max Ventilla:

我们创立 AltSchool 有 5 年的时间了,我认为使用这个模式后,学生能够知道他们为什么要在学校学习,以及他们如何去更好地学习,在这里教师仍旧是一个重要的角色。在开办 AltSchool 的 5 年里,我学到最重要的一点是:为了让学生参与进来,你需要去支持教育者,而这并不是说让平台替教师去教导学生,而是让教师去

了解每一个学生,让教师能够区分、感受学生的学习历程,让教师可以在任何时间去支持学生,最终的结果就是让这些学生取得优秀的学习成果。

对于学生来讲,如果说教学是以学习者为中心的,那么学生就会更愿意来学校上课,但是如果像是传统那样的模式,学生就很容易丧失去学校的兴趣。

AltSchool 的宗旨可以阐述为"要让最好的教育对于所有的学生来讲,都能触手可及"。这种触手可及的优质教育模式,我们想要分享给全世界的学生,包括中国。

(七)　AltSchool 如何帮到更多的人

张治:

在中国,AltSchool 是一个传奇,很多人都把创始人当作教育行业的一个传奇。今天听了您的介绍,我知道您不是想办一所标准化的学校,而更多的是要辅助每一所不同的学校成长。我有三个疑问。

第一,从运作模式来看,AltSchool 是不是从仅仅做更加标准化的学校转向了辅助学校个性化的发展?

第二,AltSchool 有它自己的教育理念,但是它在辅助其他学校成长的时候,更多的是站在不同学校的理念上帮它(指学校),所以 AltSchool 是如何平衡自身的办学理念和自己的商业服务模式? 因为如果按照别的学校的理念来帮它的话,用我们的话来形容,就是帮助学校在它自己的理念轨道上"飞奔",而不是把 AltSchool 的思想带进这个学校,您是如何平衡这一点的?

第三,AltSchool 有 5 年多了,学校发展也经历了各种各样的波折,请问您现在遇到的最大困惑在哪里,以及后期的战略重心将转向哪里?

Max Ventilla:

AltSchool 主要是输出平台和资源。我们建立这个学校之初,参考了很多好的现代教育研究结果和理念,也借鉴了很多学习科学方面的内容,比如说有一个科学研究成果就是有两个科学家研究了好几千人的学习案例以后,然后经过分析,总结出了教育可以引导学生取得成功。我们用了 5 年的时间来开发和发展 AltSchool 这个平台,然后让教育致力于引导学生走向成功。我们思考了如何进行更好的教学规划,如何让学生更好地参与,如何更好地评价学生,如何更好地了解学生的成长等诸多问题,同时我们还把教师、学生和家长都融入这个体系里来。

我认为我们最终的目标是让其他学校借鉴这些可以让学生成功的经验,就是说其他学校要通过使用我们这个平台,最终让它的学生也有这种走向成功的体验。这里我举一个例子,AltSchool 平台就像一个厨房一样,进来的人可以吃得很健康,但是进来的人是做汉堡还是薯条,这个是他自己的事情。我们不会试图去改变他的想法,但是当学校使用了一段时间以后,学校的最终的目标就是走向 AltSchool 的教育目标。

学生的自我思考对于学生的更好的学习是非常重要的。AltSchool 平台致力于让教师实现更好的教学,但不会让教师抛弃他从前的教学规范。

（八）教育创新取得成功的关键在哪里

Max Ventilla:

我认为在教育领域要取得一定的成果,在时间上可能是普通行业的两倍,难度可能是普通行业的四倍,但是我们在发展过程中学到了三点:第一,重要的是如何支持学习体验以及运作,这是一个在教育中很重要的方面;第二,虽然学校有不同的性质,有私立的、公立的,还有特许学校等,但这些并不是影响学校变革和发展的重要因素,一个学校能不能变革和发展,取决于这个学校的领导力和想要改变的愿景。学校在个性化教学或先进理论教学方面的经验也很重要。第三,在教师的方面,需要教师主动地接受理念的变化,而不是说只有学生想变或者是校长想变。

所以我们的核心就是通过这个平台来帮助学校和教师教学,这个平台具有非常大的灵活性,可以减少教师无效时间的投入,提高教师和学生改变的动力,帮助学生更好地学习,最终帮助学校从 19 世纪的教学模式转变成面向 21 世纪的教学模式,所以这个平台可以帮助学生和学校为适应未来的更好的教育的变化做准备。跟传统的软件工程师的理念不一样,我们不去设定一套标准化、自动化的体系,实现标准化的思维,而是让平台锻炼教师和学生的能力,通过教育取得成功。

（九）AltSchool 平台的与众不同

张治:

AltSchool 实际上是通过平台来注入教育理念这种模式推动教育变革,世界上还有许多其他公司,例如谷歌、苹果、微软等,AltSchool 的平台系统如何实现与其他平台相融合? 如何推动整个教育生态系统的协同发展,这方面是怎么考虑的?

Max Ventilla:

我们通过合作的实验学校来开发或提升平台。如果向未来几年展望,可以把 AltSchool 平台想象成一个小的生态系统,里面聚集了各类不同的学校用户。

AltSchool 的平台和其他的平台确实也存在着竞争,但是我可以提三个问题来显示 AltSchool 平台和其他平台的不同:第一,看平台是否能提供最好的教学体验,还是把传统的教学体验变得更好? 第二,平台能否提供多样性、灵活性的教学体验,还是给大家同样的食物和菜谱来做同样的菜? 第三,系统的完整性怎么样? 比如,学校的管理者、学生、家长、教师,是否全都融入这个体系,帮助学校更好地实现学校的规划、计划、融入、评价、理解,并且可以在诸多环节中提供更好的服务,实现最好的教学体验。我们做了很多详细的考量,因为如果缺少其中某一个方面,缺失的部分将拖累了用户的整体体验。

因此,我们提供学校所需的所有工具,构建课程与标准(包括学术和非学术的标准),设置和跟踪学生的目标,为每个学生提供个性化的活动,捕捉学习进度,记录学生和教师的工作,用户能够管理已完成的工作,并向学习者提供反馈。因为前面所有的计划,包括教学、评价都在一个平台上,这样会形成学生的综合档案袋,以便了解学生整体的进步以及学习变化的过程。

（撰文:上海市电化教育馆　张治）

密涅瓦大学——信息时代创新型大学的探路者

2013年,前哈佛大学校长、美国财政部部长萨默斯,前沃顿商学院院长哈克尔,斯坦福大学研究中心主任考斯林等一群美国蜚声海外的杰出教育家共同创办了一所四年制本科大学——密涅瓦大学。这所大学被美国媒体称为"变革僵化的高等教育模式,颠覆常春藤教育的未来大学"。

密涅瓦(Minerva)是罗马神话中智慧女神之名。密涅瓦大学抛弃了工业革命以来大学的固有形态,学校没有漂亮的实体校园、图书馆和其他设施,但有全球最顶尖的教授团队实时互动给予在线授课。大学四年,学生将在全球七座城市游学,通过学习精心设计的在线课程,实现高品质的精英教育,校方将给予终身的资源帮助。2016年,世界各地有超过1.6万名高中生申请密涅瓦大学,但仅有306名学生被录取,录取率为1.9%,比同年哈佛大学还低(同年哈佛大学录取率为5.2%)。

密涅瓦大学的总部位于美国旧金山一座写字楼的第九层。我们来到总部,里面有三十多名工作人员正在紧张地忙碌着。密涅瓦大学负责人接待了我们,告诉我们这里是密涅瓦大学的心脏,主要负责信息化平台的维护、与全球的合作伙伴的互动、与世界各地的教授沟通(密涅瓦大学聘请世界各地知名教授进行网上授课)、与全球七座城市的工作团队联系、学校招生与实习方案的制订等。密涅瓦大学亚洲负责人Kenn Ross说:"密涅瓦大学就是要做一个有价值的教育新模式。"

(一)密涅瓦大学教育的四大创新

创新一:沉浸式的全球化体验,培养真正的全球视野

在密涅瓦大学,学生的四年本科学习生涯将会在全球七个不同国家、七座世界级城市展开。第一年在美国旧金山学习,余下的三年将分别在印度海得拉巴、韩国首尔、德国柏林、阿根廷布宜诺斯艾利斯、英国伦敦、中国台北学习。密涅瓦大学强调"城市即校园"(City as a Campus)。学生将以班级为单位住在这些城市,整个城市就是他们的校区。

密涅瓦大学在这七座城市都有工作团队。工作团队负责指导学生在每个城市

的学习和生活,包括如何解决衣食住行、如何购物、如何与当地人交流;为学生提供每个城市的生存指南手册,指导学生充分利用城市丰富的资源,包括当地的图书馆、实验室、博物馆、免费 WiFi 的咖啡厅等;协助学生制订好实习计划,包括联系实习机会、联系当地的名人或团体组织互动活动;组织游览当地的历史名胜、文化古迹,了解当地的历史文化和风俗习惯;组织与当地大学生的联谊活动,让大家认识一些新朋友;组织班级的研讨,让大家碰撞出新观点。

四年的时间,学生在全球七座城市体验式学习获得的知识远远超出待在象牙塔里的学生。学生将学习利用每个城市丰富的资源,利用各种学习机会,深度融入当地的生活,参加实践性的活动。学生沉浸在各种文化中,见识全球文化的多样性,培养真正的全球视野,充分发展解决当今社会复杂问题所需的广泛知识和实践技能。

来自上海中学的大四学生 Jeff 回忆起四年的大学生涯时说:"以城市为校园,我们能与真实的生活接轨。在布宜诺斯艾利斯,我去过破败不堪、光怪陆离的贫民窟;在海得拉巴,我见证朝气蓬勃、欣欣向荣的新兴经济体高速发展;在首尔,我参加过声势浩大、气势磅礴的鼓乐节,品尝过韩国泡菜;在柏林,我到过犹太人博物馆,看到德国人对二战的深刻反思;在伦敦,我游历过美轮美奂、雄伟壮丽的白金汉宫,并沿着康桥追寻徐志摩的足迹。丰富多彩的体验式学习,让我感受不同文化的冲击,让自己拥抱新观点和拥有全球化的思维模式。"

创新二:以学生为中心,基于信息技术的主动学习

因为密涅瓦大学的学生分布在世界七大城市,基于在线的网上学习就成为密涅瓦大学实施教学的必然选择。密涅瓦大学建设了学习管理平台:Minerva Active Learning Forum。教授和学生使用该平台建立网上班级,通过实时视频开展学习研讨、交流互动,每个网上班级最多支持 19 名学生同时在线学习。

学习管理平台主要有以下功能。

1. 在线课堂:学生可以在任何城市通过互联网登录学习管理平台,参加班级课程学习。这提供了很大的灵活性,每座城市就是一个校园,学生可以在城市有 WiFi 的咖啡馆、图书馆、公共空间、户外环境中自由上课。

2. 数据收集:平台能够将学生的在线学习数据时时收集,包括师生互动、生生互动、学生的发言情况等信息记录下来,通过大数据分析,评估学生的学习表现。

教授们基于课堂学习记录的数据、测验分数等信息,深入了解每一位学生的优势和不足,对每一位学生的学习情况进行个性化的反馈。

3. 信息存储:教授们将各种学习资料上传到平台,供学生随时访问、下载学习。学生将作业上传到学习管理平台,以供教授们在线批阅。

4. 互动协作:学习平台具有强大的交互协作功能,包括分组讨论、辩论、投票和问卷调查,以及创建和编辑协作文档的功能。

5. 考试测验:学习平台具有集快速组卷、测评、练习、竞赛、分析及反馈于一体的功能。

密涅瓦大学的学术理念是以学生为中心。学校采用小班教学,一个班级最多19人。传统大学的上课方式一般是教师在讲台上讲,学生在座位上听。密涅瓦大学 Stephen Kosslyn 教授说:"教师在讲台上授课的方式对教师授课来说是个好主意,但对学生学习来说就是一场灾难。"

密涅瓦大学的教学模式是"线下学习,线上讨论"。教授会将学习材料提前发给学生,学生先在线下用大量时间自主学习。线上学习类似小型研讨会,侧重于答疑、研讨、辩论和协作性工作。每节课都会有一个核心问题,由教师主持并引导学生围绕核心问题进行研讨和辩论。教师使用 Active Learning Forum 平台实时掌握每一位学生的学习状态,学生随时会被提问或测验。因此,学生必须全身心投入,注意力集中使得对课程内容认知更加深刻,教学效果也更好。学生的课堂表现会被平台实时记录下来,教师根据这些数据追踪学生的学习状况,并给予针对性的评价和指导。

创新三:面向未来现代化的课程,培养具有综合素质的跨界精英

密涅瓦大学的目标是"为世界培养批判性的智慧"(Nurture Critical Wisdom for the Sake of the World)。密涅瓦大学不像传统大学注重简单地教授书本知识,而是强调培养学生的综合能力和思维模式。密涅瓦大学亚洲负责人 Kenn Ross 说:"希望学生成为具有影响力的世界公民,懂得创新,懂得领导力,有宽阔的视野。"

2013 年美国高校协会研究表明,93%的雇主表示,具有批判性思维、有沟通能力和解决复杂问题的能力比求职者的学位更为重要。密涅瓦大学调研美国大企业对人才的能力需求后,制定了毕业生应该达到的教育目标,见表 7-1。

表 7-1　密涅瓦大学毕业生应达到的教育目标

层次	内容
第一层:关键目标	领导力(Leadership)、创新力(Innovation)、开阔的思维(Broad Thinking)、世界公民(Global Citizen)
第二层:核心能力	个人能力:批判性思维(Thinking Critically)、创造性思维(Thinking Creatively) 团队能力:有效沟通(Communicating Effectively)、合作互动(Interaction Effectively)
第三层:基础部分	思维习惯(Habits of Minds)、基础概念(Foundational Concepts)(两个部分共 129 个小单元)

密涅瓦大学教育目标分为三层,第一层是四个关键目标:领导力、创新力、开阔的思维、世界公民。

为了实现第一层的目标,密涅瓦大学设计了四种核心能力的培养,就是教育目标的第二层,又分成两个部分:个人能力和团队能力。个人能力是批判性思维和创造性思维;团队能力是有效沟通和合作互动。

为了实现第二层目标,密涅瓦大学把四种能力又都进行了拆分,形成了 129 个小单元,组成了整套能力设计体系。这些单元分为两个基础部分:思维习惯和基础概念。密涅瓦大学把 129 个小单元应用到课堂教学里,构成了密涅瓦大学课堂的基础。

密涅瓦大学的课程体系经过精心设计,非常精简,就是要聚焦学生的核心能力培养。本科生一共只有 16 门课程,比一般大学的课程数量少。密涅瓦大学不提供大学入门课程,而是直接从相当于传统大学三年级的课程开始。密涅瓦大学认为:在信息时代,高中生应该具备自主学习的能力。学生入学前,就可以通过自学掌握大学一二年级的课程。密涅瓦大学的课程体系见表 7-2。

密涅瓦大学在学术上注重培养学生跨学科的能力,所有课程都是跨学科综合课程。当今社会,科学的进步往往发生在学科的交叉点上。密涅瓦大学将几门学科知识综合成一门课程,并将知识综合运用到专题研究中。例如:"多元模式交流"课程,包括写作、演讲、美学、艺术设计、文学、音乐、哲学等内容。教师带领学生应用这些知识分析和解决具体问题,实现学生将不同学科知识融会贯通。

表 7-2 密涅瓦大学的课程体系

学年	课程内容	指向目标
第一年	理论分析:测量学、统计学、逻辑学、计算机应用、数据可视化等	批判性思维
	实证分析:量化研究、质性研究、科学实验等	创造性思维
	综合系统分析:交互分析、因子分析、信息学等	有效互动能力
	多元模式交流:写作、演讲、美学、艺术设计、文学、音乐、哲学等	有效交流能力
第二年	核心课程:每个专业都会开设若干核心课程。每位学生选择 3 门本专业的课程,并选修 3 门其他专业的课程	确定专业主攻方向
第三年	专题课程:每个专业都会开设若干专题课程。每位学生选择 3 门本专业的专题课程,并选择 3 门其他专业的专题课程	深化专业基础知识
第四年	综合:每位学生在两名导师的指导下,综合运用知识和技能完成毕业研究项目	学生综合运用知识和技能

创新四:知行合一的实践,在实践中增长才干

在大多数传统教育中,学习都是从课堂讲课开始到家庭作业结束。密涅瓦大学则认为,学生应该通过与周围世界的积极互动来强化学习效果,学生的实践活动对知识的理解和应用起着至关重要的作用。

因此,密涅瓦大学特别强调"学以致用"。密涅瓦大学在七座城市都有当地合作伙伴。这些合作伙伴有当地知名企业、政府机构和公益组织等,包括可汗学院、IDEO、谷歌、500 Startups 等。在四年的学习中,学生将在七座城市的合作伙伴企业获得实习的机会,将学到的知识应用到实践中,在实习中获得宝贵的经验和见解。

密涅瓦大学的学生 Jeff 告诉我们,大一时,他就在旧金山的创业孵化器 500 Startups 公司实习,了解投资团队如何评估初创公司的价值并确定为哪些初创公司提供风投资金。Jeff 使用学习到的方法对申请的初创公司进行评估,并制定了详细的方案,提交给 500 Startups 团队进行审核。大二时,他参加了密涅瓦大学与阿根廷教育部合作的一个项目,应用统计分析理论调研阿根廷中小学辍学情况,并撰写了项目报告。大三时,他在韩国首尔百威分公司实习,接受公司管理知识的培训。大四时,他在东京 LPixel 公司实习,了解如何开展机器学习研究。学校提供的实习

和研究机会,让他在实战中拓宽了视野,掌握了技能,增长了才干,锻炼了跨文化交流。

密涅瓦大学与许多顶尖企业都有合作关系,确保学生到最想去的公司或机构实习和就业。在学生毕业以后,密涅瓦大学依然会对学生提供终身的资源支持,成为学生的公关公司和人力资源公司。

（二）密涅瓦大学教育的启示

不走寻常路的密涅瓦大学从创办到现在仅仅六年的时间,其办学模式尚处于探索阶段,也有很多人提出质疑。密涅瓦大学作为创新型学校,其办学是否成功还需要更多的时间来证明。但其对高等教育的改革与探索已对美国传统高等教育产生了影响,推动着美国高等教育人才培养模式的变革,其中许多地方值得我们学习和借鉴。

启示一:在与周围世界的积极互动中学习

虽然很多大学都认同培养学生开阔的视野的重要性,但学生待在封闭的象牙塔怎么真实地认知到全球不同的文化呢？读万卷书不如行万里路。密涅瓦大学让学生在四年时间游学全球七座城市,城市即校园,积极利用每个城市各种资源增强学习和认识,这种理念与模式是可以借鉴和学习的。

世事洞明皆学问,人情练达即文章。虽然我们不可能让每个学生到国外去游学,但可以积极鼓励学生走出校园,充分利用城市的图书馆、运动场所、博物馆等公共资源,充分融入当地社区,融入当地文化。还可以鼓励各大学之间,彼此交换一段时间学生,让学生在不同的城市体验不同的文化,拓展学生的视野,培养学生交往沟通的能力。

启示二:"以学生为中心"的理念真正落地

传统大学的教师往往以科研为首要任务,发表论文和科研成果是学校考核教师的主要依据,与教师的职称评定和绩效考核挂钩。"以学生为中心"只停留在口号上,还没有落实到教学的评价上,这就造成大学教师重科研轻教学的现象。很多大学课堂氛围沉闷无聊,教师照本宣科,学生昏昏欲睡。

密涅瓦大学强调学生的中心地位,注重教师在教学方面的效果。正如密涅瓦大学校长 Ben Nelson 所说:"学生的成功就是密涅瓦大学的成功。"密涅瓦大学没有花费巨资建设豪华奢侈的院校高楼,而把资金节省下来用在学生学习上。

我们可以借鉴密涅瓦大学"以学生为中心"的办学理念。例如:减少不必要的开支,把钱用于资助学生开展项目研究;对教师教学方法进行培训,提升教学的质量;建立学生发展终身支持体系,让学生感受到母校的关怀。

启示三:开展线上线下相结合的混合式学习

密涅瓦大学应用自主开发的在线研讨平台,实现师生之间实时交流、互动,学生在线开展课堂研讨、辩论、投票、测验等,并得到及时反馈和评价。信息时代,很多大学积极拥抱"慕课",开发了在线课程,但往往忽略了在线交流和互动,教学效果得不到保障。

我们可以学习和借鉴密涅瓦大学的做法,将大班授课与小班研讨相结合,注重线上线下的交流和研讨,让学生积极融入课堂,促进学生的发展。

（撰文:上海市崇明区教育学院　黄宁宁）

斯坦福在线高中:信息时代高中教育创新的探路者

2018 年 12 月,上海教育信息化国际视野与创新发展专题研修班参观了信息时代高中教育创新的探路者——斯坦福在线高中(Stanford Online High School,简称 Stanford OHS)。

斯坦福在线高中总部位于美国加州旧金山湾区南部帕罗奥多市境内,临近著名高科技园区硅谷。硅谷附近一直是全球科技创新的策源地,教育领域也不例外。如果不是导游引路,我们很难找到斯坦福在线高中的总部,因为它静静地躲藏在斯坦福大学的东北角,被树林掩映着。斯坦福在线高中的总部更确切地说是斯坦福在线高中的办公室,这里没有实体的学校,就像它的名字所说的那样,这是一所基于网络的在线高中。只有夏季课程和毕业庆典的时候,学生会从四面八方聚集在这里。平时,学生都是在线学习各种课程。

斯坦福在线高中最初起源于斯坦福大学创办的优秀青年在线中学教育项目,面向中学生提供在线免费的中学视频课程资源。斯坦福大学精心打造在线视频资源,邀请斯坦福大学的教授亲自授课,优良的制作品质、风趣的授课方式、便捷的在线观看方式,资源一经推出,便被争相点击观看、分享传播。这也启发了优秀青年在线中学教育项目的负责人,为什么不利用斯坦福大学得天独厚的丰富教育资源,办一所中学呢?

2006 年,斯坦福在线高中开始正式面向全球招生,课程面向 7—12 年级的资优学生,共 130 门课程。近几年互联网创业热潮中,在线教育公司大多走跑马圈地的路线,宣称的学生数目动辄数以万计。而斯坦福大学在线高中办学十年来,追求精益求精,不走以量取胜的方向。目前,斯坦福在线高中仅有 650 名学生,来自 27 个国家和美国的 45 个州。

学校通过提供丰富的课程和虚拟社交空间,创建了一个由多元、充满激情的学生和教师组成的全球学习在线社区,为学生提供具有挑战性的教育,帮助具有特殊天赋的孩子获得更好的发展。

(一) 斯坦福在线高中主要的特点

1. 优异的师资力量

强大的师资团队是学校教育教学品质的保证,决定着学校发展的未来。斯坦福在线高中特别注重师资建设,对教师资质要求很高,努力遴选最优秀的教师对学生进行授课。学校共有 65 名教职工,其中 45 名教师拥有博士学位,19 名教师拥有硕士学位,只有 1 名教辅人员是学士学位。几乎所有担任教学的教师都是相关领域的研究专家,拥有深厚的专业知识、严谨的学术态度、丰富的教育经验。正是强大的师资力量保证了学校始终站在学术的最前沿,短短几年便拥有了卓越的成绩。

2. 线上的教学方式

斯坦福在线高中是一所基于网络教育的在线学校,采用课下自学、课上研讨的方式进行学习。全球范围内的学生通过网络在线上课,学生和老师在约定时间上线,每个班级一般 15 名学生,在虚拟教室中实时在线学习。

学生根据个人学术能力进行分班。课程采用研讨会形式,使用基于 Web 的视频会议技术实时进行。学生可以看到老师的表情和听到老师的声音,并在轮到自己发言时打开自己的麦克风和摄像头。学生还可以随时向教室中的其他学生发送消息,并且通过网络课堂完成学习任务。

斯坦福在线高中的每个学生都遵循略有不同的课程表,按照课程表上的时间进行学习。在进入虚拟教室学习前,学生一般需要观看教师提前录制好的讲座视频以及进行数小时的阅读和写作训练。每个学生平均每天参加五节课,每周平均学习时间在 40 至 50 个小时之间。

除了在线上课,斯坦福在线高中还鼓励学生参加各种线上社区互动和俱乐部。教师也会经常指导学生在线互动。这些互动包括模拟联合国、辩论俱乐部、学生广播节目等。

3. 线下的学习实践

斯坦福在线高中每年会组织两次全校定期聚会,地点在斯坦福大学,一次是密集的暑期课程学习,让学生有机会动手实践;一次是全校毕业周聚会,庆祝学生顺利毕业。

暑期课程学习中,斯坦福在线高中会安排学生在斯坦福大学校园里开展为期两周的面对面授课学习,学习强度非常大。学生有机会跟着教师利用斯坦福大学提供的各种资源进行实践活动,如进行科学实验等。

全校毕业周聚会,这是美国高中传统项目。高中学生毕业的时候,是美国学生重要的时刻,代表学生已经长大,开始独立面对这个世界,学生会组织各种舞会庆祝这一时刻。

除此之外,斯坦福在线高中还会组织一些游学活动,让学生有机会面对面聚会,帮助学生建立友谊。同时,斯坦福在线高中还鼓励学生利用本地提供的资源,参加体育活动和社会活动。

4. 与大学接轨的教育理念

斯坦福在线高中的学习方式跟进入大学后的学习方式非常相似,学生必须要承担主要的时间管理责任。斯坦福在线高中的课程设置努力与大学接轨,学校提供28门AP课程,可以满足不同学生的需要。在许多方面,参加斯坦福在线高中课程学习就像提早上大学一样。斯坦福在线高中所有学科和所有年级的教学方式是学院式的讨论会模式,老师和学生聚集在一起,就课程内容进行讨论。大学风格的课程表既鼓励学生发展独立性、纪律性和强大的时间管理技能,又使学生能够追求自己的多样化兴趣和卓越才能。

斯坦福在线高中通过严格的课程体系,培养学生的理性分析、创造性思维、批判性思维的能力,培养学生的独立性与个性,养成一个终身学习、勇于追求探索的习惯。斯坦福在线高中为学生提供学术咨询帮助学生选择喜欢的课程,制定课表时会考虑学生的时间安排。教师通过多样化的课程帮助所有的学生追寻热情与梦想。

5. 优质的全球生源

斯坦福在线高中是一所专注特长学生和天才学生发展和教育的中学。根据斯坦福在线高中网站,该学校寻求"具有好奇心和上进心的学生,他们在教室内外都有成就记录"。斯坦福在线高中希望招收那些在课内外都有一定成绩,充满好奇心和聪明才智,既能从学校的课程中有所收获,又能为课程的设置提供帮助的学生。学校的教学内容并非传统中学教育的内容,而是从特长学生和天才学生的特点出发,设计了与传统中学教学完全不同的教材和教学方法。

学校的招生环节非常严格。招生委员会会查看学生的日常成绩单、平时测试结果、教师推荐信、作业样本和个人论文以及家长问卷,这几乎就是大学的入学申请标准。

(二) 斯坦福在线高中取得的成绩

严格的学术要求、良好的师资力量让斯坦福在线高中在建校几年间便创造了多个第一。信息技术一日千里的发展,教育改革风起云涌,网络教育并不新鲜,但是完全通过网络完成全日制中学的课程,并且教学质量赶超传统学校的现象,却不多见。

2006年,斯坦福在线高中获得了西部学校及大学联盟认可,是为数不多获得WASC认可的在线高中;学校成为加州独立学校协会CAIS首个在线学校成员;2008年,斯坦福在线高中被加州大学批准成为其在线课程平台。

斯坦福在线高中的出色成绩证明了它吸引的学生充满才干。最新学年该校学生的平均SAT成绩为2150分（满分2400分），ACT平均分为34分（满分36分），AP考试4分以上的占89%（满分5分）。斯坦福在线高中的学生不仅如愿以偿地进入了自己梦寐以求的大学，在线学习的经历还让他们学会了自律、分享和交流。

（三）斯坦福在线高中存在的缺点

尽管学校尽最大努力确保学生获得适当的社交互动，但这并不能改变这样的事实，即学生每周大约要花50个小时上学，却只能在线与同学互动。在斯坦福在线高中网站的留言区，有一位匿名学生说："对于许多（也许大多数）学生来说，在斯坦福在线高中进行有用且深入的社交互动非常困难。"另一位匿名学生说："没有机会获得在户外或在社交中的锻炼或互动。"

缺少与同学进行日常面对面的交流互动，也会造成学生与社会的隔离、缺少实践和情感交流。对于那些喜欢在教室与同学进行交流、喜欢参加学校体育运动和喜欢社交的学生，斯坦福在线高中并不是理想的选择。

（撰文：上海市崇明区教育学院　黄宁宁）

后　　记

遇见窗外的教育

作为上海市派出的首个"上海教育信息化国际视野与创新发展"的海外专题研修班,在上海市教育委员会的大力支持下,在上海市教委国际交流处与上海市教育国际交流协会等职能部门的通力合作下,在美国21世纪学会的精心安排下,一行17人于2018年9月22日至11月20日进行了为期两个月的教育信息化考察。

此次考察,主要围绕三个专题进行学习,分别是:(1)未来教育(包括美国未来学校的创新理念与新型学校形态、未来学校与社区融合、未来教育的发展与学校教师、管理者的专业技能等);(2)教育信息化(包括美国教育科技的发展与互联网教育资源的开发、数字化学习环境与图书馆信息中心的建设、技术驱动下的新型教学模式等);(3)教育创新(包括美国课程创新与科技的有机融合、21世纪学生能力与素质培养、以学生为中心的高效教学平台建立等)。考察团成员克服语言关、技术理解关、思乡关等困难,分工合作,关注集体智慧的分享。

在这两个月里,我们主要围绕以下七个方面进行学习与考察。

第一,夯实语言基础,在教育专题英文技能培训中提升了英语运用水平。此次我们加强英语培训的实效性,将加强语言学习与美国教育的基本概况解读结合起来。

第二,深度领悟,由专家解读美国教育面向未来的发展。我们聆听了11场专家报告(含5所著名大学的专家专题授课),主题涉及教育体制、技术运用、教学改革、创新教育等多个视角,注重研修班学员对教育改革的理性思考,让学员们对教育发展有了更深的领悟。

第三,聚焦重点,访问了解美国未来教育与信息化发展方向。此次研修安排了与美国芝加哥等学区(走访了5个芝加哥优秀学区)以及相关政府机关开展公务访问活动,深度调研寻求进一步了解美国未来教育与信息化发展的战略重点与发展方向。

第四,智慧碰撞,专题研讨与座谈沙龙推进教育改革思维的交流。此次研修班成员在美国学习过程中,不仅进行了活动组织的分工,而且进行专题研讨与座谈沙龙共计6次,推进学习过程中对美国教育改革与我国教育发展的异同认知交流与思维碰撞,以求阶段提炼学习成果。

第五,锻炼团队,学校实地考察与"影子学习"行动升华实践领悟。此次研修班深入美国22所中小学与1所大学(密涅瓦大学)进行深入实地考察,各取所需进行课堂教学、社团活动等方面的"影子学习"。

第六,多元互动,思考学校与社区公共资源、大学、企业、研究机构等的互动关系链。由于美国的教育实行分权治理,因而中小学发展过程中,非常注重加强与社区公共资源、大学、企业、非营利组织、研究机构的联系与互动。为此,研修班学员在此次美国考察中,了解学校与社区公共资源、大学、企业、研究机构等互动关系链,走访了12家教育相关的社会机构、教育创新组织和教育高科技企业。

第七,慎思明辨,边考察边研读各类研究报告拓展研修学习宽度。在考察学习过程中,研修班积极询问有关问题,并通过联系讲座专家、参访学校、拜访美国21世纪协会等多种途径,收集与阅读有关美国州教育共同标准、教育信息化运用、学校图书馆建设等的相关文献、标准与资料共计227篇,超过100万字。

我们此次研修班学习,对美国教育改革与未来学校运动有了进一步了解,对美国面向未来的教育发展有了一定的体会,主要反映在学校教育形态的多样性、课程服务的丰富性、个性学习的普遍性、教育资源的协同性、学习空间的综合性等多个方面。为了将学习所得与发展具有中国特色、海派风骨、先进水平的上海学校教育信息化结合起来,我们研修班学员注重边学习、边记录、边整理、边思考,形成了诸多研修成果,主要反映在以下几个方面:

1. 形成具有启迪价值的70余篇有关教育信息化与未来学校发展的专题感悟文章。以"教育信息化国际视野与创新发展"专题集结在《上海教育(环球教育时讯)》上发表,研修回国后诸多学员在多种杂志上陆续发表考察成果,内容涵盖学生信息素养、学校学习空间与信息软环境生态建设等多个方面。

2. 完成具有启迪价值的未来学校、教育治理、学校课程、技术支撑等四大主题的分组研修报告。将考察内容结合我国国情加以分析,思考哪些元素值得参考,哪些元素不一定适合我国国情或者需要做怎样的改进,进而提出能为我国或上海推进教育信息化以及促进未来学校发展的建议。

3. 举办具有示范价值的考察汇报会。在2018年12月举办了为期一天的教育信息化与学校创新发展的考察汇报会,上午进行专家讨论、主题演讲,下午进行学习考察展示汇报,围绕"未来学校""课堂建设""教育治理""教师发展"四个主题,汇报美国考察成果,成果汇报根据我国实情与上海教育发展需求进行展示,借助现代数字技术进行在线互动与资源分享。

4. 锻造一支热心上海教育信息化发展的骨干队伍。此次研修班在美国学习的两个月里,相互交流,思考教育信息化变革的发展方略,共同为上海教育信息化 2.0 的落实寻求切合中国特点、上海特色的路径,成为一支热心上海教育信息化、面向未来发展的骨干队伍。

5. 编写具有引领价值的"上海教育信息化国际视野与创新发展"考察专题书稿。研修班学员在 2018 年 9 月至 2020 年 7 月,经过多次小组研讨与集体讨论,将学习成果进行提炼、汇聚,将所学进行智慧集结,形成高质量的考察研究书稿予以出版发行,以期为上海乃至全国教育信息化的创新发展提供思考。

此书的出版,得到了上海市教育委员会李永智副主任的大力支持以及上海教育出版社的鼎力支持,得到了美国 21 世纪学会廖静石主席全方位的帮助,得力于考察团 17 名成员的通力合作,无论是美国的研修还是回沪后的研讨交流,17 名成员都在各自的岗位上思考学校教育信息化面向未来的发展。由于水平有限,难免有所疏漏,请广大读者批评指正。

本书编写组
2020 年 7 月

图书在版编目（CIP）数据

窗外的未来学校运动：17位上海教师的美国教育信息化探寻
之路 / 李永智主编. — 上海：上海教育出版社，2021.1
ISBN 978-7-5720-0503-9

Ⅰ.①窗… Ⅱ.①李… Ⅲ.①基础教育 – 信息化建设 – 研究 –
美国 Ⅳ.①G639.712-39

中国版本图书馆CIP数据核字(2020)第270553号

责任编辑　纪冬梅
封面设计　馨　妍

窗外的未来学校运动——17位上海教师的美国教育信息化探寻之路
李永智　主编

出版发行　上海教育出版社有限公司
官　　网　www.seph.com.cn
地　　址　上海市永福路123号
邮　　编　200031
印　　刷　南通市先锋印刷有限公司
开　　本　700×1000　1/16　印张18
字　　数　330 千字
版　　次　2021年1月第1版
印　　次　2021年1月第1次印刷
书　　号　ISBN 978-7-5720-0503-9/G·0367
定　　价　78.00 元

如发现质量问题，读者可向本社调换　电话：021-64377165